KB105777

나는
직원 없이
혼자
일하면서
연봉 10억
번다

자본과 시간, 인력이 없이도
고소득을 올릴 수 있는 7가지 성공 전략

나는 직원 없이 혼자 일하면서 연봉 10억 번다

최창희 지음

책들의정원

누구나 10억을 벌 수 있는 시대

"혼자서도 일 년에 1억 넘게 버는 분들은 많아요."

"좋은 상품과 마케팅만 할 줄 알면 누구나 충분하게 월 1,000만 원은 벌 수 있는 시대예요."

지난 10여 년간 사회·경제 분야 등의 명사들을 만나왔다. 자신의 일에 성공한 많은 이들은 하나같이 입을 모은다. 아이디어와 의지가 있다면, 누구라도 혼자서 충분히 사업을 꾸려나가 자신이 원하는 부를 만들 수 있는 시대라고 말이다. 성공을 위한 전략의 중요성, 모든 것이 전략이다.

ⅢⅢ 성공을 위한 전략의 중요성, 모든 것이 전략이다

사업을 하려면 무형이든 유형이든 돈과 교환할 수 있는 상품이 있어야 하고, 그것을 알릴 수 있어야 한다. 이전에는 상품을 만드는 것은 물론 상품을 알리는 것도 쉬운 일이 아니었고, 많은 자본이 필요했다. 그런데 지금은 인터넷과 플랫폼 환경으로 대변되는 기술 혁신으로 누구나 큰돈을 들이지 않고도 상품을 만들 수 있고, 누구나 자신의 상품을 손쉽게 알릴 수 있게 됐다.

예를 들어 화장품을 만든다고 생각해보자. 디자이너를 굳이 고용하지 않아도 재능거래플랫폼 등에서 디자이너를 찾아 디자인을 맡길 수 있다. 제조는 OEM으로 화장품을 제조해주는 제조공장을 섭외해 만들면 된다. 실제로 이와 같은 방법으로 직원 하나 없이 화장품을 만들어 판매하여 해외에 수출까지 할 정도로 성장한 1인 기업이 있다.

상품만 있다고 누가 알아주는 것은 아니다. 내 상품을 널리 알리기 위한 마케팅이 필요하다. 그런데 이 또한 SNS의 발달로 블로그, 인스타그램, 유튜브 등의 온라인 채널을 만들어 쉽게 홍보할 수 있다. 더 나아가서는 자신이 개발한 상품이 없어도 좋은 상품들을 큐레이션해서 온라인으로 판매하는 방법으로 소위 대박을 터트릴 수 있다. 사업 아이디어, 인터넷이 되는 기기, 인터넷이 연결되는 장소만 있다면 누구나 어렵지 않게 사업을 시작할 수 있는 것이다.

ⅠⅠⅠⅠⅠ 혼자서도 잘 버는 사람은 뭐가 다를까?

사업가이자 비즈니스 컨설턴트인 테일러 피어슨Taylor Pearson 은 자신의 저서 《직업의 종말》에서 현재를 앙트레프레너십 Entrepreneurship, 즉 창업가 정신을 가진 사람이 부를 창조하는 시대라 고 말한다. 세계는 크게 경제 전환기가 세 번 있었다. 바로 농업경 제(1300~1700년), 산업경제(1700~1900년), 지식경제(1900~2000년)다. 농 업경제에서는 토지를 가지는 것이 부의 핵심 요소였다. 산업경제에 서는 자본을 가진 은행가들이 부를 만들었고, 지식경제에서는 전문 지식을 가지고 유망한 직업을 가지는 것이 부를 늘리는 가장 중요한 레버리지 포인트였다. 하지만 지금은 안정적인 직업은 존재하기 힘 들고, 전문 지식을 가진 이들이 넘쳐나면서 일자리를 찾는 것도 어 려워지고 있는 상황이다. 지금 직장에 다닌다고 해서 그게 10년 후 를 보장해주지 않는다.

제4경제라고 할 수 있는 현시대에서는 창업가 정신을 갖고 자 신만의 비즈니스를 만들어가는 사람들이 부를 창조할 수 있다. 이 시대가 도래할 수 있었던 건 앞서 말했듯 인터넷과 플랫폼 등 기술 의 발전 때문이다. 기술이 규칙을 바꿔놓았다. 이제는 큰 자본을 가 지지 않은 개인도 얼마든지 창업을 해서 자신의 재능을 펼칠 수 있 다. 직장에 들어가기 위해 지식을 습득하는 데 돈과 시간을 들이는 것보다 스스로 시스템을 만들어가는 창업가 정신을 배우고 발휘하는 것이 미래를 위해서는 훨씬 더 좋은 방법일 수 있다.

직장보다는 자신의 사업으로 미래를 만들고자 하는 사람들, 1인 기업가들을 본격적으로 만나기 시작한 건 2018년부터였다. 온라인마케팅 커뮤니티이자 마케팅 교육센터인 아이보스에서 일할 때, 혼자서 기업을 만들고 비즈니스를 해나가는 사람들의 이야기를 취재해 연재하는 프로젝트를 해보자는 이야기가 나왔다. 아이보스 커뮤니티를 찾는 이들 중에는 혼자 기업을 만들어 운영하고 있는 분들이 꽤 많았다. 매출을 만들기 어려워하는 분들도 있었지만 혼자 일하면서도 많은 매출을 올리고 있는 분들도 있었다.

어떻게 그렇게 할 수 있었을까? 그들은 어떤 다른 점을 가지고 있는지 개인적으로도 궁금했기에 더 열심히 인터뷰할 분들을 찾아서 만났고, 그들이 직원 없이도 대단한 매출을 올릴 수 있었던 비밀을 알게 되었다.

혼자 오픈마켓을 시작한 지 2년여 만에 월 순수익 1억 원을 달성한 사업가, 유튜브에 동영상을 올린 지 2년여 만에 광고비로만 월 1,000만 원 가까이 버는 인플루언서, 대걸레 하나로 미국 아마존에서 월 1,000만 원 이상의 수익을 올린 아마존셀러, 자신이 가장 잘하는 재능을 살려 치열한 화장품 시장에 뛰어들어 자기만의 브랜드를 만들어가는 사업가 등의 특이점을 찾았다.

특히 내 마음을 움직였던 것은 주어진 시스템을 따르는 게 아니라 자신만의 길을 만들고자 용기 있게 시도했다는 점이었다. 또한 놀라운 수익을 올리게 된 후에도 자신의 삶과 사업을 의미 있고 생산적으로 만들어가기 위해 지식과 기술을 배우는 것에 아낌없이 투자하며 계속 성장하고 있었다.

그렇게 10여 년간 수백 명의 성공한 사업가들을 찾아 만나고 이야기를 정리하다 보니 그들 사이에 어떤 공통점이 있음을 깨닫게 되었다. 사업을 시작하고 성장시킨 구체적인 과정은 달랐지만, 사업을 성장시킬 수 있었던 근본적인 방법에는 유사한 점이 많았다.

이 책에서는 혼자서 사업을 시작해 자신만의 틈새시장을 발굴하고 거기서 획기적인 성과를 거둔 사람들의 공통점을 소개한다. 네 가지 분야로 이커머스(전자상거래) 분야, 제조업 분야, 정보 콘텐츠 창조 분야, 전문 서비스 분야다. 성공한 사람은 대개 자신이 잘하는 혹은 관심 있는 분야에서 길을 찾았다. 그들 중에는 계속 혼자서 사업을 해나가는 분들도 있고, 사업 규모가 커지면서 직원을 두고 일하는 분들도 있다. 이들이 성공할 수 있었던 일곱 가지 전략을 살펴본다.

전략 1에서는 레드오션 시장에서 어떻게 나만의 경쟁력 있는 틈새시장을 찾았는지에 대해서 정리했다. 어떻게 틈새를 찾고 차별화를 해나갈 수 있을지 배울 수 있다.

전략 2에서는 고객을 만드는 법과 한 번 구매한 고객을 팬으로 만들어 사업의 기반으로 삼는 방법에 대해 이야기한다.

전략 3에서는 트렌드를 파악하고 나의 사업과 연결시키는 방법을 다뤘다. 미리 트렌드를 읽고 준비하면 성공할 확률이 높아진다. 반면에 트렌드를 읽지 못하면 오랜 시간 공들여 준비한 사업을 시작도 못하고 접어야 할 수도 있다. 시대의 변화를 어떻게 예측하고 나의 사업 아이템과 연결시킬 수 있을지 알게 될 것이다.

전략 4에서는 어떻게 자기만의 방법을 찾아 마케팅을 했는지 다뤘다. 아무리 좋은 아이템이 있어도 그것을 알릴 줄 모르면 성공하기는 어렵다. 1인 기업이 성공하기 위한 핵심 요소인 마케팅을 어떻게 할지 감을 잡게 될 것이다.

전략 5에서는 퍼스널브랜딩을 통해 나만의 히스토리를 만드는 방법을 다뤘다. 검은색 터틀넥과 청바지를 보면 스티브 잡스를 떠올리듯이 어떤 시그니처나 히스토리를 통해 곧바로 나를 떠올리게 할 수 있는지 알게 될 것이다.

전략 6과 7에서는 사업을 성장시키기 위해 만들었던 시스템과 인적 네트워크에 대해 이야기한다. 1인 기업이라고 해서 모든 일을 혼자 해서는 사업을 성장시킬 수 없다. 성공한 이들은 모두 제휴와 협업을 통해 혼자 일하는 것의 한계를 극복하고 사업을 성장시키고 있었다. 나의 사업 성장과 확장의 기반이 되는 시스템과 인적 네트워크는 어떻게 만들 수 있는지 알게 될 것이다.

ⅢⅢ 준비된 사람에게는 기회가 찾아온다

코로나 이전에도 위기가 있었지만 코로나 팬데믹을 기점으로 언택트 시대가 찾아오면서 경제는 위축됐고 사업을 하고 있던 사람들은 커다란 타격을 입었다. 하지만 이러한 경제 위기 상황 속에서도 현명하게 대처하고 있는 이들이 있었다. '이미 시대는 기술의 발달로 비대면 온라인 시대로 가고 있었으며, 코로나가 그것을 더 빨리 앞당겼을 뿐이었다. 보다 적극적으로 사업 방향을 온라인에 집중했다'는 사업가가 많았다. 온라인 사업으로 영역을 더 확장하고, 거기에 필요한 디지털 기술을 배우려고 노력하고 있었다. 이전부터 수동적으로 일을 해왔던 것이 아니라, 자기 스스로 시장의 흐름을 읽고 거기서 기회를 발굴하고 계획하며 움직였다 보니 위기에 대응하는 움직임도 더 적극적이었다.

중소벤처기업부가 발표한 '2020 상반기 창업기업 동향'에 따르면, 2020년 상반기 창업 기업이 2019년 상반기에 비해 26퍼센트 늘어났다고 한다. 업종별로는 도·소매업이 온라인 쇼핑의 성장에 따라 전자상거래업을 중심으로 크게 증가했다. 또 사회 각 분야에서 디지털화가 진행되면서 소프트웨어 개발·공급 등 정보통신기술(ICT) 기반 정보통신업도 큰 폭으로 증가했다. 코로나 위기를 극복하고 새로운 가능성을 포착한 이들, 위기에서 기회를 찾는 이들이 움직이는 것이다.

이후 상가 임차료도 인하되는 경향이 뚜렷해지고, 코로나19가 엔데믹으로 전환되며 여행이나 캠핑의 수요 늘어났다. 따라서 대면 업종 중심으로 창업 기업이 증가했는데, 다음은 국세청 사업자등록 자료를 기준으로 했다. 음식점업 창업 증감률은 21년 전년에 비해 3퍼센트 증가하고, 22년에는 전년도의 17.4퍼센트, 마찬가지로 23년 상반기는 전해의 22.8퍼센트 증가했다. 숙박업의 전년 동기 대비 창업 증감률은 21년 21.4퍼센트, 22년 9.4퍼센트, 23년은 4.6퍼센트 증가했다. 이처럼 시대의 어려움 속에서도 흐름을 놓치지 않고 가능성을 찾고 대처하는 사람들이 많아지고 있고, 그러한 사람들이 결국 부를 얻게 된다.

우리는 불확실성에 대한 두려움 때문에 뜻이 있어도 선뜻 도전하지 못한다. 하지만 지금은 도전하지 않으면 내 미래가 더 불확실해지는 시대가 됐다. 먼저 성공한 사람들의 이야기를 길잡이 삼아 작은 시간이라도 쪼개서 나만의 비즈니스를 준비해보자. 이 책이 그 길에 든든한 멘토가 되어주길 희망한다.

2024년 1월
최창희

목차

혼자 사업을 시작했다가 실패하는 사람들이 거치는 전형적인 루트가 있다. 이것저것 손대서 겉보기로는 규모를 늘리지만 무엇 하나에도 집중하지 못해서 결국에는 빚더미를 떠안게 되는 것이다. 이는 수많은 경쟁 업체 사이에서 다른 업체와의 차별점을 갖지 못했기 때문이다.

아마존셀러로 활동하는 한 남성은 오로지 대걸레 하나로 월 순수익 1,000만 원을 달성했다. 1인 창업에 뛰어든 또 다른 이는 마스크팩 한 가지 품목으로 쟁쟁한 뷰티 브랜드와 경쟁하고 있다. 이들이 성공할 수 있었던 결정적 이유는 평범한 아이템 속에 자신만의 '색깔'을 보탰기 때문이다. 적은 인원, 소액 자본으로 시장에 도전할 때는 여러 가지 상품을 판매하기보다는 고객의 마음을 사로잡을 수 있는 하나의 특별한 아이템으로 승부해야 한다.

킬러 아이템
하나면
충분하다

Key Point

**킬러 아이템으로
시장을 공략하기 위한
키포인트**

1. 일상적 경험을 녹여낸 아이템이 성공한다.

2. 보급형 상품을 팔면 박리다매 외의 선택지가 없다.

3. 불편을 만나면 '어쩔 수 없지'라고 넘기지 말고 아이템
   으로 승화하라.

4. 남이 보지 않는 것을 보고 남이 하지 않는 것을 하라.

5. 시장을 잘게 쪼개면 새로운 시장이 만들어진다.

6. 타깃층은 좁을수록 좋다.

7. 내가 넘볼 수 없는 마켓은 과감히 포기하라.

대기업과
싸우지 마라

사업을 처음 하는 사람들은 '이거 한 사람들 돈 많이 벌었대!', '이 아이템이 지금 굉장히 뜨고 있대!' 같은 소문을 듣고 섣불리 내가 잘 알지 못하는 분야에 뛰어드는 경우가 있다. 사업을 처음 시작하는 사람들의 가장 초보적인 실수다. 확실하지 않은 정보, 더군다나 해당 분야에 대한 지식도 없는 상태에서 '좋은 아이템'이라는 말만 듣고 그 사업에 뛰어드는 것은 결과가 불 보듯 뻔하다. 단기적으로 사업을 하고 그만둘 것이 아니라 장기적으로 사업을 꾸준히 성장시켜 가려면 '내가 잘하고 좋아하는 분야'를 선정하는 것이 더 유리하기 때문이다.

나만의 테마로 기회를 열자

경제 침체가 가속화되는 가운데 놀랍게도 역주행을 하듯 성장하는 곳이 있다. 바로 네이버 스마트스토어다. 네이버에서 운영하는 쇼핑 플랫폼인 스마트스토어는 물건을 팔고 싶은 소규모 자영업자라면 필수적으로 등록하는 곳이다. 사업자등록증이 없는 개인도 물건을 팔 수 있고, 다른 오픈마켓 플랫폼에 비해 수수료도 저렴한 편이다. 그러다 보니 스마트스토어에 입점한 판매자가 벌써 26만 명(2019년 6월 기준)[1]을 넘었다. 진입장벽이 낮다는 장점이 있는 대신 그만큼 경쟁도 치열해진 것이다. 2020년에는 코로나19의 확산으로 인해 온라인 창업을 하는 사람들이 더 몰리면서, 2020년 4~5월에는 스마트스토어 점포 신규 개설이 약 6만 5,000건으로 늘어났다고 한다.[2]

빠르게 성장하고 있지만 그만큼 경쟁자가 많은 시장에 진입해서 과연 성공할 수 있을까? 당연히 있다. 자신이 잘 아는 테마를 선정해 차별성 있는 아이템을 만들어낼 수 있다면 말이다. 스마트스토어 판매자이자, 본인의 경험을 바탕으로 스마트스토어에 대한 강의를 하고 있는 김경은 대표를 만났을 때였다. '스마트스토어가 이제는 너무 경쟁이 치열해지지 않았냐'는 물음에 그는 오히려 '스마트스토어 시장은 계속 확대될 것'이라고 답했다.

'나만의 테마를 가진 사람들에게는 아직 가능성이 많은 시장'이라는 것이다. 그 사람들만이 알고 있는 상품이 많다는 측면에서다.

김경은 대표는 자신이 운영하는 회사의 직원을 예로 들었다. 그 직원은 햄스터 용품을 파는 스마트스토어를 운영한다. 본인이 햄스터를 오래 키워봤기 때문에 햄스터에게 어떤 게 좋은지 잘 알고 있었다.

그러다 보니 햄스터 용품을 찾을 때 사람들이 찾는 키워드를 많이 알고 있었고, 그만큼 고객이 원하는 상품을 적절하게 추천해줄 수 있었다. 햄스터 키우기를 잘 모르는 사람에 비해, 상품 아이템 선정 능력, 상품 상세페이지 구성 능력이 더 전문적일 수밖에 없다. 고객들도 그 분야를 잘 아는 사람이 추천해주는 물건에 더 신뢰감을 가지는 것은 당연하다.

취미로 프랑스 자수를 두는 사람, 피규어를 수집하는 사람, 청소를 좋아하는 사람 등 누구나 자신이 좋아하고 잘하는 분야가 하나쯤은 있을 것이다. 그와 관련해서 좋은 상품들을 큐레이션하는 형식으로 만들어가면 충분히 나만의 마켓을 만들어갈 수 있다.

유명한 브랜드 상품보다 나를 표현할 수 있는 맞춤형 상품을 선호하는 형태로 소비 성향이 바뀌고 있기 때문에 더욱 가능성이 크다.

대걸레 하나로 월 순수익 1,000만 원을 달성하다

비단 스마트스토어뿐만이 아니라, 자신이 잘 아는 분야를 파다 보면 틈새시장을 발견하는 것도 더 쉽다. 미국 아마존의 베스트 판매자인 진크린Jinclean의 이진희 대표 또한 자신이 잘 아는 분야를 파고들어 틈새시장을 발견했다. 이진희 대표는 2016년 3월에 아마존 셀러를 시작했고, 미국 가정에서 쓸 수 있는 청소용 대걸레를 판매해 1년여 만에 월 1,000만 원의 수익을 만들었다. 2020년 2월에는 아마존 판매만으로 월 매출 1억 5,000만 원 정도를 냈다고 했다.

그 흔한 청소용품으로 어떻게 이처럼 놀라운 매출을 올릴 수 있었을까? 이진희 대표가 처음부터 아마존셀러를 해야겠다고 생각한 것은 아니었다. 갑작스레 회사를 그만두게 되면서 앞으로 뭘 할수 있을까 고민하고 여러 가지를 시도하던 중 오래전 중고 컴퓨터 메모리를 이베이에서 판매했던 경험을 떠올렸다. 그것을 계기로 '이베이나 아마존에서 제품을 판매해보면 어떨까?' 하는 생각을 하게된 것이다.

그래서 이베이와 아마존의 시장을 비교해보니 아마존이 10배이상 성장해 있었다. 앞으로도 이베이보다는 아마존이 성장할 것이라는 생각에 아마존을 위주로 판매하기로 결심한다. 그렇다면 무엇을 팔아야 하나? 소자본으로도 1인 창업자가 뛰어들어도 경쟁력이 있는 상품을 찾는 것이 우선이라고 생각하며 찾기 시작했다. 그때 떠오른 것이 청소용품이었다. 그는 이전에 청소용품 회사에서 영업과 마케팅 업무를 했었기 때문에 청소용품에 대해서는 빠삭하게 알고 있었다. 미국 가정에 판매하면 분명 수요가 있으리라는 생각이 들었다.

이런 생각에 근거가 되어준 것은 미국 가정에서는 반려동물을 많이 키운다는 점이었다. 반려견이나 반려묘 등은 털이 많이 날리는데 그때마다 청소기를 돌리기 애매하다. 이럴 때 청소기 대신 대걸레를 사용하면 좋다는 점에 착안하여 시장 조사를 했고, 그 결과 가성비 좋은 대걸레 제품을 만들어 판매하면 분명 수요가 있으리라는 판단이 섰다. 그렇다면 아마존에 대걸레를 판매하는 업자가 없었을까? 아니다. 물론 있었다. 그런 기존의 업자들 사이에서 뒤늦게 별다를 것 없는 제품을 팔면 성공하지 못할 것은 뻔했다. 그래서 그는 일반적인 대걸레와는 다른 특별한 제품을 만들기로 한다.

이진희 대표는 예전에 회사를 다닐 때, 청소용품 관련해서 아파트 관리 미화원분들과 대화를 나눌 기회가 종종 있었다. 그때 미화원분들이 "대걸레의 봉 길이가 조절할 수 있으면 좋겠다. 사람마다 체형이 다른데 길이가 조정이 안 되니까 허리, 어깨가 다 아프다."고 이야기한 것을 떠올렸고, 그 아이디어를 이용해 차별화된 대걸레를 만들 수 있었다. 바로 대걸레의 봉 길이를 자기 체형에 맞게 조절할 수 있게 만든 것이다. 당시에 산업용 걸레는 길이 조절이 안 됐다. 아마존에서도 길이 조절이 되는 대걸레를 파는 판매자는 없었다. 그래서 봉의 조절이 가능한 상품을 만들면 아마존에서도 경쟁력이 있겠다는 판단이 섰고, 직접 제품을 만들어 판매를 하기로 한다. 하지만 국내의 제조공장에 제작을 맡기기에는 무리가 있었다. 제조단가가 높아 가격 경쟁력을 갖추기 어려웠기 때문이다.

그래서 중국으로 눈을 돌려 알리바바에서 제조공장을 찾았다. 알리바바는 글로벌 B2B쇼핑몰인데, 청소용품, 걸레 이런 식으로 검색을 하면 걸레를 만드는 중국의 제조공장들을 찾을 수 있다(이런 방법으로 중국에서 싸게 물건을 제작해서 우리나라에서 판매하는 경우가 많다). 믿을만해 보이는 제조공장들에 청소 길이를 조절할 수 있는 제품이 제작이 가능한지를 문의했다. 가능하다는 곳 중에 견적도 받아보고 하면서 최종 제조사를 선택했다.

소량의 샘플을 먼저 만들어보았다. 샘플을 받아보니 괜찮아서 초도 물량으로 1,200개를 제작했다. 처음에는 사업자금이 없어서 카드론 150만 원을 받아서 계약을 한 것이었다. 원래는 초도 물량으로 3,000개는 발주해야 하는데, 그럴 형편이 되지 않았다. 제조사에 솔직하게 이야기했다. 자신은 1인 창업가라 자본이 넉넉지 않다고. 그러니까 그 상황을 이해해주었다. 나라는 다르지만 진심이 사람의 마음을 움직인다는 것을 알았다.

제작까지는 계약금이 들어가고 40~45일 정도가 걸렸다. 그 다음은 중국 제조 공장에서 배송을 하면 된다. 이진희 대표는 아마존 FBA 서비스를 이용했다. 아마존 FBAFulfillment by Amazon는 아마존 창고에 물건을 갖다 놓으면, 아마존이 셀러들을 대신해 상품 선별, 포장, 배송뿐 아니라 고객 서비스와 반품을 관리하는 서비스다. 중국에서 한국을 거쳤다 가면 돈이 많이 드니까 중국에서 아마존 창고로 바로 물건을 보냈다. 계약금이 들어가고 창고 도착까지 3개월 정도 시간이 걸렸다. 대걸레 하나당 제조 원가는 대략 4,000원. 대걸레 하나당 판매 가격은 21달러(한화로 2만 3,000원가량)였고, 물류비, 아마존 판매 수수료, FBA 수수료를 제하면 한 개당 대략 7,000원이 남았다.

상세페이지에도 진크린이라는 브랜드 청소제품의 장점은 무엇인지 사진, 영상 등을 얹어 미국 소비자들에게 다가갈 수 있도록 안내를 했다. 정성스럽게 상세페이지를 올려놓자 처음부터 하나 둘 팔리더니 3개월 정도 되니까 하루에 10개씩 팔렸다. 점점 20개에서 30개로 늘었다. 첫해에 매출이 2억 정도였고, 순수익이 6,000만 원 정도였다. 그 후 매출이 점점 늘어서 혼자서 일하면서도 2018년 7월에는 법인 전환을 했다.

시장 조사를 철저히 하고 뛰어들었다는 점 외에도 판매가 잘됐던 원인은 다른 데서도 찾아볼 수 있다. 무엇보다도 내가 잘 아는 분야였기에 고객이 느끼는 문제를 정확히 파악할 수 있었고, 그에 따른 전략을 세울 수 있었다는 것에 주목하자. 당신은 어떠한가? 당신이 좋아하고 잘 아는 분야의 상품이나 서비스에서 평소 느꼈던 불편함은 없었는가? 아이템을 선정할 때 새롭고 색다른 것만을 찾기보다는 기존의 것에서, 자신이 잘 아는 분야에서 고객이 바라는 점을 개선할 수 있다면 성공 가능성이 커질 것이다.

2016년 길이 조절이 되는 대걸레로 시작해 2020년에는 진크린이라는 브랜드로, 아마존에서 6개 정도의 상품을 팔고 있다. "처음부터 브랜드를 만들었기에, 브랜드에 대한 리뷰가 쌓이고, 미국 소비자들에게 인지도가 생기고, 재구매를 하는 고객들이 늘어나고 꾸준히 성장할 수 있었다."라고 이진희 대표는 말한다. 그래서 "사업의 영속성을 생각한다면 1인 창업자라도 나의 브랜드를 만들어서 시작하라."고 권한다.

1만 5,000개 화장품 시장에 나 홀로 뛰어들다

1만 5,000개가 넘는 국내 화장품 업체 사이에서 1인 창업을 하여 두각을 나타내고 있는 사람이 있다. 바로 '남치니 마스크팩'을 제조 및 판매하는 화장품 스타트업 비케이로웰의 김보경 대표다. 남치니 마스크팩은 '애인도 안 챙기는 내 미모, 이젠 남치니가 챙겨준다'는 콘셉트로 만든 위트 넘치는 건강 마스크팩이다. 일반적인 마스크와는 다르게 마스크 겉면에 '국보급 미모, 여신 강림, 섹시 도발, ㅋㅋㅋ, 꿀피부…' 등 위트 있는 문구가 적혀 있다. 미용에 좋을 뿐만 아니라 팩을 하면서도 웃음을 줄 수 있는 콘셉트로 기획된 것이다.

김보경 대표는 2015년 말에 1인 창업을 하여 2016년 5월, 남치니 마스크팩 8종을 런칭했다. 그 후 이 마스크팩은 두타면세점, 신라 인터넷면세점, 아트박스, 이랜드 버터, 삐에로쇼핑 등 국내 주요 유통채널 100여 곳에 빠르게 입점했고, 2017년에는 미국 대형 유통사인 '티제이엑스TJX'와도 계약을 체결한다. 더불어 일본, 대만, 홍콩, 멕시코 등지에도 제품을 수출하고 있다. 2019년 초에 그를 만났을 당시에는 직원 3명과 함께하고 있었다. 이미 대기업들이 포진해 있는 마스크팩 시장에서 1인 창업가가 어떻게 이런 성과를 거두었을까?

김보경 대표는 16년간 크리니크, 비오템, 베네피트 같은 외국계 화장품 기업의 면세사업부에서 일했다. 그러다 보니 화장품 판매 트렌드를 한눈에 파악할 수 있었다. 면세점은 단위 면적 대비 매출이 어마어마하다. 김보경 대표가 마지막에 있던 회사에서는 매장 한 군데당 월 매출이 500만 달러(약 50억 원)씩 나왔다고 한다.

면세점에 있다 보니 한국 화장품에 대한 인식이 좋아지는 것도 느껴졌다. 국내에서 태동한 여러 브랜드들이 전 세계로 뻗어나가 사랑을 받고 있었다. 특히 김보경 대표가 창업할 2015년에는 우리나라 팩이 전 세계적으로 인기를 얻고 있던 상황이었다.

그는 그런 화장품 브랜드들을 보며 '나도 나만의 브랜드를 만들어 전 세계에 알리고 싶다'는 꿈을 꾸게 됐다. 하지만 안정적인 직장을 나와 창업을 한다는 게 어디 쉬운 일인가? 그런데 마흔 살이라는 나이, 더 이상 늦어지면 못하지 않을까 하는 위기감이 엄습했다. 직장에서 언제 잘릴지 모른다는 불안감, 세 아이의 엄마로서 미래에 대한 불안함도 지울 수 없었다. 게다가 회사에서 대표가 추구하는 방향과 자신이 가고 싶은 방향이 달라지면서 갈등이 생겼고, 창업을 하고 싶다는 마음은 극에 달했다. 그래서 더 늦기 전에 내가 좋아하는 일을 해보자고 결심한다.

2015년에는 이미 국산 화장품 제조 기술은 상향 평준화된 상황이었다. 아모레 같은 대기업과 경쟁할 생각은 하지 않았다. 그는 처음부터 틈새시장을 공략할 방법을 찾았다. 관련 업체가 1만 5,000개나 되는 화장품 시장에서 일반적인 다른 팩처럼 만들어봤자 경쟁력을 갖기는 힘들 거라 여겼다. 그래서 명확한 콘셉트와 스토리가 담긴 제품을 만들고자 했다.

자신이 업계에서 겪었던 일들과 고객의 반응들을 떠올려보면서 화장품 시장의 틈새를 찾을 수 있었다. 그것은 마스크팩에 펀fun 요소를 주는 것이었다. 그러면 확실하게 차별화가 되며 고객의 눈에 띌 것이라고 생각했다. 그 와중에 마침 반팔이라는 디자인회사에서 만든 남치니 캐릭터를 만나게 되었고, 그 캐릭터가 가진 위트와 유머러스함을 화장품에 담고자 했다. 그렇게 자신이 꿈꾸던 제품을 제조업체에 의뢰해 만들게 된다. 화장품 업계에서 일했던 것은 틈새시장을 공략할 아이디어만 떠오르게 한 것이 아니었다. 유통되는 판매처를 찾는 데도 그간의 경험이 큰 도움이 됐다.

이렇게 이전에 자신이 했던 일, 자신이 좋아하고 많이 했던 활동에서 자신의 사업 분야를 찾으면 좀 더 빠르게 틈새시장을 찾을 수 있고, 그 틈을 공략할 방법이 보인다.

레고로 기업 워크숍의 틈새를 찾다

1인 기업 워크베터컴퍼니 강혁진 대표의 주요 수익 모델은 마케팅 강의, 기업 워크숍 등이다. 이 분야 역시 많은 강사와 업체들이 포진해 있으며, 계속 성장 중인 시장이다. 많은 이와 경쟁해야 하는 기업 워크숍 분야에서 강혁진 대표가 차별점을 찾은 것은 바로 장난감으로 많이 알려져 있는 레고였다. 레고와 워크숍, 참 이질적으로 느껴지지만 이 두 가지를 결합한 놀라운 워크숍이 있다. 정식 명칭은 레고 시리어스 플레이Lego Serious Play로 기업들이 레고를 활용해서 문제 해결을 할 수 있게 하는 워크숍이다. 새로운 비전에 대한 직원 공유, 사회적 문제 해결을 위한 도구 등 여러 가지 목적으로 활용할 수 있다.

대기업에서 8년간 마케팅 업무를 담당했던 강혁진 대표는 2017년 7월, 퇴사하기 1년 전에 레고 공인 퍼실리레이터 자격증을 땄다. 공급 차원에서 봤을 때 당시 레고 공인 퍼실리레이터가 우리나라에 대여섯 명뿐이었기에 경쟁력이 있다고 본 것이다(2019년 1월 기준).

무엇보다 희소성이 있는 시장이고, 아직 시장은 작지만 자신이 직접 마케팅을 하면서 수요를 만들 수 있다면, 충분히 성장할 수 있을 거라고 봤다. 마케팅 교육이나 강의 시장이 아무리 포화 상태라고 해도, 새로운 방법을 찾는 곳은 언제나 있기 마련이기에 나만의 강점을 살려서 차별화한다면 이 시장에 진입해도 성장 가능성이 있다고 본 것이다. '레고 워크숍'은 한번 하면 만족도가 높은 편이라 수요는 꾸준히 증가하고 있다. 이것 역시 본인이 잘 아는 마케팅 분야였기 때문에 좀 더 정확히 시장 수요를 예측할 수 있었다.

흔히 레드오션이라고 부르는 시장에 뛰어들어 성공한 사람들에게는 공통점이 있다. 레드오션에 속하는 그 커다란 시장을 전부 대상으로 삼는 것이 아니라 자신이 잘하는 것에 집중하여 레드오션의 틈에서 새로운 시장을 개척했다는 것이다. 장기적으로 오래 가는 브랜드를 만들려면 먼저 자기 자신을 알아야 한다. 결국 사업을 성공시키기 위한 아이디어는 '자신이 잘하는 것, 자신이 좋아하고 관심 있는 것'에서 나오기 때문이다.

어떤 아이템이 유망하다더라, 뭐가 좋다더라 하는 이야기를 듣는 것에 앞서 우선 내가 좋아하고 잘하는 분야는 무엇인지부터 살펴보자. 내가 느낀 불편함은 무엇이었는지도 고민해보자. 거기서 내가 선도할 수 있는 새로운 틈새시장을 발견해볼 수 있을 것이다.

레드오션에서
틈새를 찾는 법

돈을 벌려면 레드오션에서 사업을 해야 할까, 블루오션에서 사업을 해야 할까? 내가 만났던 성공한 기업가들은 대부분 레드오션을 선택했다. 앞서 말했지만 레드오션 속에서 틈새를 찾고, 그곳에서 새롭게 포지셔닝을 하며 자신을 알려나간 것이다.

사소한 질문에서 위대한 아이디어가 탄생한다

흔히들 레드오션은 경쟁이 치열하기 때문에, 경쟁자가 없는 블루오션 시장에 가야 돈을 벌 수 있을 거라 생각한다. 하지만 시각을 조금 달리 해보면 그렇지만도 않다는 걸 알 수 있다. 블루오션은 경쟁자가 없는 시장이다. 경쟁자가 없는 이유는 뭘까? 먹을거리가 없기 때문이다. 반면 레드오션은 경쟁자가 많은 곳이지만 그만큼 먹을 것도 많은 시장이라는 방증이기도 하다.

"욕망 가득한 레드오션에서 새로운 대안을 제시하는 것이 돈을 버는 쉽고 빠른 접근법이다." 사장님들을 위한 사업, 마케팅, 경영에 대한 교육을 하는 '중간계캠퍼스'의 신병철 대표가 한 말이다. 그는 자신의 저서 《논백 경쟁 전략》에서 레드오션 시장에서 새로운 대안을 제시해 성공한 여러 사례를 이야기한다. 그 대표적인 사례가 '60계'다. 60계 치킨은 하루에 딱 60마리의 닭만 튀겨 파는 프랜차이즈 치킨집이다. 우리나라에서 가장 경쟁이 치열한 시장을 뽑자면 아마도 치킨 시장일 것이다. 한국에 있는 치킨집은 65만 개에 이른다. 그런데 60계는 그 시장에 새로운 대안을 들고 나타났다. '깨끗한 기름, 맛있는 닭, 60마리 한정 판매' 이것이 60계의 콘셉트다.

사실 대부분의 치킨집에서 하루에 판매하는 치킨은 20마리가 안 된다고 한다. 그러므로 하루 60마리면 결코 적은 숫자는 아니다. 그런데 사람의 심리라는 게 그렇다. 눈앞에서 숫자가 줄어들면 꼭 사야 할 것만 같다. 그러나 한정 판매만 가지고는 살아남기 어렵다. 일단은 치킨이 맛있어야 한다. 그걸 알리기 위한 핵심 경쟁력으로 깨끗한 기름을 선택했다. 하루에 식용유 20리터 정도를 쓰는데, 가맹 본부에서 매일 아침 새 기름을 배달해주고 전날 사용한 기름은 회수한다.

매일매일 새 기름으로 튀긴 맛있는 닭, 그것을 딱 60마리만 한 정 판매한다는 점은 사람들의 마음을 사로잡았다. 2016년 1월 1일에 1호점을 오픈하여 1년 만에 매장 수가 70개 이상으로 늘었다고 한다. 오픈 대기 중인 매장도 수백 개에 이른다. 확실한 대안이 있다면 아무리 치열한 레드오션에서도 성공할 수 있다는 것을 보여주는 것이다.

이미 많은 선도자들이 시장에서 자리 잡고 있을 때, 할 수 있는 전략이 서브타이핑Subtyping 전략이다. 시장 이원화, 시장을 잘라 또 다른 시장을 만들어내는 것을 의미한다. 말하자면 60계는 기존의 닭 시장을 깨끗한 기름으로 튀긴 닭과 그렇지 않은 닭으로 나누고 깨끗한 기름을 사용한 닭 시장에서 1등을 차지한 것이다.

당연해 보였던 것들에 질문을 던져라

레드오션에서 어떻게 새로운 대안을 제시할 수 있을까? 당연해 보였던 것들에 질문을 던지면서 찾아내는 경우가 많다. 60계 치킨의 경우는 '치킨집의 기름은 과연 깨끗할까?'라는 질문, 와비파커는 '안경이 왜 이렇게 비싸지?'라는 질문에서 시작했다고 볼 수 있다.

앞에서 이야기했던 '남치니 마스크팩' 또한 '웃음을 주는 화장품이 왜 우리나라에는 없을까?' 라는 질문에서 시작됐다. 비케이로웰의 김보경 대표는 16년간 몸담았던 화장품 회사 중에서도 가장 좋은 에너지를 받은 곳은 베네피트였다고 말한다. 베네피트는 화장품의 기능과 성분만 앞세우는 게 아니라 제품 안에 웃음을 담고 있었다. 이런 제품을 봐온 경험을 통해서 '한국에는 왜 이런 제품이 없지?' 하는 생각이 들었고 웃음이 담긴 화장품을 한국에서도 만들어보고 싶다는 생각을 오랫동안 한 결과가 남치니 마스크팩인 것이다.

미의 기준은 시간이 지나면서 달라지지만, 그 어떠한 순간에도 가장 아름다운 모습은 활짝 웃고 있을 때이다. 웃음이야말로 인간이 장착할 수 있는 최고의 아름다움이라는 것이 김보경 대표가 평소 미에 대해서 갖고 있는 생각이었기 때문이다.

사소한 듯 보이는 이 질문에서 태어난 남치니 마스크팩은 그의 의도대로 팩을 하며 잠시나마 힐링하는 시간을 가질 수 있는 마스크팩이 되었다. 이렇게 만들면 재밌으니까 사람들이 사진을 찍어서 SNS에 올리다 보면 자연스럽게 홍보가 될 것이라는 생각을 했다.

그리고 이 예상은 적중해서 실제로 상품 출시 후 JYJ 김재중이 남치니 팩을 부착한 사진을 인스타그램에 올리면서 의도치 않게 홍보가 됐다. 그렇게 일본에서도 김재중팩으로 소문이 나면서 판매가 되었다. 또한 일본 수출을 계기로 캐릭터 제품으로 인기가 있는 홍콩, 대만에도 나갈 수 있었다고 한다.

바이어들을 만나 제품의 콘셉트를 설명하면 대부분의 바이어들이 "재밌겠네요, 이런 생각을 어떻게 했어요?" 하며 관심을 보였다. 2017년 7월에는 미국 대형 유통사인 TJX와도 수출 계약을 맺었다.

한국 화장품들 위상이 올라가면서 외국 바이어들이 한국에 와서 괜찮은 제품을 많이 찾아다니는데, 국내 아트박스에 놓인 제품을 보고 연락이 온 것이다. 미국 소비자들이 한글과 캐릭터가 프린팅된 제품에 매력을 느끼고 있다고 했다. 그때 계약을 맺고 2만 달러 정도를 수출했다.

마케팅에도 큰돈을 들이지 않고 재밌는 이벤트 형식과 결합해 진행하며 브랜드를 알릴 수 있었다. 예를 들어 SK와이번즈와 두산 야구단과 함께 콜라보로 야구장에서 남치니팩을 사용하는 이벤트 같은 것이다. 야구장에서 남치니 마스크팩 사용하는 모습을 보여주며, 누구라도 즐길 수 있다라는 포인트를 전달했다. 그런 작지만 임팩트 있는 이벤트들이 남치니 마스크팩을 대중에게 인지시키는 계기가 되었다. 자, 이제 준비하고 있는 사업이 있다면 그 사업에 대해 사소한 것에서부터 질문을 던져보자. 그 안에 성공을 향한 지름길이 있을 것이다.

제품의 경쟁력을 높여라

기존 마스크팩 시장에는 없었던 '위트 넘치는 마스크팩'이라는 차별화된 콘셉트는 분명 놀라운 결과를 이루어냈다. 하지만 여기서 중요한 것은 아무리 콘셉트가 좋아도 소비자가 만족할 만한 제품 퀄리티를 담보하지 않는다면 장기적으로 성장할 수는 없다는 사실이다. 반짝하고 화제가 될 수는 있지만 제품의 질이 좋지 않으면 바로 안 좋은 고객 후기들이 달릴 것이고, 그 시장에서 퇴출당할 수밖에 없다.

김보경 대표는 '온 가족이 웃으며 함께 쓸 수 있는' 마스크팩이라는 콘셉트에 맞게, 제품 자체도 안전하고 최고의 퀄리티를 가질 수 있게 만드는 데 공을 들였다고 했다. 국내 화장품 시장이 활발하기 때문에 제조공장에서 OEM(주문자상표부착생산, 주문자의 의뢰에 따라 주문자 상표를 부착하여 제작해주는 방식) 방식으로 가능하다. 그는 단가가 높더라도 네임 밸류가 있는 제조공장을 선택하기로 했다. 그래서 제조원으로 화장품 OEM 분야에서 우리나라 상위 3위 안에 드는 코스맥스를 선택했다.

기존에 봐왔던 소비자 패턴을 보면, 소비자는 제품에 대한 인지도를 중요하게 여겼다. 한 번도 들어보지 않은 브랜드라면 사는 걸 망설인다. 그래서 잘 알려진 제조원의 제품임을 알려서 제품은 최고 등급이라는 인식을 주고, 거기에 분명한 콘셉트와 디자인을 더

했을 때 경쟁력을 가질 수 있을 거라고 본 것이다.

실제로 코스맥스에서 만들었다는 사실은 이후 영업과 마케팅을 하는 데 큰 도움이 됐다. 바이어들은 제품의 안정성을 걱정하는데, 코스맥스에서 만들었다고 하면 "그러면 괜찮겠네요." 하고 인정을 해줬다. 제품에 대한 기본 신뢰를 주고, 거기에 차별화된 콘셉트를 더하니 거래 확률도 높을 수밖에 없었다. 하지만 보통 소규모 회사가 코스맥스와 같은 큰 제조업체와 거래하기는 어렵다. 그래서 김보경 대표가 선택한 방법은 협업의 방식이었다. 정동산업이라는 제조공장과의 협업을 통해 가능하게 만든 것이다.

레드오션에서 새로운 대안을 만들어 시장을 나누고, 그 작은 시장에서 우선 1등을 하고, 그다음에 더 크게 확장하라. 김보경 대표는 그 과정을 그대로 따라가며 성장하고 있다. 우선 마스크팩 시장을 위트 있는 B급 감성의 마스크팩과 아닌 것으로 나누고, B급 감성의 마스크팩 시장에서 리더가 될 수 있었던 것이 모두 이런 방법을 사용했기 때문이다.

코로나19 팬데믹 때는 오프라인에서의 화장품 판매와 수출이 어려워지면서 위기를 겪기도 했다. 김보경 대표는 그렇게 힘든 시기에 대처하기 위해 두 가지 방법을 시도했다. 하나는 사업 다각화다. 화장품과는 전혀 다른 분야지만, 이전부터 유망한 트렌드로 관심을 두고 있었던 전기 카트 사업을 본격적으로 하게 됐다. 농어촌의 운송수단으로 전기 카트를 판매하는 사업인데, 정부의 그린뉴딜 정책과 맞물려서 수요가 많이 늘어나면서 화장품 사업의 부진한 매출을 보완해주었다.

두 번째는 화장품의 온라인 매장 확대다. 오프라인 매장 위주의 판매였던 것을 온라인 자사몰과 오픈마켓에서 판매하는 형태로 변화를 시키고 있다. 그렇게 전환해서 잘 판매되기까지는 시간이 필요하기에 다른 사업을 병행하면서 발판을 만들고 있는 것이다. 웃음이 담긴 화장품. 어디서도 시도하지 않은 차별성 있는 콘셉트기 때문에 온라인상으로의 전환이 잘 일어나면 수요는 지속적으로 늘어날 거라고 전망한다.

시장 조사만 잘해도
90퍼센트는 성공

　나만의 틈새시장을 찾기 위해, 혹은 어떤 분야에서 사업을 시작하기로 결심했을 때 최우선으로 해야 할 일은 무엇일까? 바로 시장 조사다.

　"내가 팔고 싶은 걸 내 직감만으로 아무 조사 없이 팔았더니 잘 팔리지 않았다. 지금도 재고가 쌓여 있다. 그 이후부터 트렌드는 어떻게 되는지, 이 상품의 시장성이 있는지 등 조사 분석을 한 후 상품을 선정했다. 결과는 이전과 달랐다." 자신의 쇼핑몰 및 스마트스토어 등의 오픈마켓을 운영하는 한 셀러가 해준 이야기였다. '내가 초기에 했던 실수' 중 하나로 여러 사업가들이 이와 비슷한 이야기를 해주었다. 성공하고 싶다면 유형의 상품을 팔든, 무형의 서비스를 팔든 '내가 팔고 싶은 것이 아닌, 시장이 원하는 것'을 선정하는 것이 중요하다.

시장 조사는 어떻게 해야 할까?

시장 조사를 통해 알아야 하는 것은 무엇일까? 오프라인 사업이냐 온라인 사업이냐, 내 사업의 카테고리가 무엇이냐에 따라 시장 조사 방법은 달라진다. 하지만 기본적으로 내가 팔려고 하는 상품의 시장 수요는 어느 정도인지, 누가 그 상품을 사줄 것인지, 꾸준히 성장할 수 있는 시장인지, 그 시장을 이미 선점한 경쟁자가 있는지, 경쟁자와는 어떤 부분에서 차별화를 하고(상품의 질, 단가, 서비스 질 등) 어떻게 홍보할 것인지 등에 대해서는 조사를 통해 스스로 답을 할 수 있어야 한다.

적어도 다음 질문에 대한 조사를 하고 대비를 해놔야 실패 확률을 줄일 수 있다.

- 내가 팔려고 하는 아이템의 수요는 어느 정도인가?
- 내가 들어가려고 하는 카테고리의 시장 규모는 어느 정도 인가?

- 나의 고객층은 어떤 사람들인가?
- 이 시장의 경쟁자는 누구인가?
- 그 경쟁자의 점유율은 어느 정도인가?
- 이 시장의 성장 트렌드는 어떠한가?
- 이 시장에서 나는 어떤 차별화된 상품을 만들 수 있는가?
- 그 아이템으로 그 시장에서 어느 정도 비율을 선점할 수 있는가?
- 나의 아이템으로 어느 정도 수익을 기대할 수 있나?
- 그 상품을 만드는 데 얼마의 자금과 시간이 필요한가?
- 그 정도 비율을 선점하기 위해서는 어느 정도의 마케팅 비용이 필요한가?
- 투자 금액을 회수할 수 있는 시점은 언제인가?

《손님이 모이는 디테일》에서 저자는 창업 369원칙에 대해서 이야기한다. 창업 369원칙은 창업을 준비하는 사람이라면 반드시 지켜야 할 원칙을 말하는 것으로, 성수기 3개월 전 오픈할 것, 최소 6개월 이상 창업을 준비할 것, 초기와 9개월 후의 매출 변화를 가늠한 뒤 창업할 것을 말한다.

성수기 3개월 전에 오픈해야 한다는 뜻은 고객이 점포를 인지하고, 홍보 효과가 나타나기까지의 기간이 최소 3개월이 걸리기 때문이다. 최소 6개월 이상 준비한다는 것은 창업 자금 마련, 아이템과 입지 조사 기간이 6개월은 되어야 한다는 것이다. 이것은 계절이 바뀌어도 매출이 꾸준한지 살펴보아야 한다는 의미도 있다. 9개월 뒤 매출을 처음과 비교하라는 것은, 9개월 후에도 창업 아이템 유행이 지속될지 혹은 유행을 타지 않는 아이템일지 고려해야 한다는 뜻이다. 오프라인 매장을 열 때를 위주로 설명한 것이지만 일반 창업에도 적용이 되는 말이다. 계속 이야기를 하지만 단기간에 성과를 내고 그만둘 게 아니라면, 충분한 준비가 필요하다. 아마존셀러 이진희 대표 이야기를 다시 해보자. 그는 창업에 앞서 가장 중요한 것은 시장 조사라고 말한다. 글로벌셀러를 하겠다는 사람들을 만날 기회가 많은데, 정작 기본적인 시장 조사를 안 하고 무작정 시작하는 사람들이 많다고 한다. 그러다 보니 생존률이 낮다는 것이다.

치킨집 하나를 연다고 해도 동네 상권 파악이 필요하다. 이 동네 치킨집은 총 몇 개가 있고, 그 집들에서 한 달에 총 팔리는 치킨 수는 얼마고, 가장 잘되는 치킨집은 어디인데 그 비결은 뭐고, 내가 어떤 식으로 차별화를 하면 그 수요의 몇 퍼센트 정도는 가져올 수 있겠다. 그러려면 나는 자본금 얼마를 투자해야 하고, 그 자본금을 회수하는 시점은 몇 개월이면 되겠다. 이런 식의 조사를 바탕으로 계획을 세우고 실행을 하면 시행착오를 겪을 확률이 줄어든다.

이진희 대표가 대걸레라는 아이템을 선택한 것은 철저한 시장 조사를 통해서였다. 수요가 너무 많고 경쟁자가 많은 시장에 들어갈 경우, 소자본(대략 1,000만 원 안팎)을 가진 1인 창업자는 다른 경쟁자를 이길 힘을 가질 수 없다. 그런 시장에서 경쟁을 뚫고 상품을 팔리게 하려면, 상품 생산도 미리 많이 해놔야 하고 마케팅에도 돈을 많이 써야 하기 때문이다.

그래서 이진희 대표는 이미 선점하고 있는 브랜드의 리뷰가 2,000개, 3,000개 정도 되는 업체들이 포진해 있는 시장은 피하라고 말한다. 아마존은 2020년 2월의 시점으로는 150개에서 200개 팔려야 리뷰 1개가 달린다. 그렇게 치면 2,000개에서 3,000개 정도의 리뷰가 달렸다는 것은 30만 개에서 60만 개가 팔렸다는 뜻이다.

1,000만 원 정도의 자본금으로는 그런 시장에서 결코 경쟁할 수가 없다. 자본금이 적다면 일단은 한 달에 1만 개 정도 판매되는 시장에 집중하는 게 좋다고 조언한다.

정글스카웃, 데이터랩, 셀러마스터… 툴을 찾아라

이진희 대표는 아이템 선정을 하기 위해, 아마존 시장을 분석할 수 있는 유용한 툴을 먼저 찾았다. 2016년 당시에 국내에는 아직 아마존 시장을 분석하는 마땅한 툴이 없었다. 하지만 그는 국내에서 찾을 수 없다고 쉽게 포기하지 않았다. 국내에는 없지만 미국에는 이 시장을 분석할 수 있는 소프트웨어나 툴을 제공하는 업체가 있을 것이라고 생각했다. 아마존처럼 규모가 큰 시장이라면 반드시 나와 있을 거라고 여긴 것이다.

그렇게 발품을 들이다 보니 정글스카웃이라는 툴을 찾게 되었다. 아마존에서 어떤 상품이 얼마만큼 팔리는지, 그 상품을 찾는 수요는 어느 정도인지에 더불어 판매자들의 판매 랭킹 등을 알려주는 툴이었다.

제품 후보군은 여러 가지가 있었지만, 여러 아이템 중에 가장 사업성이 보이는 것이 대걸레였다. 제품 한 개당 마진을 약 7,000원으로 잡으면, 하루에 20개 정도씩만 팔아도 1인 창업가로서 괜찮은 아이템일 것이라 생각했다. 상품 판매량과 경쟁 정도도 적당해 상품을 조금 차별화해 올리면, 충분히 하루에 20개는 판매가 될 것이라는 판단이 섰다. 자신이 잘 아는 분야라 더 접근하기도 좋은 시장이었다.

그는 정글스카웃을 자신의 사업 아이템을 찾는 것은 물론 더 나아가 한국에도 도입한다(수요가 있을 법한 해외 툴을 우리나라에 도입하는 것도 좋은 사업 아이템이다). 사업 자금이 충분하지 않았던 상황이라 벌면서 준비를 해야 했던 그는 아직 아마존 분석툴이 있는지를 모르는 사람들에게 충분히 판매할 수 있을 거라고 봤다.

한국에 도입하면 좋겠다는 생각을 하자마자 미국에 있는 정글스카웃 CEO의 연락처를 찾아 곧바로 연락했다. "한국에도 아마존에 진출하려는 사람들이 많다. 시장 수요는 이 정도인데, 그분들 대상으로 정글스카웃을 도입해서 툴 판매를 하고 싶다."라고 말이다.

정글스카웃의 입장에서도 손해 볼 일은 없고, 오히려 이득이 될 수도 있으니 진행해보라고 했다.

한편으로는 정글스카웃을 번역해 한국 사이트를 만들고, 다른 한편으로는 아마존에 진행할 제품을 만들며 아마존 진입을 찬찬히 준비했다. 그사이 한국 정글스카웃을 찾는 사람들도 서서히 증가했다. 인터뷰할 당시(2020년 2월) 한 달 매출액이 1만 5,000달러에서 2만 달러 정도. 한화로 치면 1,500만~2,500만 원 정도다. 그중에 이진희 대표가 받는 커미션이 10~15퍼센트 내외다.

이진희 대표가 정글스카웃이라는 툴을 찾은 것처럼, 자신이 진입하려는 시장도 살펴보면 그에 맞는 툴들이 있다. 예를 들어 국내에서 온라인으로 상품 판매를 하고 싶다면, 네이버 데이터랩, 셀러 마스터, 헬프 스토어, 아이템스카웃, 네이버 쇼핑 베스트 100 등의 사이트를 참조해 시장 조사를 할 수 있다. 오프라인 가게를 창업하려고 한다면, 소상공인상권정보시스템, 우리 마을 가게 상권분석 서비스, 나이스 비즈맵, 지오비전 등을 활용할 수 있다.

소상공인상권정보시스템은 소상공인시장진흥공단에서 제공하는 상권 분석 사이트로, 창업 자가 진단부터 상권 분석, 경쟁 분석, 입지 분석, 수익 분석까지 가능하다. 우리 마을 가게 상권분석 서비스는 서울시 상권 분석 서비스로, 카테고리별로 창업 신호동, 상권 동향, 내 점포 분석이 가능하다. 나이스 비즈맵은 각종 데이터와 최신 부동산 정보, GIS분석 솔루션을 이용하여 주변 상권을 분석한 전문가 보고서를 제공한다. 기본 분석 보고서는 무료로 사용할 수 있으니, 사용해보길 바란다.

지오비전은 SK텔레콤, SK PLANET, 현대카드 등 각 분야 대표 기업들의 수집된 데이터를 바탕으로 통계 자료와 상권 분석, 매출 분석 등이 담긴 보고서를 제공해준다.

이처럼 자신이 들어가고자 하는 업종에 따라 시장 조사를 도와주는 다양한 툴들이 이미 많이 나와 있다. 인터넷 검색으로도 어렵지 않게 찾을 수 있으니, 나에게 맞는 조사 툴을 찾아 활용해보자.

제품의 차별성을 알려주는 상세 페이지

스마트스토어나 아마존셀러, 그 외 온라인 판매를 하는 경우 시장 조사를 통해 가능성을 파악하고, 그에 따른 제품을 출시했다면 이제 그것의 구매 전환율을 높일 수 있는 상세 페이지를 만드는 게 중요하다. 경쟁력 있는 상세 페이지를 만들기 위해서도 시장 조사는 필수다. 경쟁업체들의 페이지를 분석해보고, 어떤 식으로 차별화하면 더 눈에 띌지 등을 판단할 수 있기 때문이다.

이진희 대표는 아마존에서 경쟁력을 가지려면 외국 모델이 들어간 고 퀄리티 사진 촬영은 필수라고 여겼기에 외국 모델을 직접 섭외해서 사진을 찍고 포토샵으로 편집 작업을 진행했다. 자신이 원하는 수준의 퀄리티가 나오려면 금액이 비싸기 때문에 하나하나 다 배워가면서 진행했다. 상품에 대한 영상도 미국에 있는 스튜디오를 섭외해서 만들었다. 그렇게 고퀄리티의 사진과 영상을 넣어 상세 페이지를 만들자 확실히 다른 청소용품 판매자들과 구별되는 점이 있었고, 이는 곧바로 구매로 전환되었다.

당시 대걸레 한 개의 판매 가격은 21달러. 한국 돈으로 2만 3,000원 정도였다. 제품 원가, 물류비, 아마존 수수료 등을 제하면 대략 한 개당 7,000원이 남게 제품 가격을 정했다. 3개월 정도 되니까 하루에 10개씩 팔리더니 점점 20개에서 30개로 늘어났다.

아마존셀러로 성공하는 비결은 무엇이냐고 물으면 그가 항상 하는 대답이 있다. '중요한 건 실천력'이라는 것이다. 시장 조사를 하는 것, 밤잠 줄여서 영어 공부하는 것, 포토샵 일러스트 같은 툴의 사용법을 배우는 것, 사진 예쁘게 찍는 법 등을 배우는 것 등 초기에 아마존을 세팅하기 위해서 필요한 것들이다. 하루에 10개 정도 판매되기까지 보통 3개월에서 6개월 정도 걸린다. 그때까지는 공이 많이 들어가는데, 6개월 정도 치열하게 준비해서 시스템을 갖춰 놓으면 그다음부터는 쉬워진다고 말한다.

성공하기 위해서 해야 하는 일이 무엇인지를 알려주는 곳이 매우 많다. 하지만 결국 중요한 것은 그것을 실천하는 자신에게 달려 있다. 아마존은 이제 포화 상태다, 지금 뛰어들기엔 늦었다 라고 말하는 사람들도 많다. 이진희 대표에게 이에 대한 의견을 물었을 때

대답이 인상적이었다. "치킨집이 포화 상태라고 하지만 지금 뛰어들어서 돈 버는 분들도 있잖아요. 그분에게는 치킨집이 포화일까요, 블루오션일까요?"

포화 상태로 보이는 시장 속에서도 틈새를 잘 찾아서 차별화하면, 오히려 더 많은 돈을 벌 수 있다는 것이다. 1인 창업자로서 대형 브랜드와 경쟁할 생각을 하는 게 아니라, 틈새시장을 찾아서 키우겠다는 생각으로 접근해보자. 어떻게 틈새를 찾을까? 잘 모르겠다면 우선 시장 조사를 해보자. 머리로만 생각했을 때와 달리, 새로운 것들이 더 많이 보일 것이다.

불편을 참지 않는 사람이
위대한 발견을 한다

레드오션 시장에서 틈새시장을 찾아 차별화하는 방법 중의 하나는 그 시장에서 고객들이 느끼는 문제를 찾고 해결책을 내놓는 것이다. 그 해결책을 나만의 차별화된 동종 카테고리 내에서 나의 상품만이 제공할 수 있는 고유의 강점, 즉 USPUnique Selling Proposition으로 만들어, 고객들에게 알리고 만족감을 느끼게 만들어가면 된다.

고객의 불만 속에 기회가 숨어 있다

스마트스토어 등의 오픈마켓에서 미니멀한 원목가구를 파는 브랜드인 노르웨이숲 강태균 대표의 이야기를 해보자. 그는 부업 형식으로 스마트스토어를 운영하다가 2018년 6월, 퇴사 후 본격적으로 사업을 시작하면서 6개월 만에 연 매출 10억 원을 달성했다. 그 이후로 점점 성장해 2020년 5월에는 월 매출 6억 원, 순수익만 1억 원을 만들고 있었다.

이런 성과를 이룰 수 있었던 것은 앞에서 언급했듯이 제대로 된 시장 조사와 분석을 통한 아이템 선정, 그것을 통해 차별화한 콘셉트를 만든 것이 1차적인 이유라고 볼 수 있다. 강태균 대표는 아이템 구상만 3달 정도를 했다고 한다. 시장 조사가 중요하다고 말한 것처럼 사전 준비를 중요하게 여긴 것이다. 그는 오픈마켓에 어떤 것이든 다 팔 수 있다고 해서 아무 물건이나 되는 대로 판다면 어중이떠중이밖에 안 된다고 생각했다.

그가 아이템을 선정할 때 기본적으로 고려했던 사항들을 정리하자면 다음과 같다.

- 이 제품의 매출과 판매량은 어떤가?
- 내 제품이 시장의 빈틈을 찾아 상위에 노출될 수 있는가?
- 내가 차별화할 수 있는 부분이 있는 상품인가?

– 적당한 가격대를 맞출 수 있는 상품인가?

– 내 제품이 그 시장에서 살아남을 수 있을까?

– 내가 잘 매입할 수 있는 아이템인가?

기본 아이템은 가장 잘 알고 있던 가구로 정했다. 침대 메트리스 제조회사에서 오랫동안 근무해서 가구 쪽에 대한 이해가 높았기 때문이다. 자기가 잘 아는 분야에서 시작해야 좋은 상품을 소싱할 수 있고, 차별화 포인트도 만들어낼 수 있다.

자신이 잘 알기 때문에 자신 있는 종목인 가구로 제품을 정하되 콘셉트를 차별화했다. 하나는 미니멀한 원목가구라는 점, 또 하나는 빠른 배송이었다. 가구는 보통 배송 기간이 길다. 그는 이 점이 고객들이 가구 구매를 할 때 갖는 불편함 중 매우 큰 비중을 차지한다는 것을 파악하고, 어떻게 배송 기간을 단축할 수 있을지 고민했다. 보통 가구는 관행상 택배가 아닌 직배송을 원칙으로 하다 보니 배송이 느리다. 그런데 강태균 대표는 택배로도 충분히 가구 배송이 가능하다고 생각했다. 그래서 택배사에 가구 배송이 가능한지 문의하였고 결과적으로 가능하다는 답을 받았다. 그렇게 택배사와 계약해서 빠르게 배달을 할 수 있도록 만들었다.

가구는 직배송을 해야 한다는 고정관념에서 벗어나 택배로 배송을 시작하자 '배송이 빨라서 좋았다' 등의 배송에 대한 후기가 올라오기 시작했다. 그러면 '빠른 배송이 저희 장점입니다' 하는 식으로 답글을 남겼다. '빠른 배송'이 노르웨이숲의 대표적인 강점이라는 것을 부각시킨 것이다. 그렇게 빠른 배송 때문에 주문하는 고객이 늘어나고, 노르웨이숲은 '빠른 배송'이 강점임을 소비자들에게 더욱 각인시킬 수 있었다.

빠른 배송은 네이버 스마트스토어 판매지수에도 도움이 됐다 (판매지수가 높을수록 검색 시 상위노출에 유리하다). 그보다 더 많이 파는 가구 사업자와 판매지수를 비슷하게 가져갈 수 있었다. 예를 들어 일주일에 10개 파는 판매자가 일주일 안에 3개밖에 배송을 못하면 3개의 판매지수가 올라간다. 그런데 그는 배송이 빠르기 때문에 일주일에 3개만 주문이 와도 바로 3개의 판매지수가 올라갈 수 있는 것이다. 고객의 문제를 해결하자 타 업체를 넘는 장점으로 자리 잡게 된 것이다. 이는 초기에 사업을 성장시키는 데 큰 도움이 됐다.

고객의 문제를 파악하자

고객의 문제를 파악하기 위해서는 정확한 타깃팅도 필수다. 10대냐 20대냐 30대냐, 여성이냐 남성이냐, 결혼을 했냐 안 했냐 등 각 개개인의 상황에 따라 겪는 문제가 다 다르기 때문이다.

강태균 대표가 타깃으로 삼은 것은 '30대 후반 미취학 아동이 있는 엄마'였다. 타깃을 설정할 때는 성별, 연령대, 가족 인원수 같은 디테일한 부분까지도 고려했다. 그리고 타깃층에 어울리는 미니멀한 원목가구를 소싱했다. 너무 독자적인 제품보다는 일반적인 제품과 유사하면서 조금 차별화된 아이템을 찾은 것이 포인트였다.

노르웨이숲에서 처음 주요하게 판매했던 품목은 원목 침대 깔판이었다. 원래는 원목 침대 부속품 중의 하나다. 침대의 기본 기능을 매트리스를 받치는 것으로 본다면 이것만 따로 판매를 해도 괜찮겠다는 생각이 들었다. 당시 침대 상품으로서는 틈새시장을 찾은 것이었다. 이런 생각을 하게 된 계기가 있었다. 높은 침대에서 자다가 아이가 떨어져서 다칠 뻔한 아찔한 경험을 한 것이다. 그 이후로 그는 높은 침대 대신 원목 침대 깔판 위에 매트리스를 깔아서 사용하고 있었다.

원목 침대 깔판은 '아이에게 안전한 침대가 없을까?' 하는 문제를 해결해준 침대였다. 그리고 그는 자신과 마찬가지로 어린아이가 있는 가정에서 유용하리라고 생각했다. 실제로 판매를 했을 때 '심플하다, 원목으로 만들어서 자연친화적이다' '어린아이가 안전하게 잘 수 있는 침대다'라는 평을 받으며 고객들의 사랑을 받았다. 지금까지도 메인으로 팔리고 있는 제품이다. 자신이 먼저 고객의 입장이 되어 문제점을 해결한 상품을 소싱했기 때문에 가능했던 일이었다.

강태균 대표가 노르웨이숲에 이어 두 번째로 런칭한 브랜드가 가성비 있는 인테리어 소품을 판매하는 '완소간소'다. 이 브랜드는 노르웨이숲보다 더 빨리 성장해서 3개월 만에 월 매출 8,000만 원을 달성한다. 노르웨이숲에서 얻은 노하우를 적용시켜 시행착오를 줄였다는 것도 있지만, 이 역시도 정확한 타깃팅으로 틈새시장을 잘 찾았다는 데 성공 포인트가 있다.

완소간소의 타깃층은 혼자 사는 사람들, 혹은 혼자 살고 싶어 하는 10대 20대다. 이들의 특징은 지갑이 얇다는 것. 이들에게 필요한 가성비 좋은 가구를 판매하는 것으로 콘셉트를 잡았다. 완소간소에서 판매하는 메인 상품인 토퍼매트는 배송비를 포함해도 3만 원이 채 되지 않는다. 나홀로족이나 1인가구에 대한 니즈나 열망에 대해서는 이미 여러 곳에서 다루고 있었고, 거기에서 착안하여 콘셉트를 구체화하고 그에 따른 제품들을 소싱한 것이다.

정확한 타깃팅으로 콘셉트를 정했다면 이제는 세부 키워드를 잘 발굴해, 고객들이 검색을 했을 때 상위노출이 되게 하는 전략이 중요하다.

고객의 불만을 잠재워라

헌터주니어라는 1인 영어 공부방으로 매해 억대를 벌었고, 현재는 영어 교육가들을 위한 교육 플랫폼까지 확장해 운영하는 시즌드잉글리시 대표 강소진 원장 역시 고객에게 선택을 받기 위해서는 "고객의 문제를 발견해 해결책을 제시해주는 것이 중요하다."고 말한다. 강소진 원장은 2010년, 서른 살이 되던 해에 영어 공부방을 창업했다. 영어 공부를 좋아해서 대학교 다닐 때부터 영어를 가르치는 선생님이 되고 싶었기 때문이다. 졸업 후 다닌 회사도 만족스럽긴 했지만 아이들을 가르치고 싶다는 마음이 자꾸 생겨서, 방과 후 교사를 시작했다. 그 후에 학교에서 맡은 아이들 중에 열두 명을 모아서 공부방을 시작했다. 궤도에 오르기까지는 쉽지 않았지만, 2017년에 공부방 학생 수가 80명이 넘게 된다. 수익도 억대가 되면서 2018년에는 《나는 전문공부방으로 혼자 억대 번다》라는 책을 펴내기도 했다.

어린이 영어 교육 시장도 이미 포화 상태라고 알려진 시장이다. 그런데 그는 어떻게 혼자만의 힘으로 이런 놀라운 결과를 이뤄낼 수 있었을까? "레드오션에 더 많은 기회가 있다."라고 말한 사업가들처럼 강소진 원장 역시 "어린이 영어 교육 시장이 레드오션이지만, 1인 기업으로 충분히 성공할 수 있는 분야라고 생각한다."라고 이야기했다. 아직도 영어 교육 시장에는 나눠 먹을 파이가 많다는 것이다.

레드오션 시장이 커질수록 오히려 해결되지 않는 부분이 있고, 그에 따라 틈새시장이 생긴다는 것이다. 해결되지 않은 문제를 찾아서 답을 내놓을 수 있으면 성공 가능성이 있다고 본다.

강소진 원장이 찾은 고객의 문제는 무엇이었을까? 영어는 암기가 중요한데 아이들이 제일 하기 싫어하는 것이 바로 암기하는 것이라는 사실이었다. 삼인칭 단수 뒤에 에스 붙이기, 현재형, 과거형, 변형 외우기, 단어 외우기 등 외워야 할 것이 많다. 그걸 시키면 애들은 재미 없어 하고 더 이상 배우고 싶어 하지 않는다. 부모는 시키고 싶지만 애들이 안 하려고 하니 학부모, 아이들, 선생님 모두 괴로운 상황이 연출되는 것이다.

그래서 어떻게 하면 아이들이 즐겁게 배울 수 있을지를 연구했다. 그래서 도입한 게 음악에 맞춰서 단어를 공부하는 '비트영어'였다. 음악에 맞춰 노래하다 보면 저절로 영어 단어들이 외워졌다. 문법을 재밌게 가르치는 영어 구구단도 만들었다. 어려운 용어 없이도 쉽게 문법을 외울 수 있는 것이다. 그러다 보니 아이들도 영어 공부를 암기가 아닌 놀이처럼 생각하고, 공부방에 오고 가는 것을 즐거워했다.

강소진 원장은 공부방에 보내는 엄마들의 니즈에 대해서도 정확히 파악을 하고 그것을 해결해주려고 노력했다. 저학년 엄마들이 원하는 것은 '아이가 영어학원에 가기 싫다는 말을 하지 않고 즐겁게 다니는 것'이다. 그래서 초1부터 3학년까지는 비트영어나 영어 구구단으로 즐겁게 영어를 배울 수 있게 했다.

고학년의 학부모들은 '아이들의 영어 실력이 향상되기를' 바라게 된다. 또한 공부방에 다니면서 얼마나 실력이 늘었을까도 궁금해한다. 그래서 4, 5학년이 되면 실력을 검증할 수 있는 자격증 시험을 준비해 자격증을 딸 수 있게 해주었다. 그렇게 중간중간 시험이

나 자격증, 대회 출전 등을 넣어서 지루함을 줄이고 동기부여를 해주면서 공부할 수 있도록 만들었다. 그러다 보니 한번 공부방에 등록하면 최소 3년은 계속 다녔다. 초등학교 1학년에 와서 중학교 3학년까지 계속 다닌 아이도 있다.

재구매하는 고객들이 많아질수록 사업이 안정화가 되는 것은 당연한 이치다. 이렇게 한번 오면 계속 다니고 싶은 교육 시스템을 만들어두니 꾸준히 안정적으로 운영할 수 있었다. 강소진 원장은 공부방보다 더 큰 시장인 엄마표 영어 시장에서도 채워지지 않는 아쉬운 점이 있다고 말한다. 누군가 그 문제가 무엇인지 정의하고 해결책을 내놓으면, 거기서도 충분히 성공할 수 있다고 본다.

내가 사업하고 싶은 분야의 시장이 이미 너무 커져서 할까 말까 망설여진다면 그 시장에서 고객들이 느끼는 문제는 무엇인지부터 생각해보자. 그리고 그 해결점을 찾아 틈새를 공략하자.

고객의 불편을 놓치지 않기

내가 고객으로서 느꼈던 문제를 해결함으로써 성공한 사례도 많다. 대표적인 예가 패션마켓 '소녀레시피'다. 소녀레시피는 키 작은 여성에게 잘 어울리는 감성 코디라는 점을 내세워 다른 패션마켓과 차별화를 두고자 했다. 소녀레시피 변찬미 사장은 워낙 옷을 좋아해 쇼핑을 많이 했지만 옷을 살 때마다 불편한 점이 있었다. 그의 키는 158센티미터로 작은 편이다 보니 항상 기장이나 폼을 수선해야 입을 수 있었기 때문이다. 자신이 느낀 불편함에서 '분명히 키 작은 여성들이 많은데 왜 그런 사람을 대상으로 한 옷은 없을까?'라는 생각을 했고, 아담하지만 핏이 살아 있어 키가 커 보이고 날씬해 보이는 옷을 판매하기 시작했다.[3]

초기 자본금은 겨우 60만 원. 처음에는 지마켓에 입점해 4~5년 정도 옷을 팔았다. 당시 그의 집은 부산이었는데, 부산에서 동대문까지 가서 옷을 사오는 수고를 마다하지 않았다. 자본금이 적기 때문에 샘플을 몇 장 가져와 사진을 찍어서 상품을 올리고, 주문이 오면 추가로 구입해 판매하는 식이었다. 처음에는 힘들었지만 1~2년 정도 버티자 잘 팔리는 상품들이 조금씩 생겨났고, 본격적으로 소녀레시피라는 쇼핑몰을 열어 상품 판매에 들어간다.

그러다 자체적으로 만든 '마약밴딩츄리닝'이 큰 인기를 끌었다. 편안하면서도 단정한 핏을 선사하는 소재, 키 작은 여자를 위한 짧은 기장, 허리까지 올라오는 하이웨이스트 디자인으로 다리를 길고 날씬하게 보이게 한 점이 인기를 끈 요인이었다. 이처럼 '키작녀'를 위한 데일리 만능밴드 스커트, 데일리 니트 등의 아이템들이 연달아 인기를 끌며 연 매출 120억 원까지 달성하게 된다.

24시간 1:1 영어회화 앱 튜터링을 개발한 김미희 대표 역시 자신이 느꼈던 불편함에서 아이디어를 떠올려 사업을 시작했다. 이 애플리케이션(이하 앱)은 학생이 앱을 실행하면 전 세계에서 24시간 대기 중인 전문 튜터와 바로 연결이 된다.

'영어 공부는 하고 싶은데, 바쁜 직장생활 속에서 정해진 시간에 하는 것은 어렵다'는 것이 김미희 대표가 느낀 불편함이었다. 그리고 자신뿐만이 아니라 많은 직장인들이 그런 불편함을 느끼고 있다는 것을 알게 되었다. 그렇게 24시간 자신이 원하는 시간에 해외 전문 튜터와 1:1 영어회화를 할 수 있는 서비스를 개발하게 되었다.

튜터링은 혁신적인 서비스로 소비자와 시장에서 큰 호응을 얻어 빠르게 성장했으며 2016년 9월 서비스 시작 후 3년 만에 회원 수가 100만 명을 돌파했다. 자신이 느꼈던 문제점을 해결하면 얼마나 큰 장점이 될 수 있는지를 보여주는 예시이다.

내가 생활하면서, 내가 상품을 사고 서비스를 받으면서 불편하다고 느끼는 문제는 무엇인가? 혹은 주변 사람들이 많이 이야기하는 불편함은 무엇인가? 그것부터 깊이 생각해보고 어떤 해결책을 제시할 수 있을지 생각해보자. 문제가 무엇인지 찾고 그 대안을 만들어 꾸준히 제시한다면 고객들이 알아봐줄 것이다.

"제 고객층은 전 국민입니다"는 틀린 말

틈새시장을 찾는 방법 중의 또 하나는 '타깃을 좁히는' 것이다. 내가 대상으로 삼고 싶은 고객을 좁히고, 내가 팔고 싶은 아이템도 그 고객에 맞춰 아이템을 선정한다. 의류를 판매하고 싶다면, 그냥 여성 의류가 아니라 20대 초반 키 작은 여자아이들이 좋아할 만한 원피스만 판매하는 식으로 말이다. 일단 타깃을 최대한 좁히고 좁힌 다음 그 안에서 고객의 인지도를 확보하고, 점차 시장을 확대해가는 것이다. 그렇게 타깃을 좁히면 반드시 비어있는 곳을 찾을 수 있을 테고, 그곳에서 성공을 꾀할 수 있다.

타깃층을 좁히고 비어 있는 곳을 찾아라

50대의 인기 유튜버이자, 부동산 투자 전문가 단희쌤(이의상)은 사업을 시작할 때 중요한 것으로 '타깃층을 좁히는 것'을 강조한다. 처음 부동산 재테크 정보를 전하는 목적으로 블로그를 개설했을 때 그가 잡은 타깃은 '3년 이내에 은퇴하려는 40대 직장인'이었다. 40대, 더 나아가 3년 내 은퇴하려는 직장인을 대상으로 특화된 부동산 재테크 정보를 전하는 전문가는 이전에는 없었다. 타깃층을 좁히고 좁혀 틈새시장을 만들어낸 것이다. 블로그에도 '3년 이내에 은퇴하려는 40대 직장인을 위한 부동산 재테크'라고 적고 누구를 대상으로 하는 부동산 정보인지를 명확히 밝혔다.

단희쌤도 직장생활을 해봤기 때문에 직장인의 심리를 잘 알고 있었다. 3년 안에 은퇴하려고 하는 직장인이 어떤 고민을 하는지에 대해서도 계속 공부를 하면서 그 고민을 풀어주는 콘텐츠를 생산하고, 그들에게 최적화된 솔루션을 만들었다. 그렇게 블로그를 보고 대기업에서 제휴 요청이 오고, 출판사에서 출판 요청이 올 만큼 부동산 전문가로서 자리를 잡았다.

부동산 투자 전문가라고 자처하고 컨설팅을 해주는 사람들은 너무나 많다. 타깃을 좁히지 않고 모든 사람들을 대상으로 했다면 단기간에 부동산 전문가가 되는 것은 어려웠을 것이다. 타깃층을 좁혔기 때문에 짧은 시간 내에 어마어마한 경쟁자가 있는 시장에서 자리를 잡을 수 있었던 것이다. 우리는 더 빨리 더 많이 팔고 싶어서 타깃층을 넓히고 싶어 하지만, 오히려 그 욕심 때문에 시간이 더 걸린다는 것이다.

단희쌤은 자신이 가진 부동산 재테크 지식을 상품화하여 성공한 1인 지식기업가이기 때문에 자신이 운영하는 유튜브 채널 〈단희TV〉에서도 1인 지식기업가가 되는 방법에 대한 정보들을 많이 전해준다. 또 1인 지식기업가가 되고자 하는 이들을 위해 강의 및 컨설팅도 진행한다(1인 지식기업은 자신이 가진 지식과 경험을 서비스 상품으로 만들어 수익을 내는 기업을 말한다).

유튜브에서도 그는 항상 '선택과 집중, 좁히는 것'을 강조한다. 예를 들어 7세 미만 남자아이를 위한 치과, 강남 4층 이하 상가건물 수익형 부동산 전문가 등 연령대를 좁히고, 지역을 좁히고, 분야를 좁혀서 일단 그 분야를 독점하라고 말한다. 그러면 1년 내에도 원하는 결과(소득)을 만들어낼 수 있다는 것이다.

어느 한 분야로 시장을 좁히면 1년 만에 전문가가 된다

단희쌤의 이 타깃을 좁히는 방법은 그의 컨설팅을 통해서도 검증되었다. 한 사람은 2019년 2월, 단희쌤의 고시원 창업 콘텐츠를 보고, 단희쌤을 찾아와 컨설팅을 받아 6개월 만에 창업을 했다. 1

억 2,000만 원을 들여서 고시원 자동화 시스템을 구축했고, 한 달에 350만 원을 벌게 됐다고 한다.

유튜브 〈단희TV〉에서 그분과 인터뷰를 한 영상을 올렸는데, 그 후에 많은 사람들이 그가 고시원 창업으로 어떻게 성공할 수 있었는지 궁금해했다. 그래서 관심 있어 하는 사람을 대상으로 '고시원 창업'에 대한 세미나를 하기로 했다. 단순히 고시원 창업자로 끝내지 않고 부동산 분야의 창업 중에서도 '고시원 창업'이라는 분야로 특화시켜 1년 만에 고시원 창업 전문가가 되게끔 한 것이다.

또 하나의 사례로 이야기한 것은 부동산에 대해서 전혀 모르지만 부동산 전문가가 되고 싶다며 찾아온 청년이었다. 이분에게도 역시 시장을 최대한 좁히라고 이야기를 해줬다. 그래서 그 청년은 '서울 학동 4층 이하, 인테리어가 된 사무실 전문'으로 타깃을 좁힌다. 타깃을 좁힌 후 블로그를 개설하여 활동하며 자신을 알려 나갔다. 타깃을 좁히자 3개월 만에 '학동 4층 이하 사무실 부동산 전문가'로 많이 알려졌고, 그다음에 논현동, 강남으로 시장을 점점 확장해갔다. 그 결과 단기간에 '강남 4층 이하 상가 건물 수익형 부동산 전문가'라는 타이틀을 달고 수익을 만들어내게 되었다.

이렇게 타깃층을 좁히고 그것만 파고들면 좀 더 빠른 시간에 고객을 확보할 수 있다. 또한 내가 정한 분야에 대해서만 공부하면 되기 때문에 좀 더 빠르게 전문가로서 성장할 수 있다.

남들이 의식하지 않을 정도의 작은 땅을 찾아라

　남자아이만을 대상으로 한 미술 교육 연구소인 자라다 남아미술연구소도 '좁히고 좁혀서 나만의 시장을 만들어 성공한 사례'[4, 5] 중 하나로 볼 수 있다. 자라다 남아미술연구소는 6~13세 남자아이만을 위한 미술교육연구소다.

　최민준 대표가 남자아이만을 위한 미술교육연구소를 만들겠다고 생각한 것은 미술학원에 적응하기 힘들어하는 남자아이들을 만나면서였다. 말썽을 피워 미술학원에서 쫓겨나기도 하고, 교육에 적응을 못해 미술은 내 영역이 아니라며 포기하는 아이들도 많았다. 돌아보면 본인도 어린 시절 그랬다. 이러한 문제점을 통해서 '남자아이들이 재미있어 할 만한 미술 교육이 있지 않을까? 남자아이들만 전문적으로 가르쳐볼까?' 하는 생각을 하면서 본격적으로 남자아이들을 연구했다. '남자아이' '아들' '소년'이 들어간 책을 모두 읽었고, 남자아이들을 직접 만나서 남자아이에게 맞는 교육이 어떤 것인지도 파악했다.

　그렇게 2011년 남자아이를 대상으로 특화된 미술연구소를 연다. 학부모들과 남자아이들의 반응은 뜨거웠다. 3년이 채 지나지 않아 본점인 일산 외에 부산, 대전, 인천 송도 등 여러 곳에 분점을 냈으며, 2019년에는 전국에 35개 자라다 남아미술연구소를 열었다.

　최민준 대표도 단희쌤과 유사한 이야기를 한다. 최민준 대표가 남아미술교육을 시작한 지 10년이 됐고, 남아미술교육 전문가로 인정받고 있다. 사실 교육 업종에서 10년은 긴 시간은 아니다. '만약에 타깃을 좁히지 않고 남녀노소 모두를 대상으로 하는 미술 교육을 했다면, 10년 안에 전문성을 갖추기도 어려웠을 것이고 전문가로 인지되기도 어려웠을 것'이라고 말했다. 교육 대상을 좁히고 그 대상만을 연구하며 시간을 보냈기 때문에 지금의 성공에 다다른 것이다. 최민준 대표는 사업을 시작할 때 실패율을 낮추는 가장 좋은 방법은 '좁히는 전략'이니, '너무 작아서 남들이 신경 쓰지 않지만, 내가 충분히 성장할 수 있는 크기의 땅을 찾아내는 것'이 중요하다고 강조한다.

시작하는 순간부터 1등이 되는 법

"열심히 해서 1등이 되려 하지 말고, 시작하는 순간부터 1등을 할 수 있는 일을 하셨으면 좋겠다."라고 최민준 대표는 말한다. 타깃을 좁혀 틈새시장을 독점하면 처음부터 1등이 될 수 있다. 미술교육 시장은 이미 컸지만, 그중에서도 남자아이만을 대상으로 한 미술학원은 그 어디에도 없었다. 학원을 시작할 때부터 최초였기에 1등이 될 수 있었다. 그런 만큼 소비자들의 머릿속에 남아 대상 미술학원이 더 강렬하게 각인되었다.

"다양한 정보가 무차별하게 흘러드는 시대에 고객에게 선택받으려면 버리고, 없애고, 깊고 좁게 집중해야 한다. 궁극적으로는 당신의 이름이 해당 분야 최고의 해결사로 인식되게끔 해야 한다. 그러기 위해서는 첫째도 최초, 둘째도 최초, 셋째도 최초, 즉 그 분야 '최초의 인포프래너'로 알려져야 한다."

— 송숙희, 《인포프래너》

《인포프래너》의 저자이자 본인도 20년 가까이 인포프래너(Infopreneur, 자신의 전문지식이나 정보를 파는 1인 기업가 또는 1인 지식기업가)로서 활발하게 활동하고 있는 송숙희 작가의 이야기다. 그만큼 최초라는 타이틀은 큰 힘을 가지고 있다.

타깃을 좁힌다는 의미는 내가 팔려고 하는 상품을 좁히고 좁힌다는 개념도 있다. 《사람들은 왜 한 가지만 잘하는 식당을 찾을까?》에는 하루 4시간만 문을 여는 데도 대박이 난 시골 식당의 사례가 나온다. 담양 소재의 차별화된 돈가스를 파는 식당이다.

이 식당의 메뉴는 돈가스 삼총사다. 쌈에 싸 먹는 '쌈돈가스', 돈가스 위에 샐러드와 연어를 가득 넣어 만든 '케이크돈가스', 그리고 치즈를 듬뿍 얹은 '눈꽃돈가스'다. 처음에는 담양 사람 위주로 찾아왔는데, 점차 외지 손님이 늘어났고, SNS에서 유명한 돈가스집으로 소문이 나면서 줄 서서 먹는 집이 되었다.

이 식당은 사장이 6억 원을 투자해 프랜차이즈 식당을 차린 후 실패하고 난 뒤에 차린 식당이었다. 새로 식당을 만들 때는 '모든 것을 다 하겠다는 욕심을 버리고, 자신이 잘할 수 있는 돈가스'에만 집중하겠다고 생각했다. '담양'은 떡갈비와 국수로 유명하기 때문에 이미 유명한 노포집이 곳곳에 있었다. 그들을 상대로 한다면 백전백패가 분명하기에 자신 있는 '돈가스'를 온리원 메뉴로 내세워 틈새시장을 공략하겠다고 결심한 것이다.

하지만 그냥 평범한 돈가스로는 사람들의 마음을 사로잡을 수 없다. 어떻게 하면 사람들이 다른 곳에서는 맛볼 수 없는 돈가스라고 느낄 것인지, 고객이 먼저 찾아주고 소문을 내주기 위해서는 어떤 특별한 점이 있어야 하는지에만 포커스를 맞추고 메뉴 개발을 시작했다.

돈가스 하나로 승부하되, '무조건 많이 퍼준다가 아닌 하나라도 제대로 주자'는 원칙을 가지고 이전까지 보지 못한 발칙함에 더해 가성비를 느낄 수 있는 메뉴를 만들자는 생각에서 탄생한 것이 돈가스 삼총사였다. 돈가스는 1인 메뉴라는 개념에서 2~3인 이상이 함께 먹는 새로운 개념으로 새롭게 만들었다.

그동안 너무 바빠 딸아이를 혼자 지내게 한 것이 미안해서, 4시간만 영업하는 방식도 도입했다. 일반 식당과는 다르게 딸을 위해서 4시간만 일한다는 가슴이 뭉클해지는 사연은 사람들의 마음을 더욱 사로잡았다. 손님들에게는 더욱더 가고 싶은 식당으로 기억되었고, 소문 또한 빠르게 퍼질 수 있었다. 담양에는 별로 없던 돈가스라는

메뉴를 선정해 그것만 특화시켜 그 카테고리에서 1등이 되었다는
점, 영업시간도 4시간으로 확 줄여 사람들의 감성을 자극한 점이 이
식당의 성공비결인 것이다.

포기하는 법부터 배워야 한다

타깃을 좁히려고 하면, 내가 잡은 시장이 너무 작은 것은 아닌
지 타깃층이 좁아서 수익이 제대로 날 수 있을지 불안해지기 마련이
다. 그러다 보면 자꾸 타깃을 점점 넓히게 된다. 하지만 앞서 말했
듯 선택과 집중을 하지 못하면 성공은 더 멀어지기만 할 뿐이다. 타
깃을 넓히는 것은 그 후에 충분히 할 수 있는 일이다.

처음에 음식점을 차리면서 많은 메뉴로 모든 사람을 다 만족시
키겠다고 한다면, 그 성장은 더딜 수밖에 없다. 그래서 사업을 시작
할 때 먼저 배워야 할 것이 포기하는 법이다. 내 상품이나 서비스가
모든 사람을 만족시킬 수 없음을 인정하고, 내가 자신 있는 영역부
터 시작하는 것이다. 내가 타깃층을 정했으면, 선택하지 않은 고객
층은 과감히 버릴 수 있어야 한다. 그렇게 선택과 집중으로 작은 시
장에서 1등을 하고 나면 서서히 단계를 넓혀가면 된다.

자라다 남아미술연구소의 최민준 대표도 그런 방식으로 사업
을 넓혔다. 학원이 잘되던 어느 날 메르스(2012년 4월부터 사우디아라비

아 등 중동 지역을 중심으로 발생한 급성호흡기감염병. 우리나라에서는 2015년 5월 첫 감염자가 발생하여 186명의 환자가 발생, 이 중 38명이 사망하였다)가 터졌다. 하지만 아이들이 등원할 수 없는 이 상황을 그는 위기라고 생각하지 않고 지금이 사업의 지평을 넓혀갈 기회라고 생각했다. 이때 상자에 미술 재료를 담아 '아들상자'라는 이름으로 각 가정에 보낸다.

이것을 시작으로 미술학원을 넘어서 남자아이들을 위한 미술 재료 판매의 사업으로 확장한 것이다. 거기서 더 나아가 아들만을 위한 남아 전용 한글 학습으로도 그 지평을 넓혔다. 처음부터 이 모든 걸 다 하겠다고 욕심을 냈다면 어려웠겠지만 하나씩 하나씩 작은 시장부터 선점하며 해나가면서 소비자에게 신뢰를 주었기 때문에 가능한 일이었다.

타깃을 좁히고 좁혀보자. 나이, 성별, 지역, 직업 등 사업에 따라서 타깃을 좁힐 수 있는 매우 다양하다. 취급하는 아이템도 산만하게 이것저것을 하는 게 아니라 한 가지를 만들더라도 그 시장에서 1등을 할 수 있어야 한다. 그리고 한 걸음씩 입지를 넓혀가자.

천연조미료를 만들어 SNS에 올렸다가 이를 보고 팔아달라는 요청을 받아 사업을 시작하게 된 한 여성이 있다. 성화에 못 이겨 판매하게 된 이 제품이 소문에 소문을 이어가며 호평을 얻었고, 백화점과 홈쇼핑에서도 인기리에 판매되면서 크게 성장하게 되었다.

이처럼 이제 과거와 달리 소비자와 판매자의 관계의 구분이 점점 희미해지고 있다. 소비자가 먼저 구매를 요청하기도 하고, 판매자가 홍보를 하기 전에 먼저 제품을 주변에 알리며 선전해주기도 한다. 그리고 판매자는 그에 보답하기 위해 정성을 담아 좋은 상품을 만들어 제공한다. 소비자와 만날 수 있는 채널을 만들고 소통하는 하나의 공동체가 되어 선순환을 이루는 것이다.

2

고객과의 '밀당'은
위험하다

Key Point

**막힘없는
커뮤니케이션을 위한
키포인트**

1. 내 상품에 확신을 가져라.

2. 빛나는 가치를 담아 마음을 사로잡아라.

3. 끊임없이 질문하여 고객의 니즈를 파악하라.

4. 나의 진심을 '시각적'으로 표현하라.

5. 사고파는 관계를 넘어서 신뢰 관계를 구축하라.

6. 고객에게 마음의 빛을 지게 만들어라.

7. 고객이 먼저 내 상품을 홍보하게 하라.

고객은 무엇 때문에
돈을 내는가

사업에 성공하려면 무엇이 필요할까? 이것을 알기 위해서는 먼저 사업의 성공 요소를 쪼개어봐야 한다. 사업의 성공 요소는 여러 가지로 나뉠 수 있겠지만 상품, 인지도, 구매, 재구매의 네 가지로 나눠 보고자 한다.

첫째는 유형이든 무형이든 돈과 교환할 수 있는 '상품'이 필요하다. 소비자가 지불하는 돈에 합당한 혜택을 고객에게 줄 수 있는지, 나의 상품은 누구에게 왜 필요한지, 다른 경쟁사의 유사한 상품이 아니라 왜 내 상품을 이용해야 하는지 등 나부터 확신을 갖고 대답할 수 있는 좋은 상품을 만들어야 한다.

두 번째는 그 상품에 대한 '인지도'를 높여야 한다. 이 상품은 무엇인지, 이 상품을 사용하면 뭐가 좋은지 등 소비자들이 이 상품을 알 수 있게 적극적으로 홍보해야 한다.

세 번째는 '구매'다. 그 제품을 인지한 사람들이 한번 써볼까? 싶은 생각이 들어 구매가 일어날 수 있게 해야 한다.

네 번째는 '재구매'다. 한번 상품을 구매했던 고객이 다시 찾을 수 있을 만큼 그 상품이 만족스러워야 한다. 그래서 자기 자신도 재구매할 수 있어야 하고, 주변에도 좋은 입소문을 내줄 수 있게 만들어야 한다.

여기에 하나 더 포함시킨다면 '구매 용이성'이 있다. 내 상품을 사고 싶은 마음이 들었을 때, 고객이 쉽게 구매할 수 있게 만들어야 한다. 각각의 요소들이 잘 작동할 수 있도록 신경을 쓴다면 돈은 자연이 벌릴 수밖에 없다. 그리고 무엇보다 중요한 것은 각각의 요소들의 중심에는 '고객'이 있다는 것이다. 이를 꼭 기억하자.

상품에 확신을 가져라

고객의 마음을 움직이려면 어떻게 해야 할까? 그러려면 나부터 내 상품에 대한 확신이 있어야 한다. 내 상품이 고객에게 주고자 하는 본질적 가치가 무엇인지를 정리하고 그걸 전달할 수 있어야 한다. 그 가치에 공감하고 감동하면 고객은 상품을 구매하게 된다.

전략 1에서 언급했던 1인 영어 공부방 '헌터주니어'를 운영하던 강소진 원장의 이야기를 해보자. '영어 공부방'이라고 하면 무엇이 떠오르는가? 내가 영어 공부방을 연다면 나는 '나'를 무엇으로 정의할 것인가? 과외 선생님인가, 아니면 편하게 아이들 보낼 수 있는 동네 공부방 선생님인가.

강소진 원장은 자신을 교육자라고 정의했다. 그냥 소소하게 동네 아이들을 모아서 영어를 가르치는 동네 아줌마 강사가 아니라, 아이들의 가치와 인성을 만져주며 영어를 진정으로 공부하고 싶도록 동기부여를 해주는 교육자, 아이들이 영어를 엄마가 시켜서 해야 하는 공부가 아니라 '내가 잘하고 좋아하는 언어'로 만드는 교육자, 그리고 아이를 맡기는 학부모님들에게 안심되고 의지가 되는 선생님이 되고 싶었다.

영어뿐 아니라 인성까지 가르쳐주는 영어 전문 공부방이 되고자 했다. 그것이 동네 아파트에 이미 한 동 건너 하나씩 있는 공부방, 유명한 브랜드 공부방이나 원어민 강사들과 차별화할 수 있는 자신만이 줄 수 있는 가치라고 여겼다. 그리고 다음과 같은 목표를 세우고 그 목표에 합당한 공부방을 만들기 위해 노력했다.

① 헌터주니어들은 탁월한 'English user'로 세계에서 소통할
수 있다.

② 헌터주니어들은 예의 바르고 실력 있어 우리나라를 빛내는
인재가 된다.

③ 헌터주니어들은 성취해도 실패해도 지속적으로 경험하며
성장한다.

혼자서 사업을 하며 그 가치를 만드는 것에 집중하는 것은 쉽지 않았다. 월세 120만 원짜리 집을 얻어서 시작한 공부방. 2010년 처음 시작했을 때는 월세를 내고 나면 150만 원 정도가 남는 게 다였다. 어려운 상황이었기에 빨리 학생 수를 늘려야 한다는 조급함이 있던 것도 사실이다. 하지만 그럴 때마다 마음을 다잡았다. '교육자로서 내가 잡은 가치를 만들어가는 데 집중을 하자. 아이들이 영어를 언어로서 잘하고 좋아할 수 있게 만드는 나만이 할 수 있는 교육을 하자. 지금은 힘들어도 그 마음으로 가르치다 보면 학생은 저절로 늘어날 것이다'라는 마음으로 말이다.

공부방에서 수익이 나면 대부분은 더 좋은 교육방법을 연구하는 데 사용했다. 교육을 제일 잘하는 사람이라는 마리아 몬테소리를 비롯해 여러 강사의 책을 보고 강연을 들으며 자신만의 방법을 찾을 때까지 연구했다. '내 아이한테 어떻게 가르치면 좋을까?' 하는 생각도 계속 했다. 그러면서 '재밌게 공부하며 실력을 키울 수 있는' 헌

터주니어만의 수업 방법을 만들어갔다. 확신을 가지고 만든 방법들은 실제로 놀라운 성과를 보여주었고, 당연하게도 입소문을 타기 시작했다. 내가 내 상품에 확신을 가지면 고객도 확신을 가진다.

나만의 본질적 가치를 보여라

수업의 각 단계마다 재밌게 할 수 있는 요소들을 넣었다. 처음 레벨 테스트를 할 때도 그냥 하는 게 아니라 호기심을 자극할 수 있는 교구를 마련했다. 예를 들어 쿠션 주사위를 준비해, 주사위에 적힌 기초 회화의 질문을 아이에게 한다. 제비뽑기 용지를 만들어 활용하기도 했다. 그 과정에서 긴장이 풀어진 아이들은 훨씬 더 자신의 실력을 발휘했다.

수업을 할 때는 음악에 맞춰서 단어를 공부하는 비트영어를 도입했다. 전략 1에서 이야기했듯 비트를 틀어놓고 아이들과 리드미컬하게 발화 수업을 하는 것이다. 문법을 재밌게 가르치는 영어 구구단도 만들었다. 어려운 용어 없이도 쉽게 문법을 외울 수 있게 하는 도구다. 그렇게 재밌게 수업을 만들자 아이들이 즐거워했다. 수업을 가르치는 자신도 즐거웠다. 당연히 수업의 분위기도 밝을 수밖에 없었다.

학생별로 세 달에 한 번 리포트 카드를 보내주는데, 그것도 다른 학원과는 달랐다. 반은 현재 영어 실력에 대해 적고, 나머지 반에는 학생의 성격이나 특징 학원 생활 등에 대한 코멘트를 써준다. 보통 학생에 대해서는 일일이 다 하기 어려워서 똑같이 복사해서 붙여넣는 방식을 많이 쓴다. 하지만 그는 학생 하나하나에 맞춰서 정성껏 내용을 적어 학부모에게 보냈다. 그 자신도 교육자이기 전에 엄마이기에 아이들이 어떤 변화를 보이고 있는지 궁금해하는 마음을 잘 알기 때문이다.

헌터주니어만의 크고 작은 프로젝트들도 진행했다. 아이들이 영어를 즐겁게 배웠으면 하는 마음으로 영어 연극 공연, 뉴욕 방문 등의 프로그램도 만들어 진행했다. 경시대회나 자격증 시험이 있으면 아이들을 준비시켜 나가게 했다. 헌터주니어에서 '경시대회 1등을 나오게 만들어야겠다'는 생각으로 준비했으며, 실제 헌터주니어 아이들이 대상이나 최고상을 많이 받았다.

처음엔 동네 공부방 선생님이라고 무시하는 엄마들도 있었다. 큰 학원이나 목동 같은 동네에 비교하면서 '저 선생님이 잘 가르칠까?' 하고 걱정하는 엄마들도 있었다. 그러나 계속 노력하며 수업의 성과를 보여주니, 자신을 정말 교육자로 봐주기 시작했고 주변에 소개를 시켜주는 엄마들이 늘어났다.

가장 좋은 마케팅은 고객의 입소문이다

강소진 원장이 영어 공부방을 처음 시작할 때의 학생 수가 12명이었는데 어느 순간 80명이 되었다. 그렇게 되기까지 그 흔한 전단지 같은 것도 만들어본 적이 없었다. 이렇게 폭발적으로 성장할 수 있었던 이유는 무엇일까? 그건 바로 입소문이다. 그는 그저 '아이들 가르치는 것에 충실하자, 그래서 아이들과 학부모를 감동시키자'는 철학만을 가지고 꾸준히 운영했을 뿐이지만, 그의 이런 진심을 알게 된 고객들의 입소문을 타고 학생 수가 늘어난 것이다.

이 과정까지가 쉬운 일은 아니었다. 2010년에 시작해서 5년 정도는 학생 수가 30명 선에서 늘어나질 않았다. 영어 공부방을 포기해야 하는 건 아닌지 고민도 했지만 어떻게든 버텼다. 그러는 사이 주변의 학원들과 공부방들이 버티지 못하고 하나둘 문을 닫았다. 갈 곳이 없어진 학생들이 헌터주니어로 옮겨왔다. 그로 인해 2017년에 학생 수가 80명이 된 것이다.

여기서 중요한 점은 5년이라는 기간 동안 꾸준히 실력을 키우고, 시스템을 만들어놨기 때문에 80명이라는 학생을 한꺼번에 받을 수 있었다는 것이다. 그리고 그것이 한 번에 끝나는 것이 아니라 계속 이어지도록 유지할 수 있었다는 것이다. 그래서 그는 '존버 정신'을 많이 이야기한다. '즐겁게 일하면서 버티고 준비하라. 언제 터질지 모른다'는 것이다. 어쩌면 포기하고 싶어지는 바로 그때가 바로 터질 시점인지도 모른다.

버티기 위해서는 자기 확신이 중요하다. 나부터 내 상품에 확신이 없는데 누구에게 사라고 할 수 있을까? 자신부터 확신을 갖고 확신을 줄 수 있는 근거를 만들기 위해 계속 노력했다는 것이 헌터주니어의 가장 큰 성공 비결이었다.

지금은 영어 공부방 원장을 대상으로 '공부방 운영'에 대한 강의도 하고, 선생님들과 협업해서 교재 및 교구를 만드는 일도 하며 사업의 범위를 확장하려고 하고 있다. '아이들이 재밌게 영어를 공부하게 하기 위해 필요한 것은 무엇일까?'를 고민하며 수업을 만들어갔듯, 이제는 '공부방 원장님들께 필요한 것은 무엇일까?'라는 본질적 질문을 하며 만들어가고 있다.

본질적 가치를 지키며 변화하기

코로나 때에는 수업하기 힘들었을 텐데, 어땠을까? 공부방이라서 오히려 (한 반당 6명 이하) 소규모로 진행했기 때문에 대형 학원에 비해서 타격은 덜한 편이었다. 아이들이 학교도 못 가고 있는 상황이어서 엄마들이 공부방에라도 보내려고 하는 마음도 있었다. 아이들이 나올 때는 마스크를 쓰고 안전하게 수업을 진행했다. 공부방을 운영하는 지역에 확진자가 나와서 2주간 휴원을 했어야 한 적이 있는데, 그때는 그동안 못했던 것을 준비하는 시간으로 삼았다. 영어 공부방 원장님들을 대상으로 하는 교구들도 이 시간에 집중해서 만든 것이다. 원장님들을 위한 세미나는 인스타그램 라이브방송으로 진행했다. 오프라인에서 진행할 때는 지역적 제약이 있는데, 온라인 방송이라 더 많은 분이 참여할 수 있었다.

공부방 아이들도 온라인 수업도 병행했다. 온라인 화상수업 프로그램인 줌ZOOM을 사용하는 방법을 배워서 공부방도 온라인으로 진행했다. 앞으로 이러닝, 플립 러닝(역진행 수업으로 선생님이 온라인 강의를 주면 아이들이 강의를 먼저 보며 예습을 하고, 다음 수업 시간에는 실제적 과제를 연습하거나 문제 풀이를 통해 지식을 적용하는 수업. 이때 선생님은 문제 풀이가 안 되거나 과제 연습이 어려운 학생들을 돕는 방식)은 더욱 확장될 것이다.

교육 환경이 많이 변화하고 있지만 처음 강소진 원장이 세웠던 본질적 가치는 변함없다. 자녀들의 영어 공부에 대한 엄마들의 니즈가 변함없듯이. 가치를 전달하는 방식이 시장 상황에 따라서 유동적으로 변할 뿐이다. 이제는 안전에 대한 니즈가 커졌기에, 안전하게 영어 공부를 재밌게 잘할 수 있도록 방식을 변화시켜나가려고 하고 있다.

예비 창업자에게 해줄 조언을 묻자 강소진 원장 이렇게 말한다. "인스타그램이든, 유튜브든 소비자가 되지 말고 생산자가 되려는 마음을 가져야 합니다." 앞으로는 언택트 시대가 더 확장될 것이기 때문에 인스타그램으로 라이브 방송을 해본다거나, 유튜브로 이러닝을 올려서 수업을 해보는 식으로 본인이 먼저 언택트 방식에 익숙해져야 한다는 것이다. 그래야 자기가 만든 가치 있는 상품을 시장 상황에 맞게 잘 전달할 수 있단다.

　내가 본질적으로 고객에게 주고 싶은 가치는 무엇인지, 그 가치가 고객이 원하는 것인지, 나 스스로 그 가치에 대한 확신이 있는지 생각해보자. 나의 상품에 이러한 본질적 가치를 담아 고객에게 전달하려고 노력할 때, 어려움을 극복할 길도 보일 것이다.

좋은 상품은
소비자가 알아서 팔아준다

좋은 상품을 준비했는가? 상품에 대한 본질적 가치를 잘 정립했는가? 이제 나의 진심을 전해 고객을 감동시킬 차례다. 나의 진심에 감동한 고객은 계속 나를 찾을 뿐더러, 나의 팬이 되어 주변에도 나를 알려줄 것이다.

과장된 광고를 이기는 진정성

지금 시대에 소비자들은 쉽게 광고에 현혹되지 않는다. 그래서

2000년대 진정성 마케팅Authentic Marketing이란 용어도 나왔다. 왜 진정성 마케팅일까? 화려한 마케팅 메시지가 진짜가 아니었다는 사실을 너무 잘 알게 됐기 때문이다.

트위터에 '진정성 마케팅에 대한 나의 해석'이라는 글을 올린 미국의 한 인터넷 사업자는 성공하는 마케팅의 비법을 다음과 같이 썼다. "마케팅은 결국 관계를 맺는 일이다. 물건을 팔려고 막 소리치면 모두 떠난다. 그 사실을 깨닫고 내 본심을 얘기하기 시작하니 사람들이 몰려들었다."[6]

과장 광고가 넘치는 상황에서 고객의 관심을 받으려면 있는 그대로의 진심을 전해야 한다. 그래야 관심을 받고, 그 관심이 공감과 감동으로 이어지면 고객의 선택을 받게 된다. 앞서 말한 영어 공부방 강소진 원장도 진심이 통한 사례다. 광고 한 번 하지 않았지만, 영어 교육에 대한 진심이 통하자 고객들이 알아서 입소문을 내줬다.

천연조미료 시장의 떠오르는 브랜드인 정성깃든 김인경 대표도 그러한 사례이다. 김인경 대표는 2015년 정성깃든을 만들었다. 2017년 네이버쇼핑 '믿고 먹을 수 있는 천연조미료' 카테고리에 1위에 오르고, 백화점, 홈쇼핑 등에서도 인기리에 판매되며 그해 2억원의 매출을 올렸고, 그 이후 가파르게 성장세를 이어가고 있다.

진심으로 고객에게 다가가라

정성깃든에서는 멸치, 홍합, 다시마 등 신선한 우리나라 해산물을 이용해 만든 천연조미료를 판다. 무색소, 무방부제, 무첨가제로 안전한 건조 가공 과정으로 만든 천연조미료다. 포장하는 병도 친환경 유리병을 사용한다. '음식 재료 본연의 맛을 느끼게 하고 영양과 건강을 선사한다'는 것을 모토로 삼고 정직하게 천연조미료를 만들고 있다.

정성깃든이라는 회사 이름처럼, 김인경 대표와 대화하는 내내 느낀 것은 '정성이 가득하다'라는 것이었다. 천연조미료라는 상품을 만드는 과정부터 제품을 고객에게 알릴 때도 정성이 가득했고, 제품을 구매하는 고객을 대하는 마음도 정성이 가득했다.

김인경 대표는 처음부터 창업을 하려고 마음먹었던 것은 아니었다. 처음에는 그저 집에서 먹으려고 천연조미료를 만들었다. 그는 결혼 후 아이가 안 생겨서 오랫동안 고생하다가, 몸의 체질을 바꿔야겠다 싶어서 인스턴트 음식을 끊고 집에서 제철 재료로 음식을 만들어 먹기 시작했는데 그 음식들이 너무 맛이 없어서 어떻게 하면 맛있게 먹을 수 있을까 궁리하다가 만든 게 천연조미료였다.

꼭 천연조미료 때문만은 아니었겠지만, 건강한 재료로 음식을 만들어 먹으며 체질 개선한 지 3개월 만에 첫 아이를 임신했다(지금은 세 아이의 엄마다).

그는 천연조미료 만드는 과정을 임신 과정을 기록한다는 마음으로 SNS에 올렸다. 그런데 그 글을 보고 어떤 사람이 '천연조미료를 살 수 있냐'는 문의를 해왔다. 그 후로도 문의가 뒤따랐고, 자연스럽게 창업으로 이어졌다. 사업자를 내는 방법조차 몰랐지만 '먹는 음식에 따라 나와 가족의 몸이 어떻게 달라지는지를 경험했기에' 제품에 대한 확신만은 컸다.

1인 창업이라는 것이 처음에는 막막했다. 너무 막막해 찾아간 곳이 부산에 있는 1인창조기업 지원센터다. 가서 보니 예비 창업자들을 위한 지원 제도들이 많았다. 정성껏 사업계획서를 썼다. 그것이 당선이 돼서 초기창업자금을 지원받을 수 있었다. 4,200만 원 정도를 지원받아, 천연조미료 패키지를 만들었다. 2015년 12월에 첫 패키지가 나왔다. 그전에는 비닐팩에 넣어서 팔았는데 패키지를 만들며 날개를 단 것이다.

본격적인 판매를 위해 처음으로 자신의 제품을 네이버 쇼핑 플랫폼인 스마트스토어에 올린다. 스마트스토어에 대한 기본 지식도 크게 없었다. 블로그에 있는 스마트스토어에 올리는 법을 따라하면서 서툴지만 하나씩 올렸다. "저를 믿고 구매해주셔서 감사합니다. 저희 제품을 구매해주신 오늘을 잊지 않고 좋은 제품을 열심히 만들겠습니다."

첫 주문이 들어왔을 때 너무 신기했다. 자신에 대해서 모르지만 인터넷만 보고 믿고 구매해준 고객이 감사했다. 첫 주문한 고객에게 메시지를 보냈다. 처음 상품을 올릴 때만 해도 제품 사용법에 대한 리플렛도 없는 상황이었다. 구매해준 것이 너무 감사해 제품 사용법도 자세히 알려드리고 싶었다. "이 표고버섯 조미료는요, 나물 무칠 때 이렇게 해서 넣어보세요." 하나하나 사용법에 대한 메시지를 적어서 보냈다.

서툴지만 정성 가득한 메시지에 감동받은 고객들은 부탁을 하지 않아도 구매평을 잘 남겨주었다. "이름도 없는 곳이라 망설였는데 끓여 먹어보니까 제가 만든 거보다 낫네요. 구매해도 좋은 회사인 거 같아요." 그 구매평이 씨앗이 되었다. 이후 하나둘씩 구매가 일어나고 구매평도 쌓였다. 내가 써보니 좋아서 가족들, 주변 사람들 주려고 산다는 분들도 늘어났다. 한번 구매한 고객들이 주변에 소개해주는 것들, 재구매 비율이 사업 성장의 동력이 되었다.

고객이 해주는 것이 진정한 마케팅

2017년에는 네이버 쇼핑, 믿고 먹을 수 있는 천연조미료 1위 브랜드로 선정이 되었다. 처음에는 혼자 다 해야 해서 마케팅이나 광고도 하지 못했다. 단지 제품을 구매해주는 게 감사해서 좀 더 잘 제품을 이용할 수 있게 도와드리려고 했을 뿐이었다. 그 진심을 고객들이 알아주었다. 김인경 대표는 "구매하신 엄마들이 영업사원처럼 홍보를 해주셨어요. 저는 마케팅을 잘 모르지만 고객님들이 해주시는 게 마케팅 같아요."라고 말한다.

온라인에서 판매가 잘 일어나고 구매평도 좋으니 백화점, 홈쇼핑 등의 MD(상품기획자)들에게서도 연락이 왔다. 2018년 부산 서면 롯데백화점 본점 추석 특판전에서는 모든 제품이 완판되기도 했다. 그렇게 조금씩 판로를 넓힐 수 있었다. 현재 미국, 홍콩, 베트남 등의 수출을 진행하고 있다. 해외 시장에서도 먹거리에 대한 불안정성이 있고, 박람회에 참여해보니 반응이 좋아서 진출을 생각하게 되었다. 조금씩 판로를 넓히며 매출 규모도 늘려갈 예정이라고 한다.

'진심은 고객들이 알아본다.' 이 말을 들으면 항상 생각나는 분이 있다. 서울 4호선 삼각지역 근방에 위치한 '옛집국수'를 40여 년간 운영하고 있는 배혜자 할머니다. 할머니와 한 노숙자의 이야기가 화제가 된 적이 있다. 사기를 당해 전 재산을 잃어버리고, 아내까지 그의 곁을 떠나자 노숙자가 된 사람이 있었다. 하루는 배가 너무 고파서 식당에 가서 구걸했지만, 박대만 당하다 할머니의 식당에 들어가게 된다. 박절한 세상인심에 불을 질러버리겠노라는 독한 마음까지 먹을 정도로 몸과 마음이 차가워진 상태였다.

할머니는 그의 노숙자 같은 외모에도 환하게 웃으며 맞아주었다. 그는 허겁지겁 두 그릇이나 먹은 후에 돈을 낼 수 없어 도망을 쳤다. 그때 할머니가 그의 뒤통수에 대고 소리를 질렀다. "괜찮아요, 뛰지 마, 다쳐!" 그 말을 들은 그는 주저앉아 울고 말았다. 세상에 대한 원망으로 얼음장 같았던 자신의 마음에 할머니의 말 한마디가 따스한 불씨를 피워주었던 것이다. 그는 그 후 파라과이로 이민을 떠나 사업가로서 재기에 성공한다. 그때의 고마움을 간직하고 있다가 직접 할머니를 찾아가 감사의 인사로 돈 봉투를 건네기도 했지만 할머니는 '찾아와준 것만도 고마울 뿐'이라며 극구 사양했다.

그저 할머니는 "그게 뭐 대단한 일이라고 이렇게 난리인지 모르겠으나, 사람 귀한 줄 알며 양심껏 하루하루를 살아왔어요."라고 말할 뿐이었다. 할머니의 이런 행동과 말은 어떤 마음으로 식당을 운영하고 있는지 그 진심을 고스란히 보여준다. 제대로 된 국물 맛을 내기 위해 연탄불만을 고집했고, 아침밥도 못 먹고 새벽일을 나가는 사람들을 위해 제일 먼저 가게 문을 열었다.

자정 무렵 연탄불 위에 끓인 멸치 국물은 4시간만 끓여야 제맛이 난다고 한다. 그래서 새벽 4시에 일어나 자정부터 끓인 후 멸치 국물을 다른 솥에 옮겨 담는다. 멸치는 전남 목포에서 가져오고, 고춧가루, 마늘, 깨 등은 전남 해남에서 가져온다. 모두 1급 재료만 사용한다. 그의 이런 진심을 아는 고객들은 대를 이어 단골이 되었고, 40여 년째 그 자리에서 꾸준히 장사를 이어가고 있다.

진심을 전하는 자기만의 방법을 찾아라

소비자에게 진심을 느끼게 만드는 데는 여러 가지 방법이 있을 것이다. 《팔지 마라 사게 하라》에서 저자인 장문정은 진심을 전하는 여러 사례를 이야기한다. 홈쇼핑 쇼호스트였던 그는 꿀을 판매할 때의 일화를 말한다. 꿀만큼 진품인지 아닌지 믿게 하기 어려운 것도 없다. 그래서 홈쇼핑에서 판매할 때 세 가지 사실을 전하기로 했다.

- 농협에서 품질을 100퍼센트 보증한다.
- 꿀을 채취한 지역을 큰 지도에 표시해 언제 어디에서 채취한 것인지 상세히 알려준다.
- 꿀을 생산한 각 농가의 주인 이름과 주소 그리고 사진까지 보여주고 믿음을 심어준다.

특히 꿀 채취자가 누구인지를 보여주며 꿀 병마다 주민등록번호처럼 고유번호가 있어서 그 번호만으로도 생산자를 추적할 수 있으니, 안심하고 먹으라고 강조했다. 고객 입장에서 가장 걱정되는 부분을 먼저 생각해서 알려주자 반응은 놀라울 정도였다.

그는 또 이런 사례에 대해서도 이야기한다. 프리랜서 방송 활동을 하던 한 청년이 방송 활동을 접고 외국계 제약회사 영업사원으로 들어갔다. 몇 달 만에 그 회사의 영업 실적 1위를 계속 차지했다.

그렇다고 영업한다며 상대방에게 술이나 식사를 접대한 것도 아니었다. 오히려 몇 달 동안 몸을 관리하느라 술과 기르진 음식을 입에 대지 않았다.

그의 영업 전략은 진심을 전하는 것이었다. 의사를 만나면 명함 대신 본인의 이력서와 자기소개서를 전했다. 이력서에는 주민번호, 학력, 가족사항 등이 들어 있었고, 자기소개서에는 어떻게 정직한 영업을 할 것인지 진심을 담았다.

'모든 것을 숨김없이 보여드리고 시작할 겁니다. 저에겐 거짓도 과장도 없습니다. 진심뿐입니다'라는 표현이었다. 자기 제품만 이야기하는 게 아니라, 주변 약국에서 더 쉽게 구할 수 있는 타사의 제품까지 목록을 정리해서 알려주었다. 그러한 정직함과 진심이 의사들의 마음을 움직였던 것이다.

진심을 전하는 방법은 여러 가지다. 김인경 대표처럼 그 사용법을 정성껏 전달하는 방법도 있고, 상품의 제작 과정 등을 상세히 보여주는 것일 수도 있다. 또는 자기만의 진솔한 메시지를 개발해 이야기하는 것일 수도, 기대치도 못한 서비스를 해주는 것일 수도 있다.

물론 마음만 전한다고 되는 건 아니다. 당연하게도 상품의 품질이 좋아야 하는 것은 기본이다. 천연조미료 시장은 김인경 대표가 처음 들어갈 때부터 매우 경쟁이 치열한 곳이었다. '왜 이렇게 어려운 걸 했냐'고 하는 기업 대표들도 있을 정도였다. 그래도 그는 이 분야가 자신이 가장 잘 아는 분야였고, 좋아하는 분야였고, 재밌게 보람 있게 할 수 있는 분야였기에 선택했다.

그 어려운 분야에서 창업해서 5년 동안 계속 성장할 수 있었던 1차적인 이유는 진심으로 좋은 상품을 만들려고 노력했기 때문이다. 김인경 대표는 제품이 자기 자식 같다고 한다. 처음 열었을 때 고객들이 좋아할 수 있게, 맛보았을 때 '정말 좋은 제품이구나'라고 느낄 수 있게 만들려고 노력한다. 주문이 들어와서 배송을 할 때도 시집 장가를 보내는 마음으로 '사랑받고 살아라' 하면서 보낸다. 내 자식이 사랑받아야 하기 때문에 물건도 더 정성스럽게 만드는 것이다. 아무리 잘해도 한 번 잘못하면 안 되는 걸 알기 때문에, 하루하루 살얼음 걷는 마음으로 제품을 만들어왔다. 그 마음을 고객들이 느꼈기에 지금처럼 성장할 수 있었다.

고객의 니즈를 연구하라

김인경 대표는 좀 더 차별화된 경쟁력을 만들기 위해 기존의 분말과는 다른 경쟁력 있는 신제품을 계속 개발하려고 노력했다. 그 결과, 티백으로 만든 조미료와 큐브로 만든 조미료가 나왔다. 요리 초보자도 사용하기 편한 큐브형 조미료로 해물 큐브와 야채 큐브가 있다.

이런 신제품을 개발하기 위한 아이디어도 다른 곳에서 나오는 것이 아니다. 모두 고객의 목소리를 통해서 얻는다. 큐브로 만든 조미료의 경우, 각설탕처럼 요리할 때 양을 재지 않아도 큐브 한 알만 넣으면 되도록 만든 제품인데, 이것을 만들게 된 계기는 "천연조미료 분말을 요리할 때 얼마큼 넣어야 해요?"라는 고객들의 질문을 많이 받았기 때문이었다.

큐브 제품은 요즘 고객의 트렌드와도 잘 맞는 상품이었다. 요즘에는 요리를 만드는 것이 번거로워서 잘 안 만들어 먹는데, 큐브 하나만 넣으면 제대로 된 맛을 낼 수 있으니 쉽게 요리를 할 수 있어 큰 인기를 끌었다. 고객의 니즈를 정확히 잡아낸 이 제품 역시 정부 지원사업에 선정되어서 제품 출시까지 큰 도움을 받을 수 있었고, 홈쇼핑에서도 인기리에 판매되었다.

또 정성깃든만의 밀키트 개발 등 언택트 시대에 맞게 제품을 다양화시키려고 하고 있다. 코로나로 인해 바뀐 트렌드가 다시 예전으로 돌아가기는 힘들 것이라고 생각하기 때문이다. 그래서 자신의 사업을 한다면, 제품을 만들어서 어디서 팔 것인지, 온라인상에서 나의 경쟁력을 어떻게 갖출 수 있을지 등을 고려해서 기획하고 사업을 시작하라고 권한다. 자신이 주력으로 삼을 유통 채널에 맞게 소비자들이 원하는 것을 찾아 상품을 기획하고, 어떻게 판매할지를 미리 계획해야 한다는 것이다. 온라인 유통 채널을 염두에 둬야 하는 것은 필수적이다.

고객의 니즈를 깊이 연구해서 성공을 거둔 사례는 이외에도 많다. LG전자의 현지화 전략은 유명하다.[7] 인도네시아에 에어컨을 출시할 때, 집안에서 생활하는 인도네시아 사람들을 관찰했다. 그들의 생활 모습을 살펴보니 사람들이 집안에서 모기를 쫓아내느라 정신이 없었다. 2년 반에 걸친 연구 끝에 모기를 내쫓는 초음파를 발사하는 장치를 에어컨에 달아 출시했다. 그 결과 1년 만에 시장점유율 33퍼센트를 기록하는 놀라운 쾌거를 이루었다.

또 중국 시장에서는 소독 기능을 첨가한 드럼세탁기를 출시했다. 2008년 중국 소비자들을 대상으로 조사한 결과, 중국인 대다수가 세탁 전 먼저 소독한다는 것을 발견했기 때문이다. 이렇게 현지 고객을 연구해 현지화한 제품은 큰 사랑을 받았다.

이처럼 고객이 원하는 것을 찾기 위해서는 고객 관점에서 그들이 진정으로 원하는 것이 무엇인지 고민해야 한다. 고객이 말하지 않더라도 미리 찾아서 챙겨줄 수 있어야 한다. 진심이란 무엇일까? 진심은 말과 행동이 꾸준히 일치하는 것이다. 진심을 전해 성공한 사업가들을 보면 대략 다음과 같이 정리할 수 있다.

- 자신이 잘하고 좋아하고, 보람을 느끼는 분야를 선택했다.
- 자신이 먼저 사용해보고, 가족에게도 믿고 권할 수 있는 제품을 만들었다.
- 고객들이 그 제품의 본질을 느낄 수 있도록 잘 안내해주었다.

- 고객들의 목소리를 들으며 상품을 수정·보완했다.
- 사용한 고객들이 만족하여 재구매했고, 스스로 제품을 홍보해주었다.

고객이 판매자의 진심을 한 번에 알아주는 것은 아니다. 하지만 자신의 말을 저버리지 않고 묵묵히 준비하며 고객에게 다가가면, 언젠가는 고객이 그 진심을 알아봐줄 것이다.

재구매율을 높이는
유일한 비결

"돈은 혼자 걸어 다니지 않는다." 《내 운명은 고객이 결정한다》를 쓴 박종윤 대표가 한 말이다. 우리가 원하는 돈은 고객의 지갑 속에 있으니, 그 고객을 제대로 알고, 그들을 만족시키기 위해 노력해야 '돈이 내게로 온다'는 뜻이다. 그가 사업을 하는 이들에게 내리는 처방은 간단하다. 고객의 결핍과 두려움, 숨겨진 욕구를 찾아내어 '고객이 원하는 방식'으로 제공하여 고객을 나의 팬으로 만들라는 것이다. 그렇게 나를 지지하는 1,000명의 팬을 만들면 어떤 사업을 해도 성공할 수 있다고 한다.

한 명 한 명의 고객에게 최선을 다하라

남자 가발 전문샵 '위캔두잇'의 조상현 대표는 위의 이야기와 부합하는 스토리를 가진다.[8, 9] 그는 21살이라는 나이에 탈모를 겪는다. 한창 멋 부리고 싶은 나이에 탈모는 치명적인 것이었다. 탈모를 극복하고 싶어 좋다는 약도 먹고 온갖 방법을 다 써봤지만 오히려 탈모약 부작용으로 건강만 나빠졌다. 결국 탈모를 막을 수 없어 가발을 쓰기로 마음먹었다. 그러나 가발 업체 수십 곳을 돌아다녔어도 마음에 맞는 스타일을 제안해주는 곳이 하나도 없었다.

'왜 젊은 층을 대상으로 한 가발은 없을까?' 하는 것이 조상현 대표가 가발업체를 찾는 과정에서 느낀 커다란 문제점이었다. 결국 스스로 가발 스타일링을 했다. 스타일링 솜씨가 좋다 보니 주변에서도 가발을 착용했다는 것을 전혀 눈치 채지 못했다. 자기처럼 고민하는 젊은 탈모인들도 많을 텐데, 그 사람들을 대상으로 하는 가발업체를 있으면 좋겠다는 생각에 2013년 위캔두잇을 창업하게 된다.

그가 창업 초기 유튜브에 올린 '젊은 남성 가발 착용법' 등의 영상이 인기를 끌면서 더 많이 알려지긴 했지만, 위캔두잇이 안정적으로 꾸준히 성장해온 데는 세 가지의 비결이 있다.

첫째, 핵심 고객의 문제를 해결하는 차별화된 '좋은 상품'을 만들었다. 조상현 대표가 위캔두잇을 통해 주고 싶었던 것은 자신처럼 어린 나이에 탈모를 겪는 이들에게 가발 이상의 꿈과 용기까지 주자라는 것이었다. 자신이 제공하고 싶었던 본질적 가치에서 벗어나는 것은 철저하게 빼고 본질에만 집중했다.

다른 가발업체처럼 여러 가지 가발들을 취급하지 않았다. 패션 가발, 여성용 가발 등은 빼고 오직 탈모가 있는 남성들을 위한 가발만을 만들었다. 두피 관리 상품도 만들지 않았다. 보통 가발을 제공하는 곳에서는 두피 관리를 같이 하지만, 자신의 경험에 따르면 두피 관리에서 효과를 보지 못했기 때문에 과감하게 뺐다. 원 플러스 원 같은 프로모션도 하지 않았다. 자신의 가발 제품과 서비스에 자신이 있었기 때문에 제대로 된 비용을 받고 제대로 된 제품과 서비스를 제공하는 것으로 승부한 것이다.

둘째, 모든 서비스를 철저하게 고객의 입장에서 바라보며 만들었다. 업체 이름을 정할 때도 'ㅇㅇ모' '탈모' 같은 식의 단어를 배제하여 가발 업체라는 점을 드러나지 않게 하였다. 보통의 가발 업체와는 다른 접근이었다. 사람들이 전화번호를 저장할 때 보통 업체 이름으로 저장하는데, 혹여나 친구들과 있을 때 가발 업체에서 전화가 왔다는 것이 알려지지 않도록 배려한 것이다. 더불어 가발을 쓰면서도 밝고 즐겁게 살아갈 수 있는 걸 보여주고 싶다는 마음으로, 가발이라는 것이 전혀 연상되지 않는 '위캔두잇'으로 이름을 정했다. 매장도 상가가 있는 건물이 아니라 사무실이 모여 있는 건물에 차렸다. 간판도 달지 않았다. 찾아오는 사람들의 마음을 생각한 것이다.

매장의 인테리어를 할 때도 대기실에는 가발을 두지 않았다. 대신 장난감과 귀여운 소품으로 인테리어를 했다. 상담이 이뤄지는 상담실 내부에만 가발을 뒀다. 보통 애인이나 아내와 함께 오는 경우가 많은데, 가발만 모여져 있으면 무섭게 보인다. 그래서 대기실에 가발을 치워 심리적 부담감을 갖지 않도록 한 것이다.

셋째, 고객 한 명 한 명에게 최선을 다했다. 그는 고객층을 모든 탈모인이 아닌 이삼십대 젊은 탈모인으로 정했다. 그리고 그들을 '공감 탈모인'이라고 정의했다. 자신과 정서적으로 공감할 수 있는 탈모인들만을 대상으로 한다는 의미였다. 한 번 자신과 공감을 하면, 다른 업체로는 갈 수 없다고 생각했다. 공감 탈모인을 확보하면 점점 일반 탈모인으로 확장해갈 수 있다고 생각한 것이다.

창업 초반에는 한 달에 한두 명의 손님만 온 적도 있었다. 창업 컨설턴트들은 가발 시장의 특성상 높은 연령대를 타깃으로 하라며 조언을 하기도 했다. 하지만 분명히 자신과 공감대를 가진, 자신을 필요로 하는 '20~30대 탈모인'이 있을 것이라 확신했고, 고객 한 명 한 명에게 최선을 다했다.

조상현 대표는 사업 시작부터 지금까지 고객과 상담하는 미팅, 가발 커팅, 가발을 씌워주는 피팅까지 직접 한다. 1인 기업으로 시작해 지금은 직원도 두고 있지만, 본질적인 일은 자신이 손수 한다. 그는 11년 이상을 탈모에 대해서 고민하고, 가발을 써보고, 손질해봤기 때문에 다른 사람에게 맡겼을 때, 자신만큼 탈모의 아픔을 공감하고 손질하고 피팅을 해주는 것은 불가능하다고 본다.

사업의 규모는 커지기 어렵겠지만, '탈모라는 콤플렉스를 극복하고 좋은 삶을 살게 해주고 싶다'는 그 초심을 지키면서 고객을 만족시키고 오래도록 함께 가려 하고 있다. 조상현 대표의 바람처럼 한번 위캔두잇의 서비스를 경험해본 고객들은 시간이 흘러도 이곳을 찾는다. 대학생 때 가발을 맞췄는데 5년 후 아내와 아이를 데리고 와서 "대표님 아니었으면 취업도 못하고 아이도 없었을 거예요."라고 말하는 고객 등 위캔두잇으로 삶이 변하고 오랫동안 찾아주는 이들을 만날 때 가장 보람을 느낀다.

신뢰를 쌓아 40억을 벌다

2009년 혼자 알리바바닷컴에서 시작하여 10년간 순수익 40억을 번 '뷰티인서울'의 서이랑 대표 이야기를 해보자. 알리바바닷컴(이하 알리바바)은 세계 최고의 B2B 플랫폼으로 전 세계 200개국의 바이어들이 활동한다. 알리바바는 흔히 국내 셀러들이 제품을 싸게 소싱하는 플랫폼으로만 알려져 있는데 서이랑 대표는 알리바바는 전 세계 바이어들을 대상으로 1인 기업이 활동하기에도 매우 좋은 플랫폼이라고 말한다.

서이랑 대표가 알리바바에서 판매하는 제품은 속눈썹 연장술과 관련된 제품이다. 여러 가지의 속눈썹들(속눈썹 두께, 색깔, 길이에 따라 종류가 다양하다)과 연장술에 필요한 접착제, 핀셋 같은 부자재들을 판다. 속눈썹 연장술은 속눈썹을 한 올 한 올씩 붙여서 연장하는 시술인데, 우리나라에서는 생소하지만 해외에서는 인기가 많다.

거래하고 있는 국가는 미국, 캐나다, 호주를 비롯 독일, 폴란드, 영국 등 유럽 국가들, 이란, 시리아, 이라크, 쿠웨이트 등 중동 국가들, 러시아, 카즈흐스탄 등으로 60개국 이상에 수출을 한다. 매년 올리는 순수익만 4~5억에 달한다.

어떻게 이게 가능했을까? 마케팅을 활발히 했냐고 물었을 때 나온 대답에 더 놀랐다. 일 년에 2,999달러(한화로 약 330만 원 정도)를 내고 알리바바 유료 회원으로 가입(바이어의 인콰이어리를 확인하려면 유료 회원으로 가입해야 한다. 서이랑 대표가 처음 가입했던 때는 무료 회원도 인콰이어리를 확인할 수 있었다)한 걸 빼고는, 아무것도 하지 않았다는 것이다. 알리바바에서 상위 노출을 하기 위해 키워드 광고를 해본 적조차 없다고 했다. 특별히 박람회에 나간다거나 영업 등의 활동도 하지 않았다. 바이어들에게 문의 오면 응대하고 제품 발송하고 하는 게 전부라고 했다.

서이랑 대표가 속눈썹 관련 물건을 사오는 한국의 제조공장은 직원만 400명이 넘는 큰 회사다. 그 회사에서도 여러 업체에 납품하는데 유독 '뷰티인서울' 것이 잘 팔린다고 한다고 한다. 어떻게 이런 성장이 가능했을까?

그는 뷰티인서울이 이렇게 성장할 수 있었던 것은 무엇보다도 고정 고객의 힘이 컸다고 말한다. 알리바바에서 구매하는 바이어들도 다 자신의 나라에서 사업을 하는 사람들이다 보니 한번 신뢰 관계가 형성이 되면 계속해서 재구매를 하게 되는 것이다. 뷰티인서울에서 재구매를 하는 고정 고객만 200군데이고, 바이어들과의 신뢰가 두텁다 보니 바이어들을 통해 사람들이 따로 연락을 주는 경우도 종종 있다고 한다.

"구매도 중요하지만 재구매를 일으키는 게 훨씬 중요합니다. 재구매를 위해서 좋은 제품 좋은 서비스를 항상 유지하려고 노력해요."라고 서이랑 대표는 말한다. 앞서 좋은 상품은 기본이고 구매가 일어난 후 재구매를 하거나 입소문을 낼 수 있게 순환고리를 만드는 것이 사업 성공의 중요한 요소라는 했던 것과 같은 맥락인 것이다.

시스템에 신뢰를 구축하라

서이랑 대표가 어떻게 창업을 하게 됐는지부터 살펴보자. 알리바바에 대해서 알게 됐던 건 대학교에 다닐 때였다. 한번은 영어 펜팔 친구가 한국에 물건을 사러 가고 싶다며 자신에게 통역을 부탁했다. 한국에 온 외국인 친구는 이미 한국의 업체 정보를 다 알고 있었다. 어떻게 알았냐고 물어보니까, 알리바바에서 알았다고 했다.

그때 막연히 알리바바에서 거래를 하는가보구나 생각했다. 그는 대학 졸업 후 간호사로 취업했는데 적성에 맞질 않았다. 간호사 퇴직 후 뭘 할까 고민하다가 알리바바에서 물건을 사고 팔 수 있다는 것이 떠올랐고 장사를 해보기로 한다.

알리바바에서 취급할 물품은 속눈썹 연장술 제품으로 정했다. 예전에 외국인 친구가 사러 왔던 것이 그 제품이었기 때문이다. 간호사를 하면서 모은 600만 원이 창업 자금이었다. 포토샵 학원 등 대부분 학원비로 쓰고, 나머지는 제조 공장에서 샘플 등을 사는 비용으로 사용했다. 처음에는 대량 구매를 할 수 없어서 바이어에게 주문이 오면 보내줄 정도의 샘플만 샀다. 샘플을 보내주고 바이어가 마음에 든다고 하면, 돈을 받고 제조공장에 정식으로 제품을 제작해 달라고 주문해서 상품을 보내주는 식이었다. 제품이 작고 가벼워서 DHL, EMS, FDX 등의 특송을 이용해서 발송했다(놀이방 매트라거나, 이불 등의 부피가 큰 제품은 주로 해상으로 나간다. 배송 방법은 바이어와 상의해서 결정하면 된다).

알리바바에 처음 제품을 올렸을 때는 거래 양이 그다지 많지 않았다. 하지만 일주일에 몇 개씩은 꾸준히 문의가 왔다. 알리바바도 작은 고객들이 많기 때문이다. 힘든 시간이긴 해도 한참 그런 고객을 상대하며 문의에 응대하다 보면 제품에 대한 지식이 생긴다. 그 힘든 시간이 빅바이어들이 오면 상대할 수 있게 준비하는 시간인 것이다. 그렇게 알리바바에서 거래를 시작한 지 1년에서 1년 반 정도 지났을 때부터 월 1,000만 원 정도의 순수익이 생기기 시작했다.

어떻게 구매를 일으켰는지 서이랑 대표만의 방법을 정리하자면 이렇다.

첫째, 알리바바에 상품을 업로드할 때 바이어들이 클릭해보고 싶도록 상세 페이지를 신경 써서 만들었다. 십수 년 전만 해도 다른 회사들은 상세 페이지 디자인에 신경을 쓰지 않았다. 그는 처음에 알리바바를 시작할 때 사진을 예쁘게 디자인해서 올리기 위해 포토샵 학원에 다니기도 했다. 그 결과 당연히 다른 제품과는 차별화가 되었고, 구매 문의가 늘어났다.

둘째, 1인 기업이더라도 회사 프로필과 웹사이트를 바이어들이 신뢰할 수 있게 만들었다. 바이어 입장에서는 한 번도 본 적 없는 다른 나라 사람에게 제품을 사기 위해 돈을 보내는 것이 상당히 불안할 수밖에 없다. 1차로 믿을 만한 회사인지 아닌지 알 수 있는 것은 회사 프로필과 웹사이트다.

서이랑 대표는 당시 카페24에서 30만 원 정도하는 쇼핑몰 폼을 사서 간단하게 홈페이지를 만들었다. 그리고 알리바바 사이트에 제품을 올릴 때도 한두 개가 아니라 50여 개 정도를 올려서 어느 정도 규모가 있는 회사라고 느끼게끔 했다. 알리바바 내에 회사 프로필과 미니 웹사이트가 잘 관리돼 있고, 영문 웹사이트까지 있으니 바이어

입장에서는 일단 믿을 만하다고 생각해 연락을 주었다. 놓치기 쉬운 이런 사소해 보이는 것들이 상대에게 신뢰를 주는 중요한 요소다.

셋째, 바이어의 문의가 오면 신속, 정확하게 답변을 해주었다. 자신이 잘 모르는 부분을 묻는 이도 있었고, 때로는 판매하고 있지 않은 제품에 대해 묻는 바이어들도 많았다. 그럴 때도 그냥 모른다거나 제품이 없다고 넘기는 게 아니라, 모르는 것은 다른 이에게 묻거나 공부를 해서라도 알려주고 없는 제품도 구해줄 수 있도록 최선을 다했다. 한 번은 자신이 팔지 않은 제품을 바이어가 문의해 와서 찾아보았다가 좋은 공장을 알게 되고 그 제품을 제작해 판매하면서 큰 성공을 거두기도 했다. 서이랑 대표는 "바이어가 문의하는 것이 바로 바이어가 가장 필요로 하는 것이고, 주문을 받을 수 있는 제품이며, 돈을 벌 수 있는 길입니다. 그래서 바이어의 작은 문의 하나도 쉽게 넘기지 말고 끝까지 찾아내는 게 중요합니다."라고 말했다.

넷째, 바이어가 물건 구입을 원했을 때, 결제까지 한 번에 헤매지 않고 할 수 있도록 시스템을 만들었다. 우선 구매할 때 자주 묻는 질문들, 제품 관련 정보, 가격, 제작 기간, 배송, 결제 방법에 대한 것은 미리 사이트상에 안내해 두었다. 그리고 바이어가 쉽게 제품을 주문할 수 있도록 엑셀을 이용해 주문서를 가격표 겸용으로 사용할 수 있게 만들었다. 바이어가 제품별 가격을 확인하면서 주문수량을 바로 입력해서 제출하면 되게끔 만든 것이다.

바이어들이 제품을 검색했을 때 눈에 띄어서 클릭을 하게 만들고, 회사와 제품이 믿을 만하다고 느껴지게끔 하고, 문의했을 때 신속하고 성의 있게 답변을 해주고, 구매 결심을 했을 때는 어려움 없이 주문하고 결제할 수 있게 만든 것. 이것이 바로 서이랑 대표가 성공할 수 있었던 방법이다. 이러한 방법은 '고객의 입장에서 서서 어떻게 하면 구매를 할까?'를 고민했기에 가능한 것이었다.

신의를 지킬 때 얻을 수 있는 것

하지만 구매를 한 번만 하고 끝났다면 10년 동안 40억이라는 순수익을 만들지는 못했을 것이다. 앞에서도 말했듯이 한 번 구매한 고객들이 계속해서 재구매를 했기 때문에 놀라운 수익을 올릴 수 있었다. 그렇다면 어떻게 재구매를 계속할 수 있게 만들었을까?

서이랑 대표는 기본적으로 바이어의 입장에서 자신이 어떻게 이 제품을 설명하고 보내줘야 바이어들이 자기 나라에서 제품을 잘 팔 수 있을까를 고민하였다. 그리고 제품을 만들 때 그런 고민을 녹여내었다. 그렇게 만든 제품을 팔면 바이어들도 신기하게도 그 마음을 알아봐주었다.

또한 그는 한 번 거래를 맺은 바이어하고는 자신이 손해를 감수하고서라도 신의를 지키려고 노력했다. 제품이 불량이라며 클레임에 걸릴 때는 배송비가 비싸서 반품을 받는 것도 어렵기 때문에 손해를 감수하더라도 전량 폐기하라고 하고 제품을 다시 보내준다. 한 번은 해킹당해서 돈을 못 받았는데도 물건을 다 보내준 적도 있었다.

제품이 잘 팔리기 시작한 후로는 이러한 일도 있었다. 중동에서 뷰티인서울의 제품이 매우 잘 팔려서 서로 총판권을 달라고 바이어들끼리 싸웠던 적이 있다. 서이랑 대표가 돈만 벌겠다고 생각하면 여기저기에 다 파는 게 맞지만, 그러다 보면 중동에서는 서로 이익 싸움을 하다가 다들 어려워지는 상황이 될 것 같았다. 그래서 한 회사하고만 총판권을 맺었다. 그 이후에도 자기한테도 팔라며 다른 바이어에게서 연락이 계속 왔지만, 총판권자가 있기 때문에 못 판다고 하고 약속을 지켜줬다. 먼저 신의를 지키려고 노력하니, 바이어들도 자신을 떠나지 않고 계속 구매를 하게 된 것이다. 코로나 팬데믹으로 2020년 초반 두 달 정도 매출이 급감한 적은 있었지만, 이러한 신뢰 관계가 쌓여 있었기 때문에 당해 5월부터는 다시 꾸준히 주문이 들어왔다고 한다.

첫 고객 10명을 확보하면 100명이 모인다

고객을 감동시킬 수 있다면 고객들이 알아서 나의 사업을 잘되게 만들어줄 것이다. 하지만 현실적으로 모든 고객을 모두 만족시키고 감동시킬 수는 없다. 그렇기에 우선은 작은 목표부터 시작해야 한다. 이렇게 생각해보는 거다. '내 상품에 감동한 고객을 딱 100명만 만들어보자.' 이런 생각으로 사업을 시작하면 어느새 내가 원하는 목표에 도달할 수 있다. 반드시!

최소한 고객은 '100명'을 확보하라

자영업자와 기업의 컨설팅을 하며 수많은 성공 사례를 만들어
온 중간계캠퍼스 신병철 대표가 강의를 할 때 이런 이야기를 강조
한다. "고정 고객 100명을 먼저 확보하라, 내가 잘하는 것으로 고객
100명을 잡을 수 있는지를 시도해라." 고정 고객이란 나의 상품을
고정적으로 사줄 수 있는 고객을 말한다. 그는 왜 고정 고객을 강조
하는 것일까? 고정 고객 100명이 있으면 어떤 효과가 있는지 계산
해보자.

1주일에 3만 원씩 2회, 10년간 나를 찾는 고객 100명을 확보했
다고 하자. 그러면 연 매출액이 3만 원 × 2회 × 52주 × 100명 = 3
억 1,200만 원이다. 이윤을 25퍼센트라고 하면 연 수익이 7,800만
원이다. 시작할 때 반복해서 제품을 구매해주는 100명의 고정 고객
만 만들 수 있어도, 사업을 안정화된 상태에서 확장시킬 수 있는 것
이다.

"적어도 고정 고객 100명은 만들 수 있어야, 이 사업이 확장할
수 있겠구나 하는 근거도 만들어진다."고 신병철 대표는 이야기한
다. 특히 작은 비즈니스일 경우, 고정 고객은 더욱 중요하다. 어떻
게 반복적으로 구매해주는 고정 고객을 만들까? 하나의 방법은 전
략 1에서 이야기했듯 내 제품의 타깃층을 좁히는 것이다. 그 타깃층
에 최적화된 핵심 경쟁력을 가진 제품을 만들어 찾아온 고객들이 만

족하고 다음에 다시 구매를 일으킬 수 있도록 만들어야 한다.

'미술교육을 받고 싶은 6~13세 남자아이' '3년 이내에 은퇴하려는 40대 직장인' '탈모 때문에 고민인 이삼십 대 남성' 등 타깃층을 좁히고, 그 타깃층의 고민을 철저하게 연구해 차별화된 상품을 만들어 고객의 만족도를 높였던 사례처럼 말이다.

전략적인 부분도 고려해야 한다. 구매 관점으로 단계를 나누자면 ① 상품의 인지 → ② 상품 구매 → ③ 상품 재구매 순으로 이어진다. 마케팅, 광고 등의 여러 활동으로 내 상품을 인지하는 고객 10만 명을 만들겠다면, 그중에서 몇 퍼센트를 어떻게 구매하게 만들고, 그중에서 다시 몇 퍼센트를 재구매까지 하게 만들 것인지 단계별로 구상해야 할 필요가 있다.

10명의 고객이 1,000명이 되는 기적

사업 초기에는 고정 고객 100명을 만들기에 앞서 딱 10명만 만들어보자는 마음으로 고객에게 최선을 다하는 것이 좋다. 전략 1에서 이야기했던 오픈마켓 판매를 하는 노르웨이숲의 강태균 대표는 사업 초기에는 구매 고객들에게 주문 확인 전화와 배송 완료 후 제품을 잘 받았는지 일일이 연락을 했다고 한다. 이런 세심한 행동이 있었기에 고객들의 마음을 얻을 수 있었고 덤으로 좋은 후기도 받을 수 있었다.

티움행정사사무소(현 티움앤컴퍼니와 행정사법인 산림인)를 운영하는 행정사 홍현 대표는 '엔젤 고객 10명을 만드는 것의 중요성'에 대해서 이야기한다. 엔젤 고객이란 단순히 고정 고객을 넘어서 나의 제품을 좋아하고 주변에 나를 소개하며 도와줄 수 있는 고객을 말한다. 엔젤 고객을 만들라는 것은 홍현 대표의 은사에게서 받았던 가르침이었다. 시작할 때 엔젤 고객 10명을 만들면, 그들이 100명, 1,000명의 고객을 소개해준다는 것이다.

우선 홍현 대표가 어떻게 창업을 하게 됐는지부터 이야기해보자. 그는 대기업 인사팀에서 일했는데 삼십대 때 수년간 퇴사를 준비한 후 독립을 한다. 그가 퇴사하여 사업을 하기로 결심한 것은 '성공이 경제적 여유와 시간적 여유를 모두 가지는 것으로 정의한다면 적어도 회사에서는 성공이 없을 것 같아서'였다.

그가 준비하는 것은 경영 컨설팅 분야였다. 스타트업을 위한 경영 컨설팅 강의 콘텐츠도 만들고, 컨설팅을 해주는 연습도 많이 했다. 파일럿 테스트를 거쳐 시장에서 자신을 컨설턴트로 써줄 가능성이 있다고 판단했을 때 퇴사를 했다. 하지만 첫 달 매출은 겨우 47만 원. 기대에 미치지 못했다. 주변에서 콘텐츠는 훌륭하다고 이야기해줬지만, 콘텐츠만 있다고 고객이 알아주지는 않았다. 이때 '콘텐츠보다 더 중요한 게 마케팅'이라는 깨달음을 얻고 마케팅을 시작했다. 또한 나와서 활동하면서 유망하다고 느낀 '행정사' 자격증을 따고 행정사사무실도 개설했다.

사법 기관 대리인을 변호사라고 한다면, 행정 기관 대리인은 행정사라고 할 수 있다. 1인 기업을 만들든 스타트업을 만들든 무슨 일을 시작하려면 기준을 갖춰서 행정기관에 등록, 승인, 허가를 받아야 하는데 그 일을 대신해주고 어려움에 부딪쳤을 때 도와주는 일을 하는 것이다.

작은 기업들의 경영 컨설팅을 하다 보니, 행정 업무를 하느라고 사업에 집중하지 못하는 경우를 많이 보게 되었다. 이걸 보면서 스타트업의 행정 업무를 도와줄 수 있는 행정사가 유망한 업종이다 싶었기에 행정사를 시작하게 된 것이다. '돕는 삶을 살자'는 자신의 삶의 모토하고도 잘 맞는 직업이었다.

이미 한 번 시도하며 어려움을 겪은 경험이 있었기에, 다시 시행착오를 겪지 않기 위해 마케팅 활동도 열심히 했다. 그 결과 3개월 만에 월 1,000만 원의 수임료를 달성했다. 사무실을 연 지 몇 개월 지나서는 혼자 일을 다 할 수가 없어서 세 명의 사무장을 뽑아 함께 일하고 있다.

마음의 빚은 감사로 돌아온다

그렇다면 홍현 대표는 어떤 식으로 마케팅을 했을까? 그는 지인을 소개받는 것과 진실된 블로그, 이 두 가지가 효과적이라고 말한다. 그가 운영하는 블로그 이름은 '마음까지 구제하는 행정법률 상담실'이다. 잘못한 게 없는데 행정기관에서 돈을 내라고 하는 등 억울하게 행정 처분을 받는 분들도 많이 찾아오는데, 그 과정에서 받은 상처까지도 보듬고 싶어서 지은 이름이라고 한다.

단순히 사건 수임을 떠나서 '억울한 부분을 잘 들어주고 공감하며 끝까지 함께 해주고 싶은 마음'을 담아서 블로그를 운영하다 보니 블로그만 보고도 홍현 대표를 신뢰하고 찾아오는 이들이 늘어났다. 그리고 그들이 다시 비슷한 문제에 부딪친 사람들에게 자신을 소개해주었다.

한편으로는 사람들을 많이 만나기 위해 다양한 비즈니스 모임에 나갔다. 스타트업, 작은 기업 대표들 등 고객이 될 만한 사람들이 모이는 자리면 찾아서 갔다. 비영리 법인이나 NGO 단체에서 무료 자문 등 나누는 활동도 많이 했다. 그런 활동들을 통해서 주변 사람들을 소개받고, 스타트업의 자문 행정사로도 위촉되는 등 다양한 기회를 만났다.

초기에는 엔젤 고객을 만드는 데 더 집중했다. 초기 고객들은 돈을 떠나 더 많은 일을 해줬다. 100만 원 수임이었다면, 자신이 느끼기에는 300만 원어치 이상의 노동력을 투입했다. 때로는 고객의 상황이 어려웠을 때 그냥 해결해준 사건도 있었다. 7,000만 원 정도 사기를 당한 분이었는데, 대가 없이 사건을 맡았다. 다행히 소송까지 안 가고 내용증명만으로 해결이 됐다. 그 과정에서 고마움을 느낀 고객들은 자연히 주변 사람들을 소개해주었다.

'사건 해결 과정에서 고객의 마음까지도 얻는 것'이 홍현 대표가 사무실을 열고 지금까지 고객이 끊이지 않는 비결이었다. '돕는 삶이 모토'라는 그는 '남을 돕는 사람이 더 많이 얻는다'고 생각한다. 기브 앤 테이크give and take보다는 기버스 게인givers gain이라는 말을 믿는다고 했다. "기브 앤 테이크를 하면 상대에게 마음의 빚이 없잖아요. 그런데 받는 거 없이 주면 상대가 마음을 빚을 가집니다. 그건 어떻게든 나중에 좋게 돌아오더라고요."

그는 꼭 대가를 받기 위해 돕는 건 아니지만, 기버스 게인은 사업의 원리로도 결과적으로는 큰 도움이 된다고 한다. 내가 먼저 상대를 더 성의 있게 대하고, 더 많은 것을 주었을 때, 고객들은 엔젤 고객이 되어주었다. 자신에게 감동한 고객이 1명, 2명, 3명… 점차로 늘어나 100명, 1,000명으로 늘어나면서 자신의 사업도 기반이 탄탄해질 수 있었다.

광고하지 말고 돕자

"사업을 홍보할 때, 광고하지 마시고 사람들을 도우세요. 사람들은 나한테 뭔가를 팔려는 사람들을 경계합니다. 돕는 마음으로 다가가세요." 2009년, 대한민국 6~13세 남자아이만을 위한 미술교육 시장을 처음으로 연 '자라다 남아미술연구소'의 최민준 대표의 말이다.[10] 이는 홍현 대표의 이야기와도 일맥상통하는 말이다.

남자아이들을 키우는 엄마들은 고민이 많다. 남자아이들의 성향을 이해하지 못하기 때문에 생기는 고민이다. 자라다 남아미술연구소의 홈페이지에 가면 이러한 고민을 해결하기 위한 노하우가 담긴 자라다 소책자를 신청할 수 있다. 그 안에 담긴 내용은 이렇다.

'여자아이는 '명사'를 남자아이는 '동사'를 그린다. 엄마의 눈에 아들의 그림은 해괴망측하게 보일 수 있다. 남자아이의 눈과 뇌는 색에 약한 대신 움직임에 강하기 때문에 일반적인 미술 교육은 대부분의 아들들이 힘들어하고, 결국 기피하게 된다' 이런 식으로 소책자에 남자아이들의 특성에 대해서 설명해준다. 그런 식으로 무료로 사업 노하우를 공개하는 것을 반대하는 이들도 있었지만, 최민준 대표는 '문제를 해결해주려는 마음으로 내는 홍보 책자야말로 최고의 광고'라고 생각했다.

소책자를 보고 자신의 문제를 해결해줄 수 있겠다고 느낀 엄마들이 고객이 되고, 교육의 효과를 느낀 엄마들은 팬이 되었다. 팬은 위에서 말한 고정 고객이자 엔젤 고객이라고 말할 수 있다. 2009년에 자라다 남아미술연구소가 생긴 이래 겨우 3년 동안 전국 각 광역시에 지점이 생길 정도로 빠르게 성장할 수 있었던 것은 팬이 되어준 엄마들 덕분이었다.

기존 학원 광고는 대개 'ㅇㅇ대 출신의 원장' 'ㅇㅇ대회 대상 수상'과 같은 점을 내세우며 학원의 장점을 광고한다. 그런데 이와는 달리 고객이 안고 있는 문제를 해결해주는 내용으로 무료 책자를 만들어 배포한 것이다. 마찬가지로 내 학원의 광고 대상이 내신 등급 때문에 고민하는 어머니들이라면, '만년 내신 2등급 우리 아이, 어떤 상황에서도 단기간에 1등급으로 올리는 구체적인 7단계 노하우' 이런 식의 자료를 만들어서 배포해보라는 것이다. 고객에게 먼저 도움을 주는 것, 고객을 넘어서 나의 팬으로 만드는 가장 기본적인 방법이다.

사업을 시작하기 전에 미리 팬을 만들어라

사업을 시작하고 고객을 만들 수도 있지만, 요즘은 사업을 시작하기 전에 자신의 SNS에 상품이나 서비스에 대해 콘텐츠를 올리면서 미리 팬을 만들기도 한다. 반대로 우연히 콘텐츠를 올렸다가 팔로우가 생기면서 창업을 하는 경우도 있다.

전략 2에서 이야기했던 정성깃든의 김인경 대표도 그러한 사례다. 원래 사업을 할 생각은 없이 가벼운 마음으로 SNS에 천연조미료 만드는 법을 올린 것을 본 사람들이 '천연조미료를 살 수 있냐'는 문의를 해와서 천연조미료 판매에 뛰어들게 된 것이다. 천연조미료를 만들 때 재료를 조금만 사서 만들면 비싸다. 멸치로 천연조미료를 만든다고 하면, 한 번에 멸치를 대량으로 구매해야 비용을 절약할 수 있어서 주문량보다 더 많이 만들었다. 나머지는 플리마켓 등에서 판매를 했다. 그렇게 점점 입소문이 나면서 문의하는 사람이 늘었고 자연스럽게 창업으로 이어진 것이다.

2004년부터 요리 블로그를 운영해온 푸드샵의 문성실 대표도 그러한 예다. 자신의 블로그에 올린 요리 레시피들이 폭발적 인기를 얻은 계기로 레시피 책을 출판하고 푸드샵 등의 사업으로 확장한다. 블로그에 모인 팔로우들은 지금도 사업의 든든한 지지기반이 되어주고 있다.

〈자영업의 모든것〉이라는 유튜브와 네이버카페를 운영하는 박세범 대표 또한 2년 넘게 채널을 운영하며 15만 명가량 팬을 모았다. 자영업자들에게 도움이 되는 세무, 노무 지식, 온라인마케팅 콘텐츠 등을 꾸준히 올렸는데, 일단 자신의 콘텐츠를 좋아하는 사람을 모아 놓으면 그걸 통해 다양한 기회를 만들 수 있을 거라 생각하고 팬을 모으는 데 집중했다고 한다. 2020년 3월에는 '온라인마케팅 유료 멤버십' 프로그램을 런칭했는데, 팬들의 응원으로 한 달 만에 매출 2,000만 원을 올릴 수 있었다.

고도원의 아침편지를 아는가? 고도원의 아침편지는 2001년 8월 1일 시작했다. 고도원 이사장이 책을 읽으며 밑줄 그었던 인상적인 글귀에 짧은 단상을 덧붙여 보낸 편지다. 그로부터 20년이 흐른 지금, 아침편지를 받는 사람들이 380만 명이 넘는다. 지금은 명상치유센터, 아버지센터도 운영하고 있다. 또한 꽃피는 아침마을이라는 쇼핑몰도 운영한다. 이렇게 사업을 확장할 수 있었던 것은 모두 팬을 미리 모은 덕분이다.

"창업 전에 브런치나 인스타그램, 트위터 같은 SNS 계정을 운영해보세요."《나만의 공간을 만드는 창업 가이드》저자이자 공간창업코디네이터 김란 작가는 이렇게 말한다. 김란 작가는 카페나 서점, 게스트하우스 등 나만의 작은 가게를 차리고 싶어 하는 사람들이 성공적으로 창업을 할 수 있게 돕는 일을 하고 있다. 그는 공간창업은 돈도 많이 들어갈뿐더러 운영하는 것도 쉽지 않기 때문에 무작정 창업하지 말고 SNS에 나의 콘텐츠를 올려 사람들이 호응을 해주는지부터 살펴보라고 말한다.

예를 들어 자신이 인스타그램에서 팔로우하는 한 분은 사진만 봐도 먹고 싶어질 만큼 예쁘고 감각적으로 코디를 해서 커피 사진들을 올렸다. 그러자 왜 카페를 안 차리냐는 덧글들이 많이 달렸다. 그는 팔로우가 1만 명이 넘자, 그때서야 자기 카페를 차렸다. 팔로우 1만 명 중에 1퍼센트만 카페를 방문해도 100명이 된다. 이렇게 이미 초기 고객들과 인터넷에 자신의 상품에 대한 콘텐츠들이 쌓여있으면 좀 더 수월하게 사업을 해나갈 수 있다.

요즘에는 인스타그램 팔로워 1,000명만 있어도 충분히 돈을 벌수 있다. '1,000명의 팔로우에서 인스타마켓(인스타그램을 이용해 물건을 판매하는 것)을 시작해 1년 반 만에 3억 원이 넘는 매출을 낸' 여우마켓 윤여진 대표가 그러한 사례다.[11]

윤여진 대표는 인스타그램에서 교구, 장난감, 책 등 아이와 엄마를 위한 제품을 판매하고 있다. 2018년 4월에 사업자 등록을 한 이후 2019년까지 누적 매출 3억 원을 달성했다. 2020년 6월 기준으로 1만 명이 넘는 팔로우가 있다.

윤여진 대표 또한 처음에는 인스타그램(@MARCHE.RENARD, 윤우맘)을 가볍게 시작했다. 원래 쇼핑을 좋아했던 그는 아이를 낳고 산후우울증에 시달리다 마음을 풀 곳이 없다 보니 더 쇼핑을 열심히 하게 되었고, 아이랑 놀아주는 사진, 아이가 쓰면 좋을 것 같아서 쇼핑한 물품 사진 등을 인스타그램에 올리자 그것을 좋아하는 사람들이 하나둘 생기기 시작했다.

그리고 인스타그램을 자주 하다 보니 인스타마켓에 대해서도 알게 되었고 1,000명 정도 팔로워가 생겼을 때, 인스타그램을 통해서 괜찮은 물건을 공구해보자는 생각을 하게 된다. 제품 소싱은 자신이 직접 써보고 괜찮으면 제조회사에 연락하는 식으로 진행했다.

1,000명, 아니 그보다 더 적어도 인스타마켓을 시작할 수 있는 이유는 그 팬들이 이미 자신의 취향을 좋아해주는 사람들이고, 한 번 써보고 괜찮다 싶으면 반복 구매가 일어나기 때문이다. 다만 처음부터 물건을 팔려고 하지 말라고 말한다. 자기 캐릭터를 잡아서 자신이 좋아하는 것에 대해서 올리다가, 나의 취향을 좋아해주는 사

람들이 모이고 반응이 좋다 싶으면 그때 마켓에 도전해보라는 것이다. 나의 팬을 만들려면 그들에게 먼저 도움이 되라는 메시지와도 통하는 이야기다.

세계 최정상에 오른 200명의 성공 전략을 이야기하는 《타이탄의 도구들》에는 1,000명의 팬을 확보하라'라는 이야기가 실려 있다. 〈와이어드〉를 창간한 케빈 켈리Kevin Kelly의 메시지다. 그 메시지를 요약하면 이렇다. '성공은 복잡할 필요가 없다. 그냥 1,000명의 사람을 지극히 행복하게 만들어주는 것에서 시작하면 된다.'

이제 나도 목표를 정해보자. 1,000명도 처음에는 많다면 나의 상품을 좋아해주는 고객 혹은 팬 10명, 100명을 만드는 것에 초점을 맞춰보자. 한 명 한 명의 고객에게 최고의 만족감을 선사하자. 꾸준히 해나가다 보면 10명의 고객이 100명으로, 1000명으로 확장될 수 있을 것이다.

낚시를 즐기는 사람이 늘어나는 것을 보고 낚시 예약 앱을 만든 사람, 미술관에 방문하는 사람이 증가하는 것을 보고 그림 렌털 서비스를 시작한 사람 등 아직은 떠오르지 않았지만 전망을 내다보고 트렌드를 선도하는 사람들이 있다.

그들은 왜 지금 유행하는 상품이나 서비스를 따라가지 않고 새로운 길을 개척하는 것일까? 현재 유행하는 상품이나 서비스라고 해서 그걸 그대로 좇아가기만 하면 언제나 후발주자로 머물 수밖에 없다는 것을 알기 때문이다. 뒤늦게 지금 유행을 따라 사업 아이템을 정하고 사업 준비를 시작한다면 이미 내가 창업할 무렵에는 한물간 아이템이 되어 있을 수도 있다.

퍼질 대로 퍼진 거대한 흐름 즉, 메가트렌드를 잘 아는 것은 필요하지만 지나치게 집착하고 민감하게 반응하고 무조건 좇아서는 함정에 빠질 수 있다. 가장 좋은 방법은 메가트렌드라는 거대한 흐름을 만드는 수많은 지류들, 즉 마이크로트렌드를 내가 만들어가는 것이다.

대중은
너무 새로운 것을
싫어한다

Key Point

**마이크로트렌드
혁신을 일으키기 위한
키포인트**

1. 익숙한 것에 약간의 새로움을 더하라. 지나친 새로움은
   거부감을 준다.

2. 나의 강점과 트렌드를 결합할 수 있는 아이템을 찾아라.

3. 해외 트렌드를 벤치마킹하라.

4. 트렌드를 내다보려면 우선 현재의 트렌드를 마음껏
   즐겨라.

5. 세상의 잣대를 따라가지 말고 내가 기준이 되게 하라.

6. SNS를 통해 반응을 살펴라.

7. 책 속에 숨은 다양한 마이크로트렌드를 찾아라.

나영석 PD가
매번 성공하는 이유

앞으로 어떤 것들을 사람들이 좋아하고 찾을 것인지 예측해 사업 아이템을 정하고, 미리 그 시장을 선점하는 것은 매우 중요하다. 그런데 여기서 지나치게 앞서가면 안 된다. 사람들의 눈높이에서 딱 반보 정도만 앞서가는 지혜가 필요하다.

익숙함 속에 새로움을 보태라

〈스타워즈〉, 〈왕좌의 게임〉, 〈그레이의 50가지 그림자〉와 같은 히트를 친 영화들, 그리고 인스타그램, 페이스북, 에어비앤비 같은 기업들처럼 히트를 친 상품을 만들어내는 비결은 무엇일까? 세상을 사로잡은 히트작을 만들어내는 비결에 대해서 파헤치는 책인 《히트 메이커스》의 작가 데릭 톰슨은 "겉으로는 그저 우연한 결과물로 보여도 '히트' 상품은 몇 가지 핵심 요소에 따라 결정되는 '과학적' 결과물이다."라고 말한다.

핵심 요소 중 하나가 '익숙한 새로움'이다. 대다수 소비자는 새것을 '좋아하는' 동시에 '두려워한다.' 새로운 것을 찾으려는 호기심이 있으면서도 동시에 너무 새로운 것에는 겁을 낸다. 그래서 익숙하면서도 한편으로는 새로움을 줄 수 있어야 히트 상품을 만들 수 있다는 것이다.

예를 들어 〈타이타닉〉, 〈마이펫의 이중생활〉은 과거에 큰 성공을 거둔 작품에 자신의 새로운 아이디어를 입힌 것이다. 〈타이타닉〉은 침몰하는 배 위의 〈로미오와 줄리엣〉 버전이고, 〈마이펫의 이중생활〉은 동물 버전의 〈토이스토리〉다.

인기 있는 서비스들도 마찬가지다. 숙소 공유 업체인 에어비앤비는 한때 '가정집 버전의 이베이'라고 소개했다. 에어비앤비가 성공하자 주문형 차량 공유 서비스 회사 우버와 리프트는 '차량 버전의 에어비앤비'로 자신들을 알렸다. 우버가 큰 성공을 거두자 이 뒤를 따르는 후발 신생 업체들은 'ㅇㅇ버전의 우버'라는 식으로 자신의 서비스를 홍보한다.

전략 1에서 소개했던 킬러 아이템들도 '익숙한 새로움'이라는 관점에서 해석할 수 있다. 아마존셀러 이진희 대표는 '길이 조절이 가능한 대걸레' 상품을 만들어 미국에서 히트를 쳤다. 대걸레라는 익숙한 제품에 길이 조절이 가능하다는 새로움을 넣은 게 미국인의 마음을 사로잡았던 것이다. 또한 '남치니 마스크팩'을 만들어낸 비케이로웰 김보경 대표는 마스크팩에 '웃음'이라는 요소를 넣음으로써 우리에게 익숙하면서도 새롭게 느껴지게 했다.

노르웨이숲 강태균 대표의 히트 상품인 원목침대도 그렇다. '원목침대'는 원래 원목깔판으로 침대 용도로 쓰인 것은 아니었다. 침대 부속품 중의 하나였는데, 자신이 사용해보니 어린 아이를 키우는 집에서는 높은 침대보다 안전했다. 게다가 심플했다. 미니멀 트렌드에 맞춰 익숙함에 새로움을 더한 이 제품은 사업 시작부터 지금까지 효자 역할을 해주고 있다.

이미 히트 친 상품이 있다면 여기에 어떻게 새로움을 붙일 수 있을지 연구해보자. 기존 제품에 사람들이 느끼는 불편함을 파악함으로써, 내가 느꼈던 문제점을 돌아봄으로써, 주변 사람들과의 대화를 통해, 전혀 다른 분야에 접목 등을 통해 익숙하면서도 새로운 아이템을 만들어낼 수 있을 것이다.

무작정 트렌드만 쫓지 마라

〈1박 2일〉을 비롯하여 〈꽃보다 시리즈〉, 〈삼시세끼〉, 〈윤식당〉, 〈신서유기〉 등 수많은 히트작을 만든 나영석 피디 또한 익숙한 새로움을 이야기한다.[12] "반보만 새롭게 만들어라." 사람들은 갑작스러운 한 걸음보다는 익숙한 것에서 반걸음 나아가면 새로움을 느낀다고 말한다. 그래서 프로그램을 만들 때, 익숙하면서도 새로운 요소를 넣는 것을 중요하게 여긴다. 2013년 큰 인기를 모았던 〈꽃보다 할배〉 시리즈도 그러한 작품이었다. 배낭여행은 누구에게나 익숙한 개념이다. 하지만 배낭여행 하면 대부분 청춘을 떠올린다. 그런데 노년의 배낭여행이라는 콘셉트로 비슷한 테두리 안에서 새로움을 준 것이다. 어떻게 이렇게 새로우면서도 사람들이 좋아할만한 기획할 수 있을까?

첫째는 팀원들과의 대화에서 아이디어가 나오는 경우가 많다고 한다. '꽃보다 할배' 역시 그렇게 나왔다. 배낭여행을 주제로 프로그램을 만들면 좋겠다 싶었는데, 등장인물을 어떻게 해야 할지 감이 오지 않았다. 그러던 중 "할아버지가 가는 게 어떨까요?" 하고 누군가 이야기했다. 결과는 케이블 방송임에도 불구하고 첫 방송 시 청률 4퍼센트라는 대박을 터트렸다.

둘째는 자신이 잘하는 분야에 도전해야 한다. 나영석 피디는

KBS 〈1박 2일〉에서 하차하고 tvN으로 옮겼을 때, 처음에는 무엇을 만들어야 할지 감이 잡히지 않았다. 당시 〈슈퍼스타K〉와 같은 오디션 프로그램이 트렌드였기에 그 부분을 먼저 공부했다. 그러나 얼마 지나지 않아 포기했다. 자신의 능력으로는 〈슈퍼스타K〉를 넘어서는 오디션 프로그램을 만들 수 없다고 생각했기 때문이다.

그는 "트렌드가 눈에 보여도 내가 쫓아갈 수 있는 것인지 냉정하게 판단해보라."고 말한다. 콘텐츠를 만드는 것은 자신이기 때문에 자신이 좋아하는 것으로 만들어야지, 관심 없는 분야로 만들면 동력이 떨어진다. 그래서 그는 자신이 가장 좋아하고 잘하는 '여행'을 주제로 잡았고, 여기에 반보 앞선 새로움을 덧붙인 프로그램들은 모두 소위 대박을 터트렸다.

트렌드와 아이템을 연결하라

IT기업인 요요인터렉티브의 이경주 대표는 나영석 피디가 말한 것처럼, 자신이 잘하는 분야에 다가올 트렌드를 입혀 창업을 한 경우다. 요요인터렉티브는 박물관, 전시관, 홍보관 등에서 전시 콘텐츠를 만드는 회사다. 하지만 일반적인 전시 콘텐츠가 아니라 VR, AR 등을 활용해 체험형 인터랙티브 전시 콘텐츠를 만든다.

요즘은 전시도 단순히 보여주기만 하는 전시가 아니라, 관객들이 체험을 해볼 수 있게 하는 콘텐츠가 인기다. 요요인터렉티브가 초기에 했던 작업 중에 예를 들자면 전쟁기념관의 어린이박물관 설치물인데 애국가를 따라 부르면, 국기가 점점 높이 게양되거나 무궁화 꽃이 피어나는 반응형 콘텐츠 같은 것들이다. 2015년 6월 1인 창업으로 시작해 첫해 매출 1억을 내고 2019년도 기준 매출 총액 15억 정도를 내는 회사로 꾸준히 성장하고 있다.

언뜻 'VR, AR 하면 남자들이 많이 할 것이다'라는 편견이 있다. 그래서 이경주 대표가 요요린터렉티브를 창업했을 때 그냥 커피숍이나 꽃집 같은 걸 창업하면 편할 텐데, 여자가 왜 그런 어려운 걸 창업했냐는 이야기도 많이 들었다.

이경주 대표는 출산 등의 이유로 3년간 경력 단절의 시간을 갖게 된다. 다시 사회생활을 해봐야지 했을 때 취업할 곳을 알아봤지만 쉽지 않았다. 이경주 대표는 산업디자인을 전공하고 대기업에서 산업디자이너로 오래 일을 했었다. 그럼에도 불구하고 다시 일자리를 구하려고 했을 때 연락이 오는 곳이 드물었다. 자신감이 많이 떨어졌다. 다시 할 수 있을지 고민하던 시기에 뭐라도 배워야겠다 싶어서 경기도여성능력개발센터에 갔는데 마침 무료로 창업교육을 진행하고 있었다. 회사를 다니면서도 언젠가 나의 사업을 하고 싶다는 꿈이 있었던 그는 이왕 이렇게 된 거 지금 창업을 해보자고 결심을 하고는 창업교육을 듣고 서른아홉의 나이에 창업을 하게 된다.

이경주 대표가 창업 아이템을 선정할 때 고려한 건 두 가지였다. 일단 자신이 잘 아는 분야를 선택해야 실패 확률이 줄 거라고 생각했다. 또한 세계적인 트렌드와도 잘 맞아야 한다고 생각했다. 박물관 전시 분야는 산업디자이너로 일했기 때문에 익숙한 분야였다.

그래서 이 분야를 선택했는데, 해외 트렌드를 보니 VR, AR을 접목한 체험형 전시가 확산되고 있었다. 우리나라에서도 체험형 전시가 트렌드가 될 것이라는 생각이 들었다. 당시에는 이 분야를 다루는 기업이 많지 않았고, 준비한다면 충분히 경쟁력을 갖춘 기업이 될 수 있을 것이라고 판단했다.

아이템을 정한 후 1인 창조기업 지원센터에 사업계획서를 냈는데, 지원 프로그램에 당첨돼 초기에 컨설팅을 받는 등의 지원을 받을 수 있었다. 이후 작은 규모의 회사였지만 전쟁기념관 전시 등 굵직굵직한 프로젝트를 따낸다. 트렌드를 내다보고 미리 그 분야에서 탄탄한 기술력을 갖추려고 노력했다는 점이 프로젝트를 따낼 수 있었던 중요 요소였다.

트렌드를 예측하고 준비하는 것이 중요하다는 것을 잘 알기 때문에 계속 트렌드를 연구하고 그에 따라 시도를 해본다. VR 사업을 하다 보니 6개월에 한 번씩 이 분야의 트렌드가 바뀐다는 것을 알게 됐다. 그러다 보니 린스타트업 방법처럼 짧은 시간에 빨리 프로토타입 제품을 만들어서 테스트를 해보고 전망이 보이면 계속 하고, 아니다 싶으면 빨리 접었다. 또한 콘텐츠만으로는 한계를 느껴서, 하드웨어도 개발하고 있다.

기술 트렌드를 따라 창업한 회사지만, 이경주 대표는 신기술 오류의 위험성에 대해서도 이야기했다. VR 같은 신기술을 접목하겠다고 도전한 스타트업들이 창업했다가 사라진 이유가 신기술 오류를 범했기 때문이라고 말한다. 신기술은 아직 익숙하지 않은 분야라, 신기술만 가지고 수익을 내려고 하면 위험하고, 사람들에게 익숙한 안정적인 수익을 낼 수 있는 분야를 반드시 만들어야 한다. 그런데 신기술만으로 승부를 보려고 했다는 것이다.

요요인터렉티브는 신기술을 접목하긴 했지만, 이경주 대표가 이전에 했던 산업디자인 쪽으로 수주를 받는 등 안정적인 수익을 확보하면서 VR을 조금씩 적용시켰다. 다른 회사와 MOU도 체결해서 제휴를 하며 사업 다각화도 계속 시도했다. 이 점이 회사가 5년 넘게 성장해올 수 있던 이유라고 말한다. 사업 운영을 함에 있어서도 반보만 앞서가야 하는 것이다.

온라인 가속화 흐름에 주목하라

트렌드를 예측하고 준비해서 그 분야에 리더 그룹이 되어라. 다만 현실적으로 지금 당장 안정적으로 돈을 벌 수 있는 구조도 마련해야 한다. 이경주 대표의 이야기를 정리해보면 이렇다. 겨우 1년이나 2년 정도 사업을 하고 접으려는 생각을 갖고 창업을 하는 사람은 별로 없을 것이다. 5년, 10년 오래 성장하며 사업을 하고 싶다면 바로 앞만이 아니라 중장기적으로 미래를 바라보고 미래에 트렌드가 될 것을 대비해 준비할 수 있어야 한다.

이경주 대표는 어떤 준비를 하고 있을까? 다행히 가상현실을 더 현실감 있게 느끼게 해주는 기술인 VR, AR 기술은 더 각광받고 있다. 이런 기술을 적용해 실감 온라인 교육이나 회의를 하는 프로그램을 만드는 등의 비대면 사업들에 대한 정부 지원들도 많아지고 있다. VR, AR 기술이 제대로 상용화되려면 5G 기술이 필수인데, 5G 인프라를 제대로 갖추기 위한 투자도 많이 이뤄지고 있다. 원래도 예상했던 흐름이지만, 그 시대가 더 빨리 앞당겨진 것도 있다.

그는 "이제는 어떤 창업을 하더라도 온라인과의 연계를 생각해야 한다."라고 말한다. 음식점 하나를 창업한다고 해도 배달 서비스를 염두에 두고 준비해야 한다는 것이다. 회를 퀵서비스로 배달해주는 스타트업의 예를 들자면 비싸더라도 싱싱한 회를 실시간으로 배달해주는 서비스는 큰 인기를 끌고 있다. 공연도 이제 온라인으로 오프라인의 생생한 감동을 느낄 수 있게 만드는 형식으로 변화하고 있다. 중소벤처기업부에서도 디지털 경제로의 대전환을 말하는데 이제는 온라인 비즈니스에 관심을 갖는 건 필수다.

이경주 대표 또한 지금 전시 기획을 많이 하고 있지만, 반드시 온라인 콘텐츠를 함께 개발한다. 집에서나 학교에서 온라인으로도 박물관에 들어가서 오프라인처럼 생생하게 체험하게 할 수 있는 실감 콘텐츠를 만드는 것이다. VR, AR 기술을 활용하면 가능한 일이다. 과학기술정보통신부 등 관련된 부처에 가서 회의도 듣고, 스터디도 계속 하고 있다.

월 1억 원 이상의 수익을 내는 노르웨이숲의 강태균 대표 또한 원래도 언택트 흐름이 트렌드였지만, 코로나 때문에 인터넷 산업이 더 활성화되었다고 말한다. 그 영향으로 강 대표가 운영하는 브랜드들의 온라인 주문량도 늘어났다. 게다가 집콕 트렌드가 생겨서 침실 쪽 제품들은 판매량이 더 늘어났다고 한다. 코로나 팬데믹 때는 해외 수입 제품이 딜레이 되는 현상도 있었지만, 세계적인 재난이라서 크게 타격을 입지는 않았다고 한다. 다만 이 시기에는 국내 공장 제품들의 제품 개발과 판매에 좀 더 신경을 썼다고 한다.

그는 창업은 어떻게 준비하면 좋을 것인가에 대해 "코로나 이후의 라이프스타일을 체크해보면 좋을 거 같다."는 이야기를 해주었다. 뉴노멀 시대에는 '어떤 게 불편할까?' '어떤 형태로 소비를 할까?' 그런 것들을 질문하고 그에 대한 답을 찾아보라는 것이다.

강태균 대표는 또 부지런히 다른 아이템을 준비했다. 최근 젊은이들 사이에서는 자연을 만끽하며 추억도 쌓는 캠핑이 유행이다. 강태균 대표는 캠핑을 실제로도 많이 다닌다고 한다. 해서 캠핑용품을 직접 사용해보고 아쉬운 부분에 대한 니즈를 찾고, 니즈를 충족시키는 제품들을 런칭했다. 차박 캠핑(여행할 때 차에서 잠을 자면서 머무르는 캠핑)을 주로 하기 때문에 차박 캠핑용 아이템을 먼저 출시했다고 한다. 캠핑 시장에도 이미 진입해서 앞서가는 메이저 브랜드들도 많지만, 메이저가 못하는 품목들이 생각보다 많아서 관심을 갖고 찾아보면 좋은 상품을 찾을 수 있을 것이라고 한다.

미래의 트렌드에 과감히 투자하라

한국과 실리콘밸리 스타트업의 혁신 스토리를 담는 유튜브 채널 'EO'는 변화하는 트렌드에 올라타며 성장한 경우라고 볼 수 있다. 채널 EO를 운영하는 김태용 대표는 EO를 통해 실리콘밸리 구글, 애플과 같은 기업부터 한국 배달의민족, 토스, 카카오의 CEO, 직원, 투자자 같은 분들의 경험과 노하우를 공유한다. 그 이야기들을 들으면 세상이나 시장이 어떻게 변화하는지 이해하게 되고, 나에게는 어떻게 접목시킬지 생각해보게 된다.

김태용 대표는 원래 '1인 크리에이터 태용'이라는 이름으로 활동하다가 페이스북과 유튜브의 구독자를 합쳐서 10만 명이 넘어가자 2019년 8월, 미디어스타트업 EOEntrepreneurship Opportunities로 다시 출범했다. 지금은 유튜브 구독자 수가 58만 명이 넘는다.

처음에 성공한 기업들의 경험과 노하우를 공유하는 콘텐츠를 올릴 때만 해도 이걸로 사업을 해봐야겠다 생각한 것은 아니었다. 그런데 4차 산업혁명 시대를 선도하는 스타트업들에 대해서 사람들의 관심이 많아지면서 채널에 대한 관심도 높아졌고, 이러한 주제로 콘텐츠를 만드는 채널이 없었기에 독보적으로 발전할 수 있었다.

김태용 대표가 실리콘밸리 기업가들의 이야기를 올리게 된 스토리는 2017년으로 거슬러 올라간다. 김태용 대표는 23살에 제대하고 창업을 3번 하며 성공과 실패를 경험했고 28살에는 어떻게 살면 좋을까 고민을 하게 되었다. 취업을 해야 하나, 아니면 다시 한 번 창업에 도전해야 하나 하고 고민하던 차에 마침 외부 프로젝트로 350만 원을 벌게 된다. 그는 이 돈으로 무엇을 할까 고민하다 창업의 성지라는 실리콘밸리에 가보기로 결심한다. 거기에 가서 사람들을 만나보면 다음에 어떻게 해야 할지 길이 보일 것 같았다. 처음에 사람 만날 구실이 필요하니까 콘텐츠 제작을 하러 왔다고 연락을 하고 만났다. 그렇게 2017년에 42일간 혼자 카메라와 삼각대 백팩 하나 매고 돌아다니며 16명과 인터뷰를 했고 그것을 콘텐츠로 제작해 왔다.

실리콘밸리에 갈 때 기대했던 건 엄청난 열정이나 동기부여를 받는 것이었다. 근데 실리콘밸리 가서 그가 가장 크게 느꼈던 감정은 위로와 치유였다. 28살, 제대 후 20대에 했던 도전들이 실패로 끝나고 가장 두려웠던 건 자신이 모든 것을 쏟았던 6년 동안의 일들이 아무것도 아닌 게 되는 것이었다. 자신이 만들었던 웹사이트나 결과물은 사라졌고, 한국 사회에서는 실패한 경험을 긍정적으로 바라봐주지 않았다.

그런데 실리콘밸리에서 만난 친구들은 전혀 그렇지 않았다. 자신의 창업 경험을 이야기하면 대단하다며 격려를 해주었다. 자신도 네 번째 창업이라며 창업담도 이야기해주고, 도와줄 것은 없는지 물어보기도 했다. 자신보다 훨씬 어린 나이에 더 여러번 창업하고 실패를 겪어본 친구들도 많았다. 창업하고 실패하고 다시 창업하고, 도울 수 있는 건 대가를 바라지 않고 도와주는 것이 자연스러운 실리콘밸리의 문화였다. 사회적으로도 실패한 창업 경험을 높게 쳐주는 문화가 있었다.

실리콘밸리의 저력이라는 게 이러한 사회안전망에서 나오는구나 싶었다. 실리콘밸리의 문화를 한국에도 전하고 싶다는 생각을 하며 더 열심히 인터뷰를 했다. 실리콘밸리, 4차 산업혁명에 대한 관심과 맞물리며 그는 그 분야의 콘텐츠를 만드는 대표적 인물로 떠올랐다. 게다가 혁신 기업을 인터뷰하는 일이 그와 매우 잘 맞는 일이었다. 창업을 해서 투자 유치도 경험해봤고, 기업도 운영해봤고, 사회 혁신적인 아이디어들에도 관심이 많았다. 당연히 스타트업의 CEO 등을 인터뷰할 때도 이야기를 더 잘 끌어낼 수 있었다. 거기다가 젊은 감각까지 덧붙여지니 영상의 퀄리티도 뛰어날 수밖에 없었다.

"미래에 베팅했던 게 가장 주효하지 않았나 싶습니다. 관심도가 높아질 부분에 미리 들어가서 그 분야에서 자리매김했다는 게 크죠." 김태용 대표에게 2년이라는 짧은 시기에 1인 기업에서 일곱 명의 직원을 둔 기업으로까지 성장할 수 있었던 비결을 묻자 한 대답이었다. 김태용 대표가 23살 처음 창업에 도전했을 때만 해도 스타트업이나 프로그래밍, 인공지능 이런 쪽에 사회의 관심이 많지 않았다. 그런데 2017년 실리콘밸리 이야기를 담기 시작할 즈음부터 조금씩 관심이 생기더니 점점 그 관심은 커졌다.

그래서 콘텐츠로 인한 광고 수익, 브랜디드 콘텐츠를 만드는 일도 함께하며 수익 구조를 만들 수 있었다. 정부 지원사업을 홍보해달라거나, 기업에서 영상을 만들어달라거나 하는 의뢰들이다. EO 채널이 기업이 대중커뮤니케이션하는 방법을 잘 이해하는구나 생각을 하고 요청을 하는 경우가 많았다. '이 콘텐츠들은 꼭 봐야 한다'며 대기업에서 사내 교육용으로 콘텐츠 임대를 하는 수익도 생겼다.

유튜브의 변화를 주의 깊게 살펴라

혁신 비즈니스에 대한 관심이 많아지고, 동시에 유튜브라는 채널이 크면서 EO 채널은 급성장했다. 현재 유튜브를 기반으로 하는 스타트업이기 때문에 유튜브의 미래에 대해서 어떻게 생각하는지, 유튜브에서 성공하려면 어떤 콘텐츠를 만드는 것이 좋을지에 대해서도 물었다.

"자기에 대한 이해와 독자에 대한 이해는 기본이고, 유튜브의 현재보다는 미래를 보고 준비하는 게 중요한 거 같다."는 이야기를 해주었다. 현재 이런 게 뜨니까 나도 그런 콘텐츠를 해볼까 하는 접근보다는 이삼 년 뒤 유튜브가 어떻게 변할지, 상상력을 발휘해보고 그중에 내가 할 수 있는 콘텐츠는 무엇이 있을지 생각해서 해보라는 것이다.

김태용 대표는 지난 이삼 년 동안은 10대, 20대에서 전체 인구가 쓰는 플랫폼이 됐다는 게 주요 변화라고 했다. 50대 유저들이 갑자기 많아지면서 이 사람들을 위해 콘텐츠를 준비했던 사람들이 지난 이삼 년 동안은 성장을 했다. 또한 이삼 년 동안 중요한 변화는 방송사 메이저들, 인플루언서들이 다 뛰어들었다는 것이다.

유튜브가 대중 플랫폼이 되면서 너무 자극적이고 저작권을 침해하는 저작물들을 유튜브에서 그냥 방치할 수 없게 됐다. 그래서 이제 막 영상을 다른 곳에서 퍼 와서 조회 수를 올리겠다는 식의 접근은 먹히지 않을 것이다. 점점 개인화된 콘텐츠를 정밀하게 추천해주는 형식으로 가고 있다고 유튜브의 미래에 대해 말했다.

"삶에서 중요한 문제, 많은 사람들이 보진 않더라도 특정한 사람들에게는 크게 도움이 될 만한 주제, 나만이 잘할 수 있는 그런 주제를 가지고 접근하는 게 유효한 길"이라고 말한다. 유튜브라는 채널을 두고 이야기했지만, 인스타그램 등 발전하고 있는 채널에서 활동하며 수익을 내고 싶다면 이 이야기에 귀 기울여 볼만하다. 그 플랫폼들이 어떤 방향으로 향해 가는지 관심을 갖고 살펴봐야 한다.

어떤 사업 아이템을 결정하더라도 그 사업 분야가 어떻게 변할지 계속해서 예측하며 준비해야 한다.

변화하는 트렌드 속에서 창업 아이템을 찾아라

트렌드를 예측하며 사업을 준비해갔던 사람들의 이야기를 더 해보자. 오픈갤러리 박의규 대표는 작가와 소비자를 연결해 3개월마다 작품을 바꿔주는 그림 렌털 서비스를 한다.[13] 작품 크기에 따라 한 달에 3만 9,000원에서 25만 원 정도의 비용을 내면 3개월 단위로 빌릴 수 있다. 개인 고객뿐 아니라 병원, 회사, 은행, 헤어숍, 레스토랑 등도 오픈갤러리 서비스를 이용하고 있다.

2013년 당시 경영학을 전공했던 박의규 대표는 일반인들이 그림에 관심이 높아지고 있음을 알게 되었다. 매년 갤러리, 아트페어, 미술관에 방문한 숫자는 10퍼센트에서 20퍼센트씩 증가하고 있었지만 하지만 미술시장은 2007년 이후 하락하는 추세였다. 이러한 트렌드를 보고 미술시장에 기회가 있다고 봤다.

기존 미술시장을 보면 공급자와 수요자 모두 니즈는 있지만, 공급자는 팔 곳이 없고, 수요자는 살 곳을 잘 모른다. 또 그림은 비싸다는 인식 때문에 선뜻 그림 구매를 하지 못했다. 하지만 작가의 작품을 영원히 구매하는 형태가 아니라 합리적인 가격으로 주기적으로 렌털해주는 서비스를 한다면, 또 미술품의 가치를 알게 하고 그것을 합리적 가격에 판매를 한다면 공급자와 수요자 모두에게 도움이 되는 플랫폼이 될 것이라 여겼다.

그는 회사에 다니면서 주말마다 틈틈이 사업을 준비했다. 큐레이터, 작가 등 미술계 사람들을 만나 인터뷰를 하면서 실질적인 사업계획서, 기획서를 썼다. 초기에는 혼자서 계속 사업 계획서 쓰면서 6개월 정도 일했다. 그 과정에서 지인들에게 투자를 받기도 했다. 그 후 법인을 만든 뒤 직간접적으로 아는 지인들과 함께 팀 세팅을 했다. 창업 다음 해인 2014년과 2019년을 비교할 때 작품 거래량 5,500퍼센트, 거래액 3,700퍼센트, 고객 수는 12,200퍼센트가 늘었다.

박의규 대표는 앞으로는 취향을 중시하고, 그림을 통해 나만의 홈 인테리어를 하려는 니즈가 강해지면서, 이 시장은 더 커질 거라고 예측한다. 전에는 가족사진이 집의 한 부분을 담당했다면 이제는 자기 취향의 작품이 집에 걸려 있는 게 자연스런 흐름이 될 것이라고 본다. 그가 이야기한 대로 자기 취향과 공간에 대해 투자를 아끼지 않는 트렌드가 맞물리면서 이 사업은 계속 성장하고 있다.

아마추어 선수들을 위한 축구교육 콘텐츠를 제작하는 스타트업인 고알레의 이호 대표는 프로 축구선수로 활동하다 32살에 은퇴하고 사업을 시작한다.[14] 당시 아마추어 스포츠 산업은 지속적으로 성장하고 있었다. 취미로 운동을 배우고 싶어 하는 일반인들의 니즈도 커지고 있었다. 테니스, 배드민턴 등 다른 운동들은 일반인들을 가르치는 교육 프로그램들이 많았지만, 축구는 그렇지 않았다. 디지털 시대에 맞게 '축구 덕후'들과 아마추어 선수들을 위한 축구 교육 콘텐츠를 만들어보고 싶었다. 축구 트레이닝을 할 수 있게 자세히 알려주는 영상부터, 아마추어 축구 경기 중 나의 인생 슈팅을 영상으로 기록해 주는 영상제작 서비스도 했다. 프로선수가 알려주는 디지털 축구 교육 플랫폼이라는 생소한 분야는 곧 아마추어 축구인들의 관심을 끌었고 연매출 10억 원대의 회사로 성장한다.

낚시를 즐기는 사람들이 늘었지만, 초보자들에게 필요한 정보를 주는 앱이 부족한 현실을 보고 낚시 예약 앱 '물반고기반'을 만든 아이스앤브이의 박종언 대표도 트렌드를 반보 앞서 예측하여 성공한 경우다.[15] 2014년만 해도 많은 전문가들이 낚시 인구가 늘면서 낚시 관련 부가가치의 상승을 예측했지만, 아직 통합 플랫폼은 없었다. 펜션 사업 초창기처럼 낚시를 가려고 해도 예약이 어려워 갈 수 없었다. 2년 동안 발품을 팔며 숨은 낚시 포인트를 찾아내 2017년 물반고기반 앱을 런칭했다. 국내 낚시 포인트 4,000여 곳에 대한 정보와 유료 낚시터, 낚싯배 예약 서비스를 제공했다. 앱이 알려지면서 출시 2개월 만에 50만 다운로드를 달성하고, 1년 만에 다운로드 100만 건을 넘는다. 2년간 고생은 이루 말할 수 없었지만, 미래를 내다보고 준비한 것이 맞아떨어진 것이다.

앞으로 어떤 분야가 뜰 것이라는 예측이 드는가? 내가 잘할 수

있는 분야인가? 내가 관심 있고 좋아하는 분야인가? 그러면 내가
먼저 반보 앞서서 걸어가보자.

리스크 줄이는 세 가지 질문: 어떻게, 왜, 그래서?

　사업 아이템을 선정할 때 미국이나 유럽 등 해외 트렌드를 살펴보는 것이 매우 중요하다. 해외에서 주류가 된 문화가 시간이 흘러 우리나라에 들어와 트렌드가 되는 경우가 많기 때문이다. 물을 사먹는 문화, 5,000원 넘는 돈을 내고 커피를 사먹는 문화, 슈퍼가 편의점으로 바뀌는 문화 등 모두 우리나라에서는 생소한 문화였지만 어느새 자연스러운 문화로 자리 잡았다. 해외 트렌드를 연구하고 생소했던 문화를 우리나라에 먼저 들여오거나, 해외에서 인기 있는 사업 아이템을 우리나라 식으로 적용시켜 성공한 사례들도 많다.

　쿠팡과 티몬, 잡플래닛도 그러한 사례 중의 하나다. 이들은 모두 국내에 없었던 해외 비즈니스 모델을 도입했다. 쿠팡과 티몬은 소셜커머스 효시 업체 그루폰을, 잡플래닛은 미국의 익명 리뷰에 기반한 직장 및 상사 평가 사이트인 글래스도어를 벤치마킹한 사례다.

자신의 몸을 있는 그대로 사랑하자는 '자기 몸 긍정주의Body Positive'라는 세계적 트렌드에 맞춰, 2030 여성들에게 편하고 스타일리시한 '홑겹브라' 열풍을 일으키며 성장한 컴온빈센트. 미국 버즈피드사에서 만든 푸드 콘텐츠 '테이스티' 채널을 벤치마킹한 레시피 영상을 올리며 빠르게 성장한 국내 최대 온라인 푸드 콘텐츠 채널 쿠캣 등 해외 트렌드를 연구해 자신에게 맞게 접목하며 빠르게 성장한 기업들도 많다.

세상의 변화를 놓치지 마라

"트렌드를 보셔야 합니다. 우리가 비데를 사용했던 역사가 그렇게 길지 않고, 커피를 들고 다니면서 마신 역사도 길지 않아요. 문화의 트렌드 변화가 굉장히 빠릅니다. 소비문화 패턴이 빠르게 변화한다는 것이고, 이것을 빨리 읽으셔야 됩니다." 세계적인 뷰티 트렌드였지만, 우리나라에서는 생소했던 왁싱 시장을 개척한 캐치업 코리아 김보성 대표가 한 말이다.[16] 문화가 어떻게 변할지 트렌드를 읽으면 어떤 사업을 해야 할지가 보인다는 것이다.

김보성 대표는 1990년대 말, 이태원에서 네일아트와 왁싱 서비스를 시작했다. 지금은 네일아트와 왁싱이 많은 이들이 찾는 서비스가 되었지만, 90년대 말만 해도 생소한 문화였다. 고객들은 주로 외국인이었다. 그는 '외국인들은 왜 손톱을 깎고 손톱을 정리하고 관리하는 데에 돈을 낼까?' '왜 털을 뽑을까?'라는 의문을 품게 되었는데, 그 답은 문화 트렌드였다. 우리나라와는 달리 데이트를 한다거나 파티에 갈 때, 여행을 할 때 털을 뽑는 게 당연한 문화였던 거다. 이미 미용 서비스를 받는 게 생활화되어 있었다. 2009년 즈음하여 우리나라에서도 왁싱 문화가 태동되었다.

그는 이미 해외 트렌드를 살펴보면서 우리나라에도 왁싱이 하나의 문화가 될 것이라고 내다보았기에 왁싱과 관련한 사업을 본격적으로 하고 싶었다. 그래서 왁싱 제품을 팔고 왁싱 창업가를 양성하는 교육을 하려 했지만 당시 한국에는 제품을 공급하고 교육하기 위해서는 협회와 단체, 재료상을 거쳐야 하는 유통 시스템이라는 문턱이 있었다. 그 문턱을 넘기가 너무나 어려웠다. 결국 실패를 한후 다시 처음으로 돌아가 성공하기 위해서는 어떻게 해야 할지 생각했다.

그는 자신이 먼저 왁싱샵의 성공 모델이 되어보자고 결심했다. 그렇게 1층에 위치한 9평 남짓한 작은 매장에 침대 두 개를 놓고 사업을 시작했다. 기존 미용 업계에서는 제모 사업에 대한 가능성을 낮게 봤다. 게다가 1층에 위치한 매장에 누가 대놓고 들어가서 왁싱을 하냐며 우려도 많았다. 하지만 그는 고객의 접근성이 좋다는 점과 기술, 제품, 전문성이 있기 때문에 고객들이 찾을 것이라고 확신했다. 결과는 대성공이었다.

본인이 성공 모델을 만든 후, 사람들의 창업을 돕는 교육을 하기로 결심했다. 그 교육을 통해 성공한 왁싱샵 대표들이 나오면서 김보성 대표의 이름과 제품도 알려졌다. 그 후 왁싱 전문 매장과 가맹점 18개, 제휴 눈썹 관리점 7개점, 전국 65개의 교육센터 및 아카데미를 열며 연 매출 약 50억 원을 달성할 정도로 성장했다. 십수 년 전만 해도 생소했던 왁싱 문화. 하지만 지금은 얼굴부터 온몸까지 털 없는 매끈한 피부를 갖고 싶어 하는 소비자들의 니즈는 증가하고 있다. 그러한 문화 트렌드가 우리나라에서도 생길 것을 예측하고 시장을 선점한 결과였다.

특히 왁싱을 좀 더 가깝게 느끼도록 하기 위해 특화시킨 메뉴가 '눈썹 제모'였다. '털 뽑는 것으로 어떻게 문화 트렌드나 콘텐츠를 만들 수 있을까?' 이게 김보성 대표가 왁싱 매장 수를 늘려가며 늘 고민했던 것이었다. 그 답으로 찾은 게 눈썹 제모였다. 눈썹의 털만 잘 다듬어도 사람의 인상이 달라진다. 다른 부위에 비해 덜 부담스럽다. 결과적으로 '눈썹 제모'라는 콘텐츠는 사업을 성장시키는 데 큰 역할을 했다.

이와 연관된 사업도 시작했다. 제모를 한다는 것은 털을 물리적으로 뽑는 것이기 때문에 제모 후에 충분한 사후관리를 해줘야 한다. 그래서 화장품이 굉장히 좋아야 하는데, 관련된 화장품을 제조하고 브랜딩했다.

해외 트렌드라고 그대로 따라한 것이 아니라 우리나라 문화에 맞게 변화를 시켰기 때문에 사업 성공도 뒤따랐다. 그래서 김보성 대표는 창업을 할 때 "트렌드를 연구하고 변화시킬 수 있는 사업인지 확인하는 게 중요하다."고 말한다. 성공한 사업 모델을 찾고 그 모델이 왜 성공했는지를 공부하고, 시장 가능성은 어떤지, 그것을 내가 어떻게 변화시킬 수 있는지, 계속 성장할 수 있는 사업인가를 생각해봐야 한다. '어떻게', '왜', '그래서'에 대한 답은 스스로 찾을 수 있어야 사업의 리스크를 줄일 수 있다고 말한다.

문화 트렌드를 선도하라

엉클부스 진민준 대표 또한 우리나라에서는 생소했던 남성 전문 미용실 바버숍을 국내 최초로 도입했다.[17] 남성 전용 그루밍(몸을 치장한다는 뜻의 'groom'에서 파생된 말. 패션과 미용에 아낌없이 투자하는 남성들을 그루밍족이라 말한다) 문화인 바버숍은 유럽에서는 익숙한 문화지만, 우리나라에서는 그렇지 않았다.

진민준 대표는 정말 하고 싶은 일을 찾다 보니 바버숍을 차리게 됐다. 마침 앞으로 변해갈 문화 트렌드와 딱 맞으며 성장한 경우다. 그의 큰아버지가 이발소를 하셔서 자연스럽게 이발 기술을 배웠다. 경쟁을 한다면 이왕이면 높은 곳에서 시작하자 싶어 18살 때 15만 원을 들고 서울로 상경했다. 그 후 일을 하며 모은 돈으로 너무 가보고 싶었던 일본으로 향한다.

일본을 여행하던 중 그는 우연히 4대째 한 자리에서 이발소를 하고 있는 곳을 발견했다. 그 이발소에 쓰여 있던 '신사를 만들어 드립니다'라는 문구가 그의 마음에 훅하고 다가왔다. 오래되고 허름한 공간이었지만, 견고하게 정리된 그 문구가 마음을 사로잡은 것이다. 그는 남자들을 멋지게 꾸며주는 특별한 이발소를 하기로 결심한다. 게다가 한국에는 일반적인 이발소와는 다른 '바버숍'이 없으니, 자신만의 경쟁력을 만들면 가능할 거 같았다. 그렇게 여성 중심인 뷰티살롱과 차별화를 둔 남성들의 세련된 문화 공간을 만들자고 결심한 것이다.

그는 3개월간 학원에 다니면서 자격증을 따고, 6개월을 보조강사로 일했다. 1년쯤 되었을 때 뜻하지 않게 학원을 인수하게 됐다. 그 후 자신이 원하는 대로 학원의 인테리어를 싹 바꾼다. 진부했던 호랑이 그림 액자를 내려버리고 문신한 사람들의 사진을 걸어놓고 외국의 바버숍 사진들을 걸어놓았다. 오래되고 낡은 이발소의 이미지를 싹 없애버린 것이다. 이발소가 바뀌고 있다는 것을 알리기 위해 자신의 얼굴 사진과 바버숍 사진도 계속 올렸다. 그러자 자신이 좋아하고 관심 있던 걸 똑같이 좋아하는 젊은 친구들이 진민준 대표의 바버숍으로 오기 시작했다. 그러면서 다른 곳에도 바버숍이 하나둘씩 생기고, 미용업계에 생태계가 조금씩 바뀐다는 게 느껴졌다.

자기만의 경쟁력을 갖추기 위해 이용 기능장도 땄다. 일반 사람이 아카데미를 운영하는 것과 대한민국 이용 기능장, 마스터가 운영하는 건 무게감부터 다르기 때문이다. 그 후 더 주목을 받을 수밖에 없었다. 학원을 인수해서 바버숍이 활성화된 지 1년 만인 2016년에는 바버숍 엉클부스 1호점의 문을 연다. 조금 더 확장시키기 위해 광고 전략을 고민했다. 지하철 광고가 젊은 사람들에게 어필한다고 해서 알아보니 홍대역 한 달 광고비가 400~800만 원 사이였다. 광고 효과는 있겠지만 당장 그 비용을 유지할 자신은 없었다.

그래서 한 것이 새로운 지점 전략이었다. 홍대에서 보증금 500만 원짜리의 저렴한 건물을 찾았다. 싼 건물에서는 장사가 제대로 될 리가 없다. 그런데도 그런 건물을 찾은 이유는 '2호점이 홍대에 있다'라는 문구 자체가 엄청난 광고 효과를 발휘해줄 거라고 느꼈기 때문이다. 결과는 성공적이었다. 이런 방식으로 9개 지점을 늘리고 현재는 11개 직영점을 운영하고 있다. 진민준 대표는 "내 자금 사정에 맞게 광고를 할 수 있는 아이디어를 찾으면 얼마든지 효과적으로 광고를 할 수 있다."고 말한다.

우리나라에서 최초로 멋을 아는 남성들을 위한 바버숍을 만들고 브랜딩한 진민준 대표. 해외에서 그랬듯 우리나라에서도 그루밍 문화가 확산하면서 더 사업을 확장할 수 있었다. 사업을 할 때 고려해야 할 요소는 많다. 그런데 진민준 대표는 그 무엇보다 "어떤 일이든 내가 정말 좋아하는 일을 선택"하는 것이 중요하다고 말한다. 많은 사람들이 내가 좋아하는 꿈은 항상 뒤로 미뤄놓고 산다. 하지만 자신이 좋아하는 일을 직업으로 삼으면 평생을 즐기고 사는 것과 같다. 자신도 자신이 진짜 좋아하는 것을 찾았을 때, 자기와 똑같은 관심사를 좋아했던 고객들이 자신을 찾아준 것뿐이라는 거다.

내가 좋아하고 마음이 가는 일은 무엇인가? 해외에서는 이미 자리를 잡은 문화인가? 우리나라에도 그러한 문화를 사람들이 찾을 수 있을 거라 생각하는가? 우리나라 문화에 맞게 변화시켜 볼 수 있겠는가? 그런 확신이 있다면 먼저 시작해 시장을 선점하라.

고객의 가치를 파악하라

웨딩 크리에이티브 디렉터 써니플랜 최선희 대표 역시 우리나라에서는 생소한 '웨딩 플래너' 시장을 처음으로 개척했다.[18] 그 또한 진민준 대표처럼 좋아하는 일을 하니 기회가 오고 성공이 따라왔다고 말한다. 이벤트 프로덕션에서 이벤트 PD를 하다, 회사가 어려워지면서 고모의 웨딩 사업을 돕게 된다. 그러다 〈웨딩 플래너〉(제니퍼 로페즈 주연, 2001년 개봉작)라는 영화를 보게 된다. 영화 속 웨딩플래너라는 직업이 너무 멋있어 보였다. 주인공이 연출한 결혼식 같은 결혼식을 연출해보고 싶다! 그 마음 하나로 '써니 플랜'을 오픈했다.

2000년대 초반 해외에서야 개성있는 결혼식을 원하는 커플들이 웨딩플래너를 찾아 상담을 받고 돈을 내는 것이 당연했지만, 우리나라에서는 익숙지 않은 문화였다. 결혼식 디렉팅을 하고 상담하며 비용을 받겠다는 자신의 아이디어에 '우리나라에서는 아직 외국식 웨딩을 진행하기에는 이르다'며 말리는 분들이 많았다. 하지만 자신은 될 거라는 확신이 들었다. 왜냐하면 자신부터 한번 하는 결혼식이라면 영화 같은 결혼식을 하고 싶었기 때문이다. 하지만 그렇게 해줄 사람이 없었다. 자신과 같은 생각을 가진 사람들이 있을 거라 여겼다. '고객들의 꿈을 이뤄줄 사람이 내가 되자!'라는 마음으로 사업을 시작했다. 예상은 맞아떨어졌다. 많은 커플들이 영화 같은 평생 기억에 남을 그런 결혼식을 원했다.

2004년 처음으로 기획한 웨딩이 하우스웨딩이었다. 당시에는 하우스웨딩, 웨딩 디렉팅이라는 개념조차 없었다. 자신도 처음이었고 참고할 만한 사례도 없었기 때문에 일본·미국 웨딩 자료를 많이 참고했다. '웨딩 디렉팅'이라는 일이 처음에는 국내에서 유일했기 때문에, 자신이 열심히 한 만큼 기회는 생겼다.

연예인들의 소규모 웨딩이 화제가 되고, 점점 결혼식장에서 하던 획일적인 결혼식이 아니라 자신들만의 스토리를 담은 특별한 결혼식을 하고자 하는 니즈가 증가하면서 써니 플랜은 점점 더 발전했다. '하우스 웨딩', '스몰 웨딩', '콘셉트 웨딩' 이런 특별한 결혼식을 하는 회사를 찾을 때 바로 써니 플랜을 떠올릴 만큼 성장한 회사가 되었다.

우리나라에서 없던 문화를 처음으로 만들어가는 일. 그러기 위해서 무엇보다 중요한 것은 고객의 신뢰를 얻는 일이다. 그러려면 상품이 아닌 가치를 팔아야 한다고 생각한다. 고객이 선택할 수 있게 나 스스로 가치 있는 사람이 되어야 하고, 그 가치를 전하고 판매하는 모든 것들에 그 가치를 부여해야 한다.

'고객이 꿈꾸는 웨딩을 실현시키기 위해 최선을 노력을 하는 곳', '이 모든 상품의 나의 꿈을 이루기 위한 도구'라는 가치를 고객들이 인정하게 되면 자연스레 판매하는 상품도 선택하게 된다는 것이다.

해외 미디어를 통해 트렌드를 읽어라

해외 트렌드는 어떻게 파악할 수 있을까? 최선희 대표처럼 영화를 보며 자연스럽게 파악할 수도 있을 것이다. 외국 언론이나 잡지를 보는 것도 방법이다. 자신이 관심 있는 분야에 대표적인 채널들의 뉴스레터를 꾸준히 구독하는 분들도 많다. 우리나라 KOTRA(대한무역투자진흥공사) 해외시장뉴스에는 전 세계 각국 각 도시의 무역관들이 주기적으로 뉴스와 트렌드 자료들을 발행한다. 이것들을 꾸준히 봐도 글로벌 트렌드를 파악하는 데 도움이 된다.

패션 트렌드와 패션비즈니스 트렌드를 전하는 김소희트렌드랩의 김소희 대표는 외국의 언론이나 매거진 등에서 주요 정보를 얻는다고 한다.[19] 김소희트렌드랩의 주요 수익모델은 유료 구독 모델로, 기업의 본부장 및 임원, 경영진을 대상으로 패션 분야 트렌드에 대한 콘텐츠를 하루에 하나씩 제공한다. 하루에 하나씩 양질의 트렌드 정보를 접하다 보면 자기만의 관점이 생기고 중요한 의사 결정의 순간에도 도움이 될 거라 여기기 때문이다.

김소희 대표는 스스로를 패션업계에 기여하는 지식을 전하는 사람이라 생각한다. 예전에는 패션비즈니스의 성패를 가를 중요한 지식은 주로 '패션 트렌드'였다. 하지만 시대가 변하며, IT, 리테일, 금융, 물류 전반을 아우르는 '패션 비즈니스 트렌드'를 아는 것이 비즈니스의 성패를 가르는 중요한 지식이 됐다. 그러기에 패션뿐 아니라 전 세계적으로 패션을 아우르는 비즈니스 트렌드가 어떻게 흘러가는지 관심을 기울인다.

꼭 해외 트렌드를 벤치마킹하지 않더라도, 해외의 비즈니스 흐름이 우리나라에 들어와 변화를 일으키는 경우가 많기 때문에 사업가라면 항상 관심을 기울여야 한다. 그래서 내가 만났던 많은 1인 기업가들 중에는 해외 트렌드에 대한 공부를 부지런히 하는 경우가 많았다.

해외 트렌드를 파악하는 게 너무 방대하다고 느껴진다면, 우선은 내가 관심 있는 분야가 해외에서는 어떻게 변화하고 있는지 살펴보자. 그렇게 조금씩 트렌드를 살피는 영역을 넓혀가자.

트렌드를 소비하고
재창조하라

트렌드를 앞서가는 제품이나 서비스를 내놓고 싶다면? 내가 먼저 지금 핫한 트렌드를 소비하고, 거기에서 영감을 얻고 나만의 차별성을 입혀 내놓는 것도 좋은 방법이다. 소셜브랜드 다이노코리아 박종원 대표는 이러한 방법으로 숱한 히트 상품들을 내놓았다. 여권 케이스 하나만으로 펀딩 누적 금액 5억 원을 달성하기도 했다.

또 브랜드와 컬래버레이션을 한 상품을 만들어, 1억 펀딩을 달성하며 이 사람이 하면 확실히 흥행이 보증된다는 믿음까지도 사람들이 가지게끔 만들었다. 박종원 대표의 사례를 통해 1인 기업가로서 인사이트를 얻을 만한 부분을 살펴보려고 한다.[20]

나만의 시각으로 트렌드를 평준화하라

학벌, 스펙, 수상경력. 1995년생인 박종원 대표는 취업을 위해 필요했던 이 세 가지가 자신에게는 없었다고 한다. 지방대에서 산업디자인을 전공한 그는 일찌감치 취업보다는 크리에이터로서의 삶을 선택한다. 서류적인 학벌, 스펙이 없어도 크리에이티브함으로만 세계 무대에 설 수 있다는 것을 보여주고 싶었다.

대학 재학 중 여행 콘텐츠 등을 만들어 SNS에 등에 올리며 팬을 모았다. 여행 콘텐츠를 만들다 보니 여행용품, 특히 여권에 관심이 생겼다. 2015년 당시에 미국이나 일본 여권은 해당 국가의 특색이 잘 드러났지만, 우리나라 여권은 디자인 포인트가 약해 아쉬웠다. 나만의 여권 케이스를 제작해보기로 하고 경복궁을 테마로 한 여권 케이스를 제작했다. 개인 SNS에도 올렸는데 판매 요청이 빗발쳤다. 그 뒤로 단청, 호랑이 등 한국적인 내용이 담긴 여권 케이스를 만들었다. 가장 화제가 됐던 건 2017년에 세종대왕을 모티브로 해서 만든 세종 여권 케이스다.

사업 자금은 없었다. 지인이 크라우드 펀딩으로 해보면 어떻겠냐고 제안을 했다. 크라우드 펀딩은 제품이나 서비스의 제작 동기나 의도를 알리고, 그 뜻에 공감하는 사람들에게 자금을 미리 받는 방식이다. 목표한 펀딩 모금액이 달성되면 그 액수로 실제 제작 등의 후반 작업을 진행한다. 크라우드 펀딩 기업인 와디즈에서 펀딩을 했다.

첫 모금 목표액은 2,000만 원. 결과는 놀라웠다. 1차 펀딩 3일 만에 5,000만 원을 달성하고 총 1억 1,000만 원을 달성한 것이다. 앵콜 펀딩이 4차까지 이어져 누적 금액 5억 원 펀딩에 성공한다. 펀딩에 참가한 누적 인원은 약 8,600명이었다. 펀딩 성공을 바탕으로 세종 여권 케이스는 인천국제공항, 신세계백화점, 롯데백화점에 있는 팝업몰 'GAZESHOP'에 입점하기도 했다.

2019년 초에는 하플리라는 생활한복 브랜드와 함께 남성 재킷인 '조선 호랑이 재킷'을 만들었다. 우리나라를 상징하는 동물인 호랑이를 한반도 지도 모양으로 새겼다. 이것 역시 1억 펀딩을 달성하며 '1억 흥행 보증 수표'라는 별명도 붙었다. 어떻게 대중의 폭발적인 반응을 이끌 수 있는 제품 디자인을 할 수 있었을까.

"유튜브, 트위터, 인스타, 페이스북, 네이버에 잇는 뉴스들을 다 체크를 합니다. 인기 태그 인기 영상 등을 모두 다 소비하는 편입니다."라고 그는 말한다. 자신이 먼저 핫한 트렌드를 소비를 하고 그것을 자신의 시각으로 평준화를 시킨다. 그러면 그것이 곧 트렌드라고 해석이 된다고 한다. 그래서 이맘때쯤이면 사람들이 이 제품을 기다리지 않을까? 라는 생각을 하면서 그런 제품을 만드니 잘 맞아떨어졌다고 말한다. 핫한 트렌드를 소비하면 트렌드뿐 아니라 소비자의 니즈까지 알게 된다. 그것을 합쳐서 디자인적 요소를 끌어낸다. 그러한 작업 방식이 자신이 작업해온 다양한 카테고리에서 사람들에게 긍정적인 반응을 이끌 수 있었던 이유라는 것이다.

트렌드를 소비하면서 아이디어를 얻어 익숙하면서도 새로운 트렌드를 만들어내는 방식이다. 디자이너뿐 아니라 1인 기업가들에게도 적용할 수 있는 방법이다. 나의 분야에서 나의 고객층에게 인기 있는 제품이나 서비스를 소비해보고, 거기서 아이디어를 얻어 나만의 시각으로 그것들을 평준화시켜보라. 소비자의 니즈를 충족시키는 익숙하면서도 새로운 상품이 나올 수 있다.

큐레이션으로 새로운 것을 만들어라

박종원 대표는 여권 케이스를 만들기 전, 여행 크리에이터로 먼저 이름을 알렸다. 대학생 때부터 여행 커뮤니티인 '여행에 미치다'에 콘텐츠를 만들어 올렸다. 주요한 콘텐츠는 인터넷에 떠도는 여행 정보를 나라별로 보기 좋게 정리하는 것이었다. 하나의 콘텐츠를 만들 때마다 여행 관련 블로그 50개 이상을 보고 정보를 수집했다. 디자이너답게 디자인 레이아웃도 근사하게 만들었다. 특히 20개국의 랜드마크를 상징하는 이미지를 원 안에 그려 넣은 디자인이 인기를 끌었다. 여행 프로그램인 〈배틀 트립〉에서 이 콘텐츠를 보고 연락이 왔고, 스탬프 디자이너로 채용되기까지 했다.

페이스북에서 '다이노 필름'이라는 이름으로 사진 보정 필터를 무료로 배포하기도 했다. 2017년 초부터 100개 이상의 필터를 만들어 무료로 공개했다. 처음에는 자신이 사진 찍고 보정해서 사진을 올렸는데, '색감이 예쁘다' '어떤 필터로 보정했냐'는 질문을 많이 받았다. 포토샵에서 채도, 밝기, 명도 등 보정한 값을 저장해서 사람들에게 공유했다. 그걸 시작으로 사진 보정 필터를 배포하기 시작했다. 그 덕분에 페이스북 팔로워 숫자도 1년 새 3만 명 이상 늘었다.

2018년에는 무료로 배포했던 필터들을 모아 사진 필터 앱을 출시했는데, 그해 9월 IOS 유료 앱 순위 2위에 오르기도 했다. 사실 당시 해외여행 경험은 별로 없었다. 일본, 태국, 캄보디아가 전부였다. 그런데도 많은 자료를 보고, 그것을 큐레이션해서 나만의 시각으로 재창조했을 때 사람들은 그것에 관심을 갖고 좋아해준 것이다.

나만의 관점으로 제품을 큐레이션해서 성공을 거둔 인스타마켓이나 쇼핑몰들도 많다. 전략 2에서 소개했던 윤여진 대표나 전략 4에서 소개할 마마캣의 박세준 대표도 그렇다. 윤여진 대표는 아이 교육과 놀이에 관련된 제품들, 관련 콘텐츠를 올리며 팬을 확보했다. 고양이 용품 전문 쇼핑몰 마마캣 역시 자신이 보기에 괜찮은 제품들을 큐레이션해서 판매하며 큰 인기를 끌었다. 현재 소비되는 콘텐츠들을 나의 소비자들에게 맞게 큐레이션만 잘해줄 수 있어도 큰 인기를 끌 수 있는 것이다.

먼저 SNS 반응을 테스트해라

'내 마음에 드는가?' 이 질문이 박종원 대표가 콘텐츠를 만들 때 제일 중요하게 생각하는 것이다. 제품을 만들다 보면 여러 생각이 많아져 이도 저도 아닌 콘텐츠를 만드는 경우가 있다. 스스로도 마음에 들지 않으면서 막연히 소비자가 좋아할 것이라는 생각에 만들기도 한다. 스스로도 좋아하지 않는데 어떻게 흥할 수 있을까?

예를 들어 여행 관련 콘텐츠를 만들 때도 자신이 궁금한 것을 콘텐츠로 만들었다. '오사카 맛집 콘텐츠 베스트 10' 이런 류가 아니었다. 자신은 일본인이 추천하는 맛집을 알고 싶었다. 그래서 만든 콘텐츠가 '오사카 한국인 추천 맛집 vs 일본인 추천 맛집' 이었다. 2만 명의 공감을 끌어내는 콘텐츠였다.

여권 케이스를 제작할 때도 마찬가지였다. 처음에는 일본인과 미국인이 들고 다니는 여권 케이스가 예쁘다고 생각했다. 한국 여권 케이스도 한국이라는 나라의 정체성이 드러나게 만들 수는 없을까? 생각하며 만들었다. 내가 먼저 궁금하고 좋아하는 것을 생각하며 만들었을 때, 더 많은 사람들이 공감해주었다. 그래서 더더욱 무언가 콘텐츠를 만들거나 제품을 만들 때 시작과 끝에 스스로에게 묻는다. 나부터 이 콘텐츠 제목을 보고 이 콘텐츠가 보고 싶은지? 나부터 이 내용에 공감하는지? 나부터 이 제품의 사진만 봐도 사고 싶은지?

또한 다양한 소셜 채널에서 반응을 파악하는 게 중요하다. 낚시꾼들이 낚시할 때 한곳만 던져보기보다는 여러 곳에 던져보는 게 물고기를 잡을 확률이 큰 것처럼 말이다. 채널별로 감성이 다르기 때문에 채널에 따라 운영 방법도 달리했다. 소셜미디어를 개인용, 덕질용, 비즈니스용, 이 세 가지로 달리 활용한 것이다.

페이스북에서는 개인으로 활동한다는 것을 많이 어필했다. 트위터는 덕후들의 성지라는 말처럼 자신의 덕질을 보여주며 개인이라기보다는 '같은 팬'이라는 느낌을 강조했다. 인스타그램은 비즈니스적인 것, 자신이 뭔가를 만들었을 때 아니면 기사가 났을 때, 판매할 때 이럴 때만 활용했다. 채널별로 브랜딩을 해나가다 보니 채널에서 팬이 생겼다. 크라우드 펀딩으로 5억까지 달성한 이유는 단순히 예뻐서만은 아니었다. 이렇게 미리 만들어놓은 팬들의 힘도 컸다. 내 제품이나 서비스가 우선 내 마음에 드는가? 그렇다면 다양한 SNS에 제품과 서비스에 대한 스토리를 올려라. 사람들의 반응을 보고 수정 보완하고 팬을 확보해나가라.

박종원 대표의 이야기를 통해 트렌드를 앞서가는 제품이나 서비스를 만드는 방법에 대해서 알아봤다. 정리해보자면 이렇다.

첫째, 자기 사업 분야의 고객층이 소비하는 인기 콘텐츠들이나 제품, 서비스들을 먼저 경험해보라. 그것에서 얻은 영감들을 평준화시켜 내 것으로 다시 만들어라.

둘째, 자기 사업 분야의 인기 있는 콘텐츠, 제품, 혹은 아직 알려지진 않았지만 사람들이 관심 가질 만한 것들을 나만의 시각으로 큐레이션하라.

셋째, 나부터 내가 만든 그 상품이나 서비스가 마음에 드는지 물어봐라. 확신이 든다면 페이스북, 인스타그램, 트위터 등에 올려 반응을 보고 수정 보완하라.

공부하는 자가
이긴다

어떻게 하면 반 발자국 앞서나간 사업 아이템을 만들 수 있을까? 빠르게 변화하는 세상 속에서 어떻게 하면 정체되지 않고 성장할 수 있을까? 많은 사업가들이 그 방법으로 독서와 끊임없는 학습, 앞서가는 사람들과의 만남을 꼽았다.

책읽기에 몰입한 성공한 인물들

마이크로소프트 창업자 빌 게이츠, 테슬라의 일론 머스크, 페이스북의 CEO 마크 주커버그, 버크셔해서웨이 회장 워런 버핏 등 성공한 사업가들의 공통점은 무엇일까? 바로 하루 1시간 혹은 일주일에 5시간 등 의도적으로 학습을 위한 시간을 낸다는 것이다. 이것은 일명 '5시간의 규칙'이라 불린다. 이 5시간의 규칙은 독서, 생각, 실험, 이 세 가지로 분류할 수 있다. 책을 읽고, 생각할 시간을 갖고, 현재에 안주하지 않고 새로운 것을 실험하는 것이다.

여기서는 독서에 대해 조금 더 이야기를 해보고자 한다. 위대한 기업가들을 보면 독서습관을 가진 이들이 많다. 빌 게이츠는 연간 50권씩 책을 읽고, 마크 주커버그는 2주마다 1권씩은 책을 읽는다고 한다. 마크 큐반은 매일 3시간 이상, 아서 블랭크는 하루 2시간, 데이비드 루벤스타인은 일주일에 6권, 댄 길버트는 하루 1~2시간씩 책을 읽는다고 알려져 있다.

전기차를 생산하는 '테슬라'와 화성으로 인류를 이주시키겠다는 원대한 비전을 가진 스페이스X라는 세계적으로 혁신을 이끌어가는 기업을 이끄는 일론 머스크 또한 독서광이었다. 머스크는 어린 시절부터 늘 책을 손에 쥐고 살았다고 한다. 9살에 브리태니커 백과사전 전권을 다 읽고, SF 소설을 하루 10시간씩 읽었다. 지금까지 읽은 책들은 1만 권이 넘는다고 한다. 어느 인터뷰에서 그는 "나는 책에 의해 길러졌다. 그들이 내 부모다."라고 말하기도 했다

특히 머스크는 판타지 소설과 SF의 거장, 아이작 아시모프의 공상과학 소설을 즐겨 있었다. 특히 아이작 아시모프의 《파운데이

션》시리즈가 지대한 영향을 끼쳤다고 한다. 이런 책들을 읽으며 우주로 나가는 꿈을 꾸고, 실제로 그것을 실현시키고 있다. 현 시대에 대한 지식을 흡수하고, 현상에 대한 통찰력을 배우고, 미래에 대한 엄청난 상상력을 책을 통해 배우며 원대한 비전을 꿈꾸고, 자기만의 사업으로 발전시켜간 것이다.

책에서 성장 동력을 찾아라

비단 해외에 알려진 사업가뿐만이 아니다. 우리나라에서도 독서를 통해 사업 성장 동력을 찾는 이들이 많다. 대표적인 이가 국내 대표 건강기능식품 기업 휴럼의 김진석 대표다. 1인 창업으로 시작, 독서경영으로 트렌드를 예측해 시장 상황에 대응하며 600억 규모의 기업으로 성장시켰다.[21]

김진석 대표의 하루는 새벽 4시부터 시작된다. 매일 3시간씩은 독서를 하며 경영의 아이디어를 얻고 마케팅 전략의 해법을 찾는다고 알려져 있다. 회사가 성장하기 위해서는 머물러 있으면 안 된다. 끊임없이 차기 성장 동력을 찾아야 한다. 그중에서도 당장 바로 앞을 보기보다는 5년 뒤의 먹거리를 찾아내야 한다는 것이 김진석 대표의 지론이다. 미래에 유망한 트렌드를 전망하고 발 빠르게 앞서 준비하는 일은 어떻게 해야 가능한 걸까? 김진석 대표는 1998년에

300만 원으로 첫 창업을 했을 때부터 그 성장 동력을 책, 그리고 아이디어 기록 노트에서 찾았다.

그의 첫 사업은 군인들에게 취업 정보를 주는 일이었다. 대학 졸업 후 학군사관ROTC 장교로 군대를 갔는데 취업 정보를 구하기 어려웠다. 당시에는 인터넷이 발달하지 않았기 때문에, 군인들이 취업 정보를 구하는 건 어려운 일이었다. 그러한 불편함을 창업 아이템으로 삼았다. 〈국방일보〉에 원하는 이들에게 취업 정보를 보내준다는 광고를 냈다. 1개월에 5만 원, 3개월에 12만 원을 받고 일주일에 한 번씩 취업 정보를 스크립해 전방 부대에 송달했다. 언젠가 제대를 하고 취업을 준비해야 하는 군인들에게 꼭 필요한 서비스였기 때문에 이 사업은 잘될 수밖에 없었다. 게다가 일본에서 여성 용품을 수입해 홈쇼핑에서 판매하는 시도 등 여러 방법을 모색했다.

2000년대 초반에는 커피를 파는 일을 했다. 당시 L그룹의 커피 특판을 맡았다가 손해를 입었다. 그가 부족한 부분이 무엇이었을까? 김진석 대표는 실패에 좌절하기보다는 자신을 돌아보고 커피를 본격적으로 공부했다. 본격적인 독서 신공이 발휘되던 시기였다. 국립중앙도서관에서 살다시피 하며 커피 유통과 마케팅 관련 국내 논문을 모조리 찾아 읽었다. 그 지식들을 바탕으로 휴럼의 한 축인 카페 원재료를 파는 사업인 '아임요'를 시작할 수 있었다.

커피 유통사업을 하면서 고유 브랜드가 필요하다고 느꼈을 때도 다시 도서관을 찾았다. 1년 동안 논문을 분석해 준비한 다음,

2005년 요거트 등의 건강기능식품을 개발 판매하는 회사인 후스타일을 창업한다. 그 후 차기 동력을 찾기 위해 2015년 10월에 연구 중심의 건강 바이오기업인 휴럼을 인수한다. 100세 시대가 오면서 점점 건강기능식품에 대한 관심이 40대에서 30대, 20대로 내려갈 것을 전망하며 그 세대에 맞는 제품을 내놓았다. 또한 건강기능식품 시장 역시 e-커머스로 영역이 확대될 것에 대비해 중장기 전략을 세우며 제품을 개발하고 있다.

매번 새로운 전략을 세울 때마다 도움을 받는 건 책이다. 중장기전략을 세울 때 전략실에서는 맨 처음 논문 분석에 들어간다. 빠른 시간 안에 관련 시장을 파악하기 위해서다. 책은 기존 비즈니스 모델과 다르게 할 수 있는 방법이 있는지 '틈새시장'이 무엇인지 포착하는 데 상당한 도움을 준다.

6개월 단위로 하나의 주제에 대해 읽어라

또한 김진석 대표는 주제 독서를 통해 각각의 분야에 대해 깊은 통찰을 얻는다. 주제 독서란 무엇인가 하면 하나의 주제를 정해 관련된 책만 계속 읽는 것이다. 6개월 단위로 주제를 정해 그 주제와 관련된 책 50권에서 60권을 읽는다. 그러면 항상 그 주제에 대해 생각하게 되고, 무엇을 하든 그 관점에서 상황을 바라보게 되고, 그 과정에서 통찰력이 향상된다. 단시간에 전문가로서 역량을 갖출 수 있고 책 내용이 평생 자기 것이 되는 효과가 있다. 그런 방식으로 지난 20년 동안 읽은 책이 4,000권. 김진석 대표는 이렇게 독서를 한 시간이 있었기에 혁신적인 아이디어 제품이 나오고, 회사가 빠르고 단단하게 성장할 수 있었다고 말한다.

김진석 대표는 책을 읽는 시간을 모죽이 자라는 시간으로 비유한다. 모죽이라는 대나무는 아무리 물과 비료를 줘도 5년 동안은 위로 잘 올라오지 않는다. 그런데 연구 결과 5년 동안 땅속으로는 약 4킬로미터까지 뿌리를 내린다고 한다. 그것을 바탕으로 자라기 시작할 때는 무서운 속도로 빠르고 단단하게 자라난다. 이미 탄탄한 뿌리가 내려져 있기에 쉽게 비바람에 꺾이지도 않는다. 그래서 직원들에게도 독서를 독려한다. 전 직원이 참여하는 독서 토론 모임 '책 갈피'라는 독서모임을 몇 년째 갖고 있고, 휴럼 아카데미를 열어 직원들에게 발명, 디자인 등에 대해 공부할 기회도 주고 있다. 이러한 독서 문화가 휴럼 성장의 핵심 동력이라고 생각한다.

책을 읽을 시간이 없다, 몸을 움직여야지 책 읽는다고 뭐가 나오나, 생각하는 사람도 있을 수 있다. "지금 힘들더라도 내가 책을 읽고, 무엇인가를 시도하는 그 시간이 땅속으로 자라나고 있는 시간임을 잊지 마세요."라고 말한다. 독서를 통해 트렌드를 읽고, 미래를 예측하며 성장해온 김진석 대표가 전하는 메시지다. 책을 읽는 시간이 어떤 위기가 닥쳐도 흔들리지 않는 깊고 단단한 뿌리를 만드는 시간임을 기억하자.

책을 통해 배운 성공의 비밀

메밀 전문점 '메밀꽃이 피었습니다'는 2014년 5월 오픈 이래 연 매출 10억을 내는 매장으로 성장했다. 메밀 전문점을 운영하며 강연가로도 활동하는 고명환 대표는 "창업을 하기 전 관련 책 10권은 꼭 읽으라."고 이야기한다. 고명환 대표는 메밀꽃이 피었습니다를 운영하기 전 몇 번 창업 실패를 맛봤다. 감으로만 장사를 해서 그렇구나 싶어, 메밀 전문점을 시작할 때 1,000여 권의 책을 보며 해답을 찾았다고 말한다.[22]

돈을 어떻게 벌 것인가. 이걸 알기 위해서는 나는 누구인가를 알아야 한다. 또한 세상의 흐름을 파악할 수 있어야 한다. 그는 《사기열전》에 제자 자공에게 공자가 하는 말을 예로 든다. "가르침은 따르지 않고 재물을 모았지만 세상의 흐름을 정확히 파악했다." 세상의 흐름을 정확히 파악하려면 세상을 보는 내 사유의 시선을 높여야 한다. 책을 보면 많은 경험을 직접 해보지 않아도 성공이나 실패에 대한 실질적인 시뮬레이션을 할 수 있다. 그러다 보면 사유의 시선이 높아진다.

고명환 대표는 어머니가 요식업을 40년 넘게 하셨고, 자신도 요리를 잘했기 때문에 사업으로 요식업을 선택했다. 요식업을 한다면, 어떤 메뉴로 얼마의 가격으로 어디에서 어떤 사람들을 타깃으로 차려야 사람들이 몰려올까를 고민했고 그에게 세상의 흐름을 알게 해준 것이 책이었다.

메밀국수를 선택하게 된 첫째 이유는 온난화였다. 대한민국이 온난화되고 있다. 책을 읽지 않았다면 몰랐을 것이다. 그렇다면 여름 시장을 겨냥하는 게 좋겠다고 생각했다. 더운 날씨가 더 많아질 것이기 때문이다. 그다음에 우리나라 흐름이 고령화였다. 또한 건강에 대한 관심이 높아지고 있었다. 여름시장을 겨냥한 건강한 음식. 그러면서도 유행을 타지 않는 것. 그렇게 찾은 것이 메밀국수였다.

마케팅을 할 때도 책의 도움을 받았다. 세스 고딘의 저서 《마케팅이다》를 보면 모든 업종을 불문하고 적용할 수 있는 마케팅 방법이 '공짜를 줘라'였다. 고명환 대표는 《고명환의 8주 식스팩 프로젝트》라는 자신이 운동을 통해 멋진 몸을 만들었던 이야기를 책으로 만들었는데, 그것을 바탕으로 메밀국수집에서 오전 10시 반에서 11시 45분까지 무료 다이어트 강의를 했다. 그러면 강의 후에 모두가 점심을 먹고 갔다. 그렇게 고객을 만들었다.

또 핸드드립 커피 내리는 법, 다이어트 음식 요리법 등을 배워서 알려주기도 했다. 하지만 '우리 집에 밥 먹으러 오세요. 우리 집이 맛있어요. 가격도 싸요.'라면서 가게 홍보를 하는 일은 전혀 없었다. 이는 자신이 아닌 '남의 입으로 얘기하게 하라'는 세스 고딘의 말에 따른 것이었다. 고객들이 만족하게끔 최선을 다하고 사람들이 입소문을 퍼트릴 수 있도록 했다.

음식점의 이익을 어느 정도로 낼 것인가를 정할 때도 책의 도움을 받았다.《사기열전》소진열전 편의 주나라 사람들의 풍속에 따르면, 농사를 주로 하고 물건을 만들고 장사에 힘써서 10분의 2의 이익을 취하는 것이 임무다. 메밀국수집을 해보니 그 역시 20퍼센트 정도를 취하는 게 적절하다는 판단이 섰다.

30퍼센트 이상의 이윤을 남기려면 재료도 싼 재료를 써야 했다. 그러면 그것을 먹은 손님들의 속이 편할 수가 없었다. 다소 가격이 나가더라도 생면용 밀가루로 면을 만들고 요리를 했을 때 속이 편하다고 고객들이 이야기했다. 수익을 조금 덜 남기더라도 고객을 위해서 좋은 재료를 선택하는 것, 자신도 행복하고 사업도 오래 유지할 수 있는 비결이라는 것을 안다.

메밀꽃이 피었습니다를 찾는 손님은 90퍼센트 정도가 단골 고객이다. 그만큼 안정적이지만 그만큼 싫증을 내기도 쉽기에 주기적으로 새로운 메뉴 등을 보여주기 위해 노력한다. 그것 역시 책에서 배운 지혜다. 책을 읽고 그것을 내 사업에 하나씩 적용해보는 것만으로도 큰 성장을 이룰 수 있는 것이다.

책에 담긴 지식을 통해 선택의 기준을 찾아라

중년층을 대표하는 유튜버(〈단희TV〉 운영)이자 부동산 전문가 단희쌤(이의상)에게 성공한 비결이 무엇이라고 생각하는지 물었다. 그는 1초의 망설임도 없이 '책'이라고 말했다. 다른 기업가들처럼 책에서 트렌드를 예측하고 준비한다. 고객의 니즈를 파악한다. 단희쌤의 유튜브 광고 수익은 구독자 30만 명 정도였을 때 1,000만 원 가까이 된다고 했다. 구독자가 많다고 광고 수익이 커지는 게 아니라 조회 수가 높을수록 커진다. 그만큼 콘텐츠당 조회 수가 높다는 것이다. 그 이야기는 즉 자신이 타깃으로 삼고 있는 중년층이 궁금한 부분들에 대해 정확히 풀어내고 있다는 것이다.

조회 수가 많이 나오는 콘텐츠를 만들 수 있는 방법이 무엇이냐고 물었을 때도 40, 50대를 대상으로 한 책들을 다 사서 읽어봤다고 했다. 이미 40, 50대들의 고민을 대상으로 전문가들이 쓴 책이기 때문에 그곳에서 다양한 콘텐츠를 뽑아낼 수 있었다는 것이다.

40, 50대들이 원하는 콘텐츠는 무엇인가? 어떤 욕망, 어떤 불편함, 어떤 고통들이 있는가? 그러한 점을 책을 읽고 인터넷을 검색하면서 찾아냈다. 내가 알리고 싶은 내용이 아니라 철저하게 고객들이 알고 싶어 하는 걸 찾아서 콘텐츠 기획을 했다는 점. 그걸 조회 수가 많이 나오는 이유로 꼽았다.

'책이 나의 행동을 의미 있게 바꿔줬다'는 것이 그가 책을 성공

비결로 뽑은 또 하나의 이유다. 많은 사람들은 성공하고 싶어 한다. 1년 뒤 내 모습은 지금 내가 어떤 행동을 하는지 보면 알 수 있다. 살아온 루틴대로 비슷한 행동을 하고 살면서 '1년 뒤에 성공할 거라고 생각한다'면 성공하기 어렵다. 미래를 바꾸려면 행동을 의미 있게 바꿔야 한다. 예를 들어 항상 6시에 일어났는데, 성공을 위해 5시에 일어나서 나를 위한 무언가를 할 수 있을 때 삶도 달라지는 것이다.

어떻게 하면 나의 행동을 바꿀 수 있을까? 행동의 변화를 일으키려면 매 순간 의미 있는 선택을 해야 한다. 그런데 어떤 게 의미 있는 건지 아는 것도 어렵고 그런 선택을 하는 것도 어렵다. 그 선택의 기준을 알려주는 것이 책이다.

"제가 성장하는 방식은 90퍼센트가 책을 통해서입니다. 제가 어려운 시절을 극복하고 성장할 수 있었던 단 하나의 이유는 책이에요. 책을 통해 저자 한 분의 평생의 지식과 지혜를 내 것으로 만들 수 있습니다. 그것이 100권 200권이 되면 의미 있는 선택을 할 수 있는 힘이 생깁니다."

처음에 주로 읽었던 책은 마케팅 관련 책이다. 돈을 벌기 위해서 이런 방향으로 가야겠다고 정해지면 그것을 이뤄내는 것은 마케팅이기 때문이다. 사람과 시장에 대한 이해도 중요하기에 심리학, 인문학 책도 많이 읽었다. 단희쌤은 30대로 돌아간다면 2년간은 도서관에서 살고 싶다고 말할 정도로 책의 중요성을 이야기한다. 끊임없이 책을 읽고 나를 발전시키려고 노력할 때, 사업 또한 시대 변화에 맞게 수익 구조를 계속 만들어내고 성장할 수 있을 것이다.

앞서가는 사람을 만나라

한 권의 책을 읽는 것은 한 저자가 평생 쌓아온 경험과 지식, 지혜를 내 것으로 만드는 일이다. 그 분야에 앞서가는 사람을 직접 만날 수 있다면 소통하며 더 많은 것을 배울 수 있을 것이다.

"좀 더 시야가 넓은 사람들이 어렸을 때부터 주변에 있었어요." 수백 명의 성공한 혁신 기업가들의 공통점은 무엇인지 한국과 실리콘밸리 스타트업의 혁신 스토리를 담는 채널 EO를 운영하는 김태용 대표에게 물었을 때 해준 이야기였다. 예를 들어 80년대 매킨토시가 비싸서 안 쓰던 시절에 그걸 사서 쓰고 있는 사람이라거나, 친척 중에 유학생이 있어서 앞서가는 문화를 알려준다거나 하는 식이다. 그러면 그 분야에 자연스럽게 관심을 갖게 되고 미리 준비를 하게 된다.

시대가 변하고 새로운 분야가 성장할 때 교육은 비즈니스 속도를 못 따라간다. 예를 들어 우리나라에 빅데이터, VR, AR, 인공지능 분야 같은 것들도 마찬가지다. 그 분야는 성장하고 있는데 관련한 전문가를 찾기 어렵기 때문에 먼저 준비한 사람의 몸값이 올라간다. 할 수 있는 일도 많아지고 사업을 할 수 있는 기회도 많이 생긴다. 그래서 아직 대중화되지는 않았지만, 이제 곧 닥칠 미래. 미리 앞선 문화를 경험하고 그 부분에 대해 이야기해줄 사람을 곁에 두는 사람이 성공할 확률이 높은 것이다.

그런 사람이 주변에 없다면 어떻게 해야 할까? 그는 의식적으로 만날 수 있는 기회를 마련해보라고 말한다. 비슷한 고민을 하는 사람들의 모임도 좋고, 내가 멘토로 삼고 싶은 이도 좋다. 멘토로 삼고 싶은 이를 만나고 싶을 때 페이스북 등으로 메시지를 보내도 의외로 답장을 잘해준다고 한다. 나에 대해서 소개하고 왜 만나고 싶은지 진정성 있게 메시지를 보내면 된다.

김태용 대표는 내가 뭔가 하고 싶고 실행하는 단계에 있다면 주변 사람들을 바꿔보는 것도 하나의 좋은 방법이라고 말한다. 사람은 자신의 생각보다 나약하고 게으르기 때문에 주변 환경에 영향을 많이 받기 때문이다. 새로운 걸 도전하고 싶어도 늘 그런 것은 위험하다, 하지 말라고만 하는 사람들 속에 있다 보면 무언가 해보기도 전에 꺾이고 만다. 하지만 응원하고 북돋아주는 사람들이 주변에 있으면 계속 해나갈 힘을 얻을 수 있다.

그는 발전하려는 사람들, 자기가 배울 수 있는 사람들을 곁에 두려고 노력한다. 회사 직원을 뽑을 때도 특이한 배경을 가졌다거나 어떤 부분에서는 나보다 훨씬 뛰어난 사람을 뽑는다. 같이 있는 구성원이 다른 관점에서 이야기하고 자신보다 뛰어나면 자신도 성장하고 회사도 발전할 수밖에 없다.

사업을 시작할 때 1년만 하고 끝내려고 사업을 시작한 사람은 없을 것이다. 10년, 20년…. 평생 사업을 하며 성장하기 위해서는 시대의 변화를 읽고, 새로운 기술을 습득하는 게 필수다. 책을 좀 더 가까이하고 나보다 앞서가고 있는 사람과의 만남을 만들어보자.

이전에도 온라인 시장이 성장 추세였지만, 그래도 오프라인 시장을 점유하는 것이 중요했다. 하지만 코로나가 촉발제가 되어 온라인 시장은 더 급속도로 성장했고, 코로나 엔데믹 전환 이후 오프라인 시장도 다시 활성화되긴 했지만, 이제 마케팅 및 모든 비즈니스 활동의 중심지는 온라인이 되었다.

TV나 라디오로 광고를 하고 발로 뛰는 것 외에는 방법이 없던 예전과 달리 유튜브, 페이스북, 인스타그램 등을 비롯해 더 효과적이면서도 저렴하게 내 상품을 알릴 수 있는 채널이 생겼다. 세상은 매일같이 달라지며 마케팅도 다양해지고 있다. 이제는 이 다양한 방법들을 어떻게 활용할 것인지가 매출을 상승시키는 관건이 되었다.

4

마케팅은
온라인에서 시작해
온라인으로 끝난다

Key Point

**매출을
10배 상승시키는
온라인마케팅
키포인트**

1. 내 상품을 좋아하고, 신뢰하고, 다시 찾게 만들어라.

2. 고객이 모이는 장소를 파악하라.

3. 채널, 키워드, 광고생태계, 마케팅의 도구를 파악하라.

4. 니즈는 많지만 남들은 모르는 히든 키워드를 찾아라.

5. 고객의 성격에 맞는 마케팅이 필요하다.

6. SNS는 상품이 아니라 나를 보여주는 곳이다.

7. 유튜브가 마케팅 시장을 주도한다.

고객이 모이는
채널을 찾아라

마케팅이란 무엇일까? 마케팅이란 무엇이고 마케팅의 궁극적 목적은 무엇인지를 알고 있어야 마케팅 활동을 잘 계획하고 실행할 수 있을 것이다. 네이버 지식백과에서는 마케팅을 "생산자가 상품 혹은 용역을 소비자에게 유통시키는 데 관련된 경영 활동. 더 정확하게는 개인 및 조직의 목표를 만족시키는 교환의 창출을 위해 아이디어나 상품 및 용역의 개념을 정립하고, 가격을 결정하며, 유통 및 프로모션을 계획하고 실행하는 과정을 말한다."라고 정의하고 있다. 이것은 너무 광범위하다. 사업을 하는 사람이 무엇을 어떻게 시작해야 할지 감을 잡기 어렵다. 조금 더 간결한 정의를 살펴보자.

나를 알고, 좋아하고, 신뢰하게 만들어라

"마케팅은 구체적인 문제가 있거나 무언가를 필요로 하는 사람들로 하여금 여러분을 알고, 좋아하고, 신뢰하고 찾도록 만드는 것이다."

— 존 잰스, 《덕테이프 마케팅》

소기업과 스몰비즈니스 마케팅 분야의 전문가 존 잰스John Jantsch는 《덕테이프 마케팅》에서 작은 기업을 위한 마케팅을 이렇게 정의한다. 이를 살펴보면 무엇을 해야 할 것인지가 선명하게 눈에 보일 것이다. 단계별로 해야 할 일을 쪼개보면 이렇다.

① 내가 대상으로 정한 고객이 나를 알도록 만든다. (인지시키고)
② 그 고객이 내 상품을 좋아하게 만든다. (구매를 하고 싶게끔 만들고)
③ 더 나아가 나를 신뢰할 수 있도록 만든다. (재구매하고 입소문을 내게 한다)

앞서도 사업을 성장시키기 위해 필요한 네 가지 요소에 대해서 이야기를 했었다. 상품이 있어야 하고, 그것을 인지시켜야 하고, 구매하게 만들고, 구매한 고객들이 재구매하고 주변에 입소문을 내줄

180

수 있어야 한다. 잰스가 말한 마케팅 또한 이와 유사하다고 볼 수 있다. 우선은 나를 알게 만들어야 한다. 그러려면 온라인으로 나를 알릴 수 있어야 한다. 시대의 흐름에 따라 점점 온라인마케팅이 중요해지고 있다. 내가 필요한 정보를 찾고, 구매하는 것까지 모두 스마트폰으로 하기 때문이다. 오프라인 매장에 찾아가는 것 또한 인터넷에서 후기를 보고 괜찮겠다 싶으면 찾아간다.

1년 만에 매출을 두 배로 올린 비결

유튜브 채널 〈자영업의 모든것〉의 운영자인 박세범 대표는 온라인마케팅의 기본을 몸으로 체득했다. 서울대를 졸업하고, 억대 연봉을 받던 외국계 기업에서 몸이 안 좋아지면서 퇴사를 한 그는 겸사겸사 식당을 운영하던 부모님을 돕게 되는데, 1년 만에 매출을 2배로 성장시킨다. 그 비결은 바로 온라인마케팅에 있었다.

처음부터 그가 온라인마케팅을 잘했던 것은 아니었다. 잘되는 식당은 왜 잘되는지를 살펴보니 온라인마케팅을 얼마나 잘하느냐에 달려 있었다. 물론 음식의 맛과 서비스는 기본이라는 전제 하에서 말이다. 식당도 인터넷을 통해 찾아보고 방문을 결정하는 시대이기 때문이다.

그러면 박세범 대표는 어떻게 온라인마케팅을 공부했던 걸까?

식당을 하다 보면 온라인 광고 업체들에서 연락을 해오는 경우가 종종 있다. 그는 광고 업체들에게서 연락이 올 때마다 식당에 오라고 해서 그들을 만나 어떤 식으로 광고를 하는 건지 들어보면서 정보를 파악했다. 그리고 괜찮다 싶은 것은 광고를 진행해봤는데 하기 전과 후는 완전히 달랐다. 그것을 계기로 2~3년 정도 온라인마케팅에 대해 배우고 공부하고 실행하는 과정을 거치자 온라인 광고 대행사를 차려도 되겠다 싶을 만큼 많은 지식과 경험을 얻게 됐다.

채널별 성격을 파악하라

고객이 '나를 알고 좋아하게 만들기 위해서'는 대체 어떻게 해야 할까? 박세범 대표는 온라인마케팅을 잘하려면 채널, 키워드, 광고 생태계 이 셋을 잘 활용해야 한다고 했다. 나의 고객들이 어디에 많이 있는지(채널), 어떤 키워드로 검색을 많이 하는지를 파악해서, 그 키워드를 검색했을 때 나의 상품에 대한 콘텐츠가 노출되도록 만들어야 한다는 것이다. 고객들이 원하는 것을 충족시켜줄 수 있는 콘텐츠를 만드는 것은 기본이다. 각각의 요소를 좀 더 살펴보자.

채널은 어떤 경로를 통해서 고객에게 도달할 수 있는지를 알아야 한다는 것이다. 오프라인에서는 간판, 현수막, 전단지 등이 채널이 될 수 있다. 인터넷 안에서는 네이버, 구글, 다음, 인스타그램,

페이스북, 유튜브 등 정말 다양한 채널이 있다.

　그는 가까운 바다 여행지로 많이 찾는 오이도에서 횟집을 운영하고 있다. 식당 운영에서 가장 크게 도움이 됐던 채널은 네이버였다. 맛집을 찾을 때 고객들이 네이버를 많이 이용하기 때문이다. 채널을 좀 더 잘 이해하기 위해 스마트폰으로 네이버에서 '오이도 맛집'이라고 쳐보자. 그러면 제일 먼저 플레이스로 오이도의 맛집들을 보여준다. 그리고 '새로 오픈했어요'로 새로 오픈한 식당을 소개해준다. 파워링크(검색 광고를 했을 때 나오는 영역)가 나온 후 'view 영역'이 나온다. view 영역에는 블로그, 카페 등의 글이 소개된다. 그 후에 지식인, 웹문서들, 뉴스가 나온다. 네이버 플레이스, 파워링크, 블로그, 카페, 웹문서, 지식인, 뉴스 등 검색했을 때 보여지는 각각의 영역들이 모두 고객을 만날 수 있는 채널들이다.

　자신의 고객이 어떤 채널을 가장 많이 쓰는지를 파악해, 그 채널들에 나를 노출시키면 된다. 식당은 네이버 플레이스, 블로그, 카페 후기를 고객들이 많이 보기 때문에 그는 이 채널들에는 반드시 자신의 식당이 노출될 수 있게 만들었다. 또 인스타그램에서도 검색을 많이 하기 때문에, 식당에 왔을 때 이벤트 등을 통해 해시태그를 넣어 후기를 작성할 수 있게 만들었다.

고객은 어떤 키워드를 사용할까?

두 번째로 알아야 하는 것은 '키워드'다. 소비자들이 필요한 것이 있을 때 채널에 검색해보는 핵심 단어를 말한다. 나의 소비자들이 주로 검색하는 채널을 살펴보고, 거기서 어떤 키워드를 검색하는지 파악해서 그 키워드의 검색결과에 내 상품이나 서비스를 노출시켜야 한다.

키워드를 발굴할 때 도움을 받을 수 있는 도구는 여러 가지가 있는데 대표적인 게 네이버 키워드 도구다. 네이버 광고에 들어가면 볼 수 있는데, 특정 키워드의 검색량이 얼마나 있는지, 그 키워드를 찾는 연령층이나 성별 추이에 대해서도 알 수 있다. 네이버 연관검색어, 자동검색어, 인스타그램 해시태그 등을 검색해보는 것도 고객이 주로 활용하는 키워드를 찾는 데 도움이 된다.

키워드 중에서도 검색량은 좀 되는데 경쟁이 적은 키워드를 찾는 게 중요하다. 예를 들어 '강남 맛집'의 경우, 보통 한 달에 10만 건이 검색된다고 나온다. 검색량이 많고 누구나 떠올릴 수 있는 키워드인 만큼 경쟁도 심하다. 즉, 네이버에서 강남 맛집이라는 키워드를 쳤을 때 내 상품 소개가 담긴 블로그나 카페글 등이 노출되기가 어렵다는 이야기다.

그런데 '강남역 회식 장소' '강남역 회식' '강남역 1번 출구 맛집' 이런 키워드들은 검색량은 상대적으로 작지만 경쟁도가 낮아 내 콘텐츠를 상위노출 시키기가 좀 더 쉽다. 적은 노력으로도 더 많은 효과를 볼 수 있다.

박세범 대표는 '오이도 맛집', '오이도 횟집', '오이도 가볼 만한 곳', '오이도 칼국수 맛집' 등으로 키워드를 뽑았다. 그중에서 검색량은 어느 정도 되면서 경쟁이 작고, 적은 비용으로도 광고를 해볼 수 있는 키워드를 선정했다. 식당에서 가장 많이 하는 블로그 노출의 경우, 경쟁 정도는 그 키워드를 쳤을 때 나오는 전체 블로그 수와 1개월 내에 생성된 블로그 수 등을 살펴보면 대략 파악할 수 있다. 선정한 키워드로 블로그 상위 노출을 시키고, 카페에 글을 노출시키고, 뉴스를 만들어 배포했다. 주요 키워드의 검색 결과에 노출이 되면 손님 수는 확연히 늘어났다.

브랜드 키워드에 최적화된 검색 결과를 만들어라

온라인마케팅을 진행할 때 꼭 염두에 두어야 할 것이 있다. 우선은 상품이 좋아야 한다는 것이다. 마케팅 문구를 보고 소비자가 기대했던 것을 충족시킬 수 있어야 한다. 마케팅을 해서 구매를 일으킨다고 해도, 상품이 좋지 않으면 금방 다른 곳으로 갈 것이다. 맛있다는 인터넷 글을 보고 식당에 찾아갔는데 실망하고 다시는 안 가야겠다고 결심한 경험이 있는 분들도 많을 것이다. 고객의 불만 리뷰들이 쌓이면 온라인마케팅이 오히려 독이 될 수 있다. 그러므로 좋은 서비스를 제공해 고객을 만족시키고 고객이 자발적으로 입소문을 내도록 해야 한다.

둘째는 브랜드 키워드 검색결과를 먼저 최적화해야 한다는 것이다. 키워드 종류는 크게 두 가지로 나눌 수 있다. 특정 정보를 얻기 위해서 검색하는 검색 키워드, 특정 브랜드나 상품의 정보를 얻기 위해서 검색하는 브랜드 키워드다.

예를 들어 강남에서 저녁 먹을 장소를 찾기 위해 강남 맛집을 검색했다고 해보자(검색 키워드). 검색 결과 중 '강남해물스파게티'(가칭)라는 식당이 마음에 들었다면, 보통은 강남해물스파게티라고 다시 검색을 하면서 식당에 대한 평판을 검색한다. 강남 맛집이 검색 키워드라면 강남해물스파게티는 브랜드 키워드다.

처음에 강남해물스파게티라는 식당이 마음에 들었다고 하더라도, 그 브랜드 키워드로 다시 검색해봤을 때 리뷰가 전혀 없다거나 리뷰가 안 좋다면 그 식당으로 가고 싶다는 마음이 사라질 것이다. 그래서 마케팅을 할 거라면 무엇보다 브랜드 키워드로 검색했을 때 좋은 결과가 나오도록 만들어놓아야 하는 것이다. 브랜드 키워드 검색 결과를 최적화해놓지 않은 상태에서 온라인 광고에 돈을 쏟아부으면, 밑 빠진 독에 물붓기가 되기 십상이다.

박세범 대표 역시 자신의 식당을 마케팅할 때 브랜드 키워드 검색 결과부터 최적화했다. 그가 운영하는 식당의 키워드를 쳤을 때 사진, 사용자 리뷰, 뉴스 등이 잘 보이게 하면서 이 집은 믿고 갈 만하겠구나 신뢰를 줄 수 있게끔 만들어놓은 것이다. 브랜드 키워드 검색 결과를 만들 때는 가벼운 이벤트를 활용하는 것도 좋다. SNS에 리뷰를 올려주면 음료수를 무료로 준다거나 추천해서 커피 쿠폰을 주는 이벤트 같은 것도 효과적이다.

광고생태계를 알아야 효율적으로 광고할 수 있다

광고 전략을 짰다면 이제 광고를 실행해야 한다. 혼자서 블로그, 카페, 뉴스에 모두 노출시키는 것은 어렵다. 그래서 알아야 하는 게 광고 시장의 광고생태계이다. 광고를 해주는 사람을 알아야 한다는 것이다. 광고대행사와 광고실행사가 있다. 광고대행사는 광고 전략까지 짜주는 곳이라면 광고 실행사는 특정한 광고를 실행만 해주는 회사를 말한다(블로그 상위 노출 등). 크몽 등의 재능 거래 플랫폼 등에서 이런 실행사들은 쉽게 찾을 수 있다. 이때 광고주가 온라인마케팅의 기본을 알고 있어야 더 효과적으로 광고를 진행할 수 있다.

채널, 키워드, 광고생태계 이 세 가지가 꼭 식당을 할 때만 적용되는 것은 아니다. 박세범 대표는 식당 운영뿐 아니라 유튜브와 카페를 키워 플랫폼 비즈니스도 하고 있다. 플랫폼 팬들을 기반으로 온라인마케팅 교육, 광고 사업 등을 하는 것이다. 온라인마케팅의 기본 원리를 2017년 〈자영업의 모든것〉 네이버 카페와 유튜브를 만들어 키울 때도 적용했다.

　예를 들자면 처음에 자영업자들에게 필요한 세금 관련 이야기를 많이 올렸다. 오랜 시간 공을 들여 자영업자들에게 도움이 될 만한 콘텐츠를 만들었지만 찾아오는 이들이 별로 없었다. 콘텐츠가 노출이 되지 않는 이유를 찾던 중에 '개인사업자 세금' 같은 키워드가 눈에 띄었다. 한 달에 5만 회 정도가 조회되는 키워드였다. 그 키워드를 검색했을 때, 검색 결과에 카페를 소개하는 블로그 글을 노출시켰다. 그러자 찾아오는 이들이 늘어났다. 유튜브 역시 자주 찾는 키워드를 파악하고 그 키워드에 최적화된 콘텐츠를 만들어, 노출될 수 있게 꾸준히 시도했다. 그 결과 구독자가 1,000명이 되는데 6개월. 1만 명이 되는데 1년, 그다음 1년 동안 10만 명이 됐다.

　박세범 대표는 앞으로는 더더욱 온라인마케팅을 하는 게 중요해질 것이라고 말한다. 원래도 기술이 발달하면서 온라인 비즈니스가 강화되는 트렌드로 가고 있었는데, 코로나가 그 시대를 더 빨리 앞당겼기 때문이다. 지금은 소비자들의 구매를 결정하는 역할을 거의 온라인이 한다고 해도 과언이 아니다. 그래서 온라인상에서 나를 알릴 수 있어야 하고, 인터넷 기술, 인터넷 플랫폼들을 활용해 내 물건을 팔 줄 알아야 한다.

　그는 인터넷 마케팅 교육이나 컨설팅도 화상회의 플랫폼이나 유튜브 라이브 방송 등을 활용해서 한다. 참여하는 분들이 대개 자영업자고, 연세가 드신 분들이 많아 온라인 기술을 활용하는 걸 어려워하시는 분들도 많다. 하지만 꼭 활용하셔야 된다고 말씀드리고 그 방법에 대해 자세히 설명한다고 한다.

키워드 타깃을 좁혀라

스마트스토어 등의 오픈마켓에서 상품을 판매할 때도 키워드 전략은 중요하다. 전략 1에서 이야기했던 미니멀한 원목가구를 판매하는 노르웨이숲과 10~20대를 대상으로 가성비가 좋은 가구를 파는 완소간소의 강태균 대표는 내 스마트스토어의 콘셉트를 정해서 상품을 올린 후에 남들이 신경 안 쓰는 작은 키워드의 1페이지에 진입하라고 권한다. 그게 다시 다른 키워드에서 1페이지에 올라갈 수 있게끔 길을 열어주기 때문이다.

그는 혼자 살고 싶어 하는 10~20대의 1인 가구를 대상으로 완소간소에서 팔고 있는 토퍼 매트리스를 예를 들었다. 처음 '수면 매트'라는 키워드에 판매자들이 신경을 쓰지 않았다. 대행사에서 블로그로 작업하는 키워드가 뭔지 보니까 이걸 작업 키워드로 쓰고 있었다. 사람들이 많이 찾는 키워드인데 판매자들이 몰랐던 것이다. 그래서 그 키워드를 사용해 상품명 등을 잡으니 처음에 빨리 진입할 수 있었다. 게다가 이렇게 발굴한 키워드들은 나의 상품에 붙일 수 있는 브랜드 키워드가 될 수 있다는 장점도 있다.

'니즈는 많은데 남들이 안 쓰는 키워드를 찾는 것'이 오픈마켓을 할 때도 매우 중요하다. 키워드의 노출수와 정확도를 뽑아서 상품 등록 수가 적으면서 노출이 많이 되고, 정확도가 높은 키워드를 찾으려고 한다. 상품명은 노출 수가 많은 키워드 위주로 조합해서 사용한다.

이런 키워드들은 어떻게 찾아야 할까? 강태균 대표는 키워드를 찾을 때는 빅데이터를 활용하라고 말한다. 우선은 이 상품에 연관된 키워드가 어떤 게 있을지 아이디어를 내서 추출해놓는다. 제품에 대한 관심이 있으면 어떤 식으로 사람들이 검색할지 추측해볼 수 있다. 네이버 키워드도구, 네이버 카페, 블로그, 지식인, 인스타그램 등에서 어떤 키워드나 해시태그가 나오는지 살펴본다. 그 후 각 키워드마다 검색량은 얼마인지, 얼마만큼 구매하는지, 그 키워드에 어떤 판매자들이 포진하고 있는지 살펴본 후 괜찮다고 생각되는 키워드를 사용한다.

예를 들어보자. 강태균 대표는 농부를 후원한다는 차원에서 식품을 판매해보고 싶어서 감귤 농장 제품을 판매한 적이 있다. 귤을 판매한다면 어떤 키워드를 사용해야 할까? 우선 귤을 찾을 때 소비자들은 귤이란 단어도 쓰지만, 감귤, 밀감이라는 키워드도 사용한다.

여기에 어디서 재배됐는지(하우스인지 노지인지), 당도가 어떤지, 품종이 어떤지, 재배 방법 등이 어떤지에 따라 파생될 수 있는 세부 키워드가 다양하다. 이런 키워드들의 검색량과 정확도 지수를 체크해서 좋은 키워드를 선별하는 게 강태균 대표가 말하는 빅데이터 활용법이다.

인스타그램 태그를 살펴보는 것은 고객들의 니즈를 찾는 부분에서도 도움이 된다. 인스타그램을 보면 그 태그를 쓰는 고객의 연령대, 고객의 성향까지 엿볼 수 있다. 유기농 귤이라는 태그를 사용한 사람들은 어린 아이가 있는 어머니들이었다. 아이에게 좀 더 좋은 걸 먹이고 싶어서 유기농 귤을 찾는 것이었다. 그래서 어린 자녀를 둔 어머니들만을 판매 대상으로 삼았다. 그냥 귤을 파는 사람은 너무 많다. 처음부터 귤을 사겠다는 고객을 모두 끌어들일 수는 없다.

매출 요소를 강화하라

사업의 매출을 일으키는 요소는 무엇일까? 단계를 쪼개보면 상품이 있어야 하고, 상품을 고객에게 인지시키고, 구매를 하게 만들고, 재구매를 하게 만들어야 한다. 여기에 구매를 원할 때 쉽게 할 수 있게끔 하는 구매 용이성도 중요한 요소가 된다. 키워드 발굴을 통해 많은 고객에게 나를 노출시켰다면 이제 구매를 하게 만들고 더 나아가 재구매를 하며 나를 좋아하고 신뢰할 수 있도록 만들어야 한다.

각각의 요소를 어떻게 강화시킬 수 있을까? 닥터바르미의 안윤경 대표의 사례를 통해 알아보자. 2020년 4월 사회적 거리두기가 한 창인 시절, 중간계캠퍼스에서는 '코로나19 비상시국 성공복사콘서트'가 열렸다. 코로나로 인한 경기침체에도 불구하고 매출 상승을 이끌어낸 기업의 대표들이 나와서 온라인으로 강의를 하는 것이었다.

안윤경 대표는 이 강의에서 '매출을 일으키는 각 요소'들을 강화시키는 것이 곧 매출을 증대시키는 기본에 충실한 마케팅이라고 말했다. 그래서 마케팅의 방법으로 각각의 요소를 강화할 방법을 고민하고 적용했다. 각 요소를 어떻게 강화시켜 어려운 시기에도 매출 상승을 일으켰는지 정리해보면 이렇다.

우선 '자세교정전문몰'이라는 브랜드를 더 키우기 위해 제품의 라인업을 늘렸다. 둘째로 인지도를 높이기 위해 마케팅 채널 및 판매처를 다각화했다. 또한 광고를 확대했다. 기업들이 매출 감소로 광고를 하지 않아, 광고 단가가 내려가는 등 광고 효과가 더 나올 것이라고 예측했기 때문이다. 또한 사람들이 집에 있는 시간이 늘면서 SNS를 보는 시간이 길어지기 때문에 SNS 광고 효율도 더 나올 거라 예상했다. 결과적으로 지난 3월에 비해 당해 3월 방문자 수가 4배나 상승했고 재구매율 또한 올라갔다.

셋째로 구매 용이성을 높였다. SNS 기반 로그인을 가능하게 만들고, 페이코, 카카오페이 등으로도 결제할 수 있게 만들었다. 마지막으로 세트 할인 등 신규 구매와 재구매를 늘리기 위한 여러 이벤트를 진행했다. 이렇게 매출을 일으키는 각 요소들을 강화하였더니 지난 3월 대비 당해 3월 매출이 78퍼센트 증가했다고 한다.

마케팅의 목표를 무작정 매출이나 고객 수를 올리는 것으로 잡으면 어떤 일을 어떤 일을 해야 할지 막연하다. 하지만 안윤경 대표처럼 매출을 일으키는 요소를 분석하고, 그 하나하나를 얼마만큼씩 강화하자는 실행 계획을 세우면 훨씬 수월해진다. 또 박세범 대표처럼 나의 고객이 주로 활동하는 채널과 검색하는 키워드는 무엇인지부터 파악해서 '고객이 그 채널에서 그 키워드를 검색했을 때 나의 콘텐츠를 볼 수 있게 만들자'라고 계획을 세우면 윤곽이 잡힌다.

마케팅의 핵심은 키워드

고객에 대해서 계속 강조했듯이, 마케팅을 하는 데 있어서도 중심을 잡고 있어야 하는 단어는 고객이다. 앞에서 말한 온라인마케팅의 기본에도 그 중심에는 고객이 있었다. 고객이 많이 이용하는 채널, 고객이 많이 쓰는 키워드는 무엇인지 파악한 후 그 안에서 전략을 짜면 된다.

나의 고객은 어디에 있는지, 무엇을 좋아하는지 무엇을 원하는지 찾고 분석해 고객이 좋아하는 것을 끊임없이 이야기하고 제공하는 것이 곧 마케팅인 것이다. 어떻게 고객을 분석하고 그 결과를 어떻게 마케팅에 적용할 수 있는지 알아보자.

히든 키워드를 발굴하라

네이버 스마트스토어에서 상품을 팔아 수십 억대 매출을 올렸다는 사람들을 심심찮게 볼 수 있다. 어떻게 그럴 수 있었을까? 그들이 공통적으로 말하는 것은 히든 키워드만 잘 찾아도 매출을 상승시킬 수가 있다는 것이다.

히든 키워드란 고객들은 많이 찾는데, 판매자들은 아직 파악하지 못한 키워드를 말한다. 모두가 아는 메인 키워드는 경쟁이 세고 내 제품을 상위 노출시키기 힘들지만, 히든 키워드는 경쟁이 거의 없기 때문에 작은 노력만으로도 내 제품을 상위 노출시킬 수 있다.

아이보스(온라인마케팅 교육센터 & 커뮤니티)에서 '스마트스토어 혼자서 1억 매출 만들기' 강의를 진행했던 최재명 강사는 히든 키워드는 곧 황금 키워드라고 말한다. 히든 키워드 하나가 월 매출 1,000만 원 이상을 가져다 줄 수 있다는 것이다. 스마트스토어 운영 대행을 맡아 기본 월 매출 1억 5,000만 원 정도를 만들어낸 경험이 있는데 매출 향상에 히든 키워드 발굴도 큰 몫을 했다.

이 히든 키워드 발굴은 고객을 분석하는 과정에서 나온다. 스마트스토어를 운영해달라는 요청을 받으면, 1차적으로 분석을 한다. 제품에 대한 분석, 고객, 키워드, 경쟁사 분석을 한다. 내 제품을 누구한테 보여주었을 때 가장 매출이 많이 나올지, 그들이 많이 보는 키워드는 무엇인지, 어느 시기에 이 제품군을 많이 찾는지, 경쟁사 제품은 어떤 식으로 고객에게 다가가고 고객들은 어떤 점이 좋아서 그 제품을 구매하는지 분석하는 것이다.

이때 궁극적으로 도출하려고 하는 것은 '누구한테 팔지, 그 누구한테 어떻게 전달할지, 판매상품을 어디에 노출시킬지'에 대한 것이다. 분석 과정에서 특히 경쟁사들의 후기를 많이 본다. 기존 1위 판매자의 후기를 보면 고객들은 누구인지, 그들이 원하는 것은 무엇인지 인사이트를 얻을 수 있기 때문이다. 이때 황금 키워드도 발굴해볼 수 있다.

황금 키워드의 예를 들어보면 이렇다. 분유를 판매하기 위해 분유에 대한 소비자들의 후기와 키워드를 살펴보니 기존의 소비자들에게는 더 좋은 분유로 바꾸고 싶어 하는 이들이 많음을 알 수 있었다. 그래서 '분유 바꾸기'라는 키워드로 상품을 올려놓자 금방 성과가 나왔다.

두유의 경우도 당시 판매를 진행할 때 진짜 두유, 무첨가 두유 같은 키워드는 검색량이 꽤 되었지만, 상품 등록 수는 별로 없었다. 그냥 '분유' '두유'라는 메인 키워드를 공략해서 상위 노출을 하려면 엄청난 경쟁을 뚫어야만 한다. 하지만 검색량은 많지만 상품 등록 수가 별로 없는 키워드를 발굴하면 어렵지 않게 내 제품을 노출시킬 수 있다. 진짜 두유라는 키워드로 상품을 등록했을 때 그것만으로 4개월간 매출이 1,000만 원이 일어났다. 광고비를 하나도 쓰지 않고 키워드 발굴만으로 해낸 성과였다. 이렇듯 세부 키워드를 잘 쪼개서 그 키워드를 점유하기만 해도 충분히 매출을 일으킬 수 있다. 최재명 강사는 자신이 처음에 컨설팅 해줬던 친구도 광고 하나도 안 하고 혼자서 이 방법으로 연 3억의 매출을 올렸다는 사례도 들려주었다.

고객의 입장에서 키워드를 유추하라

스마트스토어에서 판매를 잘하는 분들을 만나보면 공통적으로 이런 황금 키워드 찾기의 중요성에 대해서 이야기한다. 이런 키워드를 발굴하려면 고객을 잘 관찰해야 한다. 고객들이 실제로 찾는 언어에 답이 있기 때문이다. 황금 키워드를 잘 찾으면 광고도 효율적으로 할 수 있다. 이런 키워드 찾기가 비단 스마트스토어 판매에만 적용되는 건 아니다. 다른 오픈마켓 등에서도 적용이 되고, 블로그나 유튜브 등으로 콘텐츠를 만들어서 알리고 싶은 사람들에게도 모두 적용이 된다.

"포스팅을 올릴 때 사람들이 많이 검색하는 키워드를 찾는 데 일하는 시간의 70퍼센트를 씁니다. 같은 내용이라 하더라도 어떤 키워드를 쓰냐에 따라서 방문자 수가 10배 이상 차이가 날 수 있어요." 티스토리 블로그 운영을 하며 구글 애드센스로 월 1,000만 원 이상을 번다는 리뷰요정 리남이 유튜버 신사임당과 인터뷰를 했을 때 했던 말이다. 내 콘텐츠를 만들어 사람들에게 노출을 시키고 싶을 때도 키워드 발굴은 중요하다는 것이다. 황금 키워드는 어떻게 찾을 수 있을까?

우선 네이버 키워드 검색 도구, 연관 검색어, 자동 완성, 각 오픈마켓들의 자동 완성 검색어, 구글 연관 검색어, 구글 트렌드, 유튜브 자동 완성, 인스타그램 해시태그 등을 검색해 키워드를 추출한다. 경쟁사 고객의 후기, 덧글 등도 살피며 고객이 정말 원하는 것은 무엇인지 살핀다. 이외에 내가 고객 입장이 되어 키워드를 유추해보는 것도 중요하다. 이렇게 해서 몇 백 개에서 몇천 개의 키워드를 발굴한 후 검색 결과를 꼼꼼히 살핀다. 그 후 내가 우선적으로 사용할 핵심 키워드를 추려 조합한다.

최재명 강사는 스마트스토어 운영을 맡을 때 늘 '고객이 정말 원하는 것을 찾기 위한' 테스트를 많이 한다. 키워드도 수백 개가 넘는 세부 키워드를 발굴한 후, 고객이 그 키워드로 등록한 상품에 반응하는지를 살핀다. 내 제품의 특성을 어떤 식으로 설명하고 보여줘야 좋아할까에 대해서도 계속해서 테스트를 한다.

광고 이미지의 경우도 꼭 AB테스트를 해본다. 노출 순위가 같아도 더 많은 클릭이 일어나는 이미지가 있다. 테스트하여 고객의 반응을 보고, 다시 수정해서 고객의 반응을 살펴보면 남들이 보지 못한 나만의 판매 포인트를 얻을 수 있다. 실험과 실패를 바탕으로 개선하여 고객이 좋아하는 것을 찾아내고, 그 고객들이 원하는 것을 줬을 때 자연스레 구매가 일어난다.

'누구한테 팔지, 누구한테 어떤 포인트로 전달할지'라는 기본적인 것을 점점 명확히 해가는 과정, 그는 고객이 진정으로 원하는 것을 찾아가는 것이 마케팅이라고 말한다. 스마트스토어를 하든 무엇을 하든 '내 제품의 고객은 누구인지, 그들은 주로 어디에 많은지, 그들은 어떤 것을 원하는지'를 연구하고 실행과 개선을 반복하는 과정에서 효율적인 마케팅 방법이 나올 수 있다.

2만 통이 넘는 손 편지를 쓴 이유

고양이 용품 전문 쇼핑몰, 마마캣을 운영하는 박세준 대표도 고객과 진심으로 소통하며 사업을 키운 사례다.[23] 마마캣은 고양이 사료, 간식, 모래, 화장실, 쿠션, 식기, 등 의약품을 제외한 고양이를 키울 때 필요한 5,000개가 넘는 용품을 판매하고 있다. 2013년 혼자 쇼핑몰을 창업한 지 첫 해 연 매출 14억 원을 달성했고, 그 이후로도 매년 280퍼센트 이상의 꾸준한 성장세를 보였다. 지금은 빅3 고양이 용품 회사로 주목받는다.

마마캣이 이렇게 성장할 수 있었던 첫 번째 이유는 제품의 품질 관리에 공을 들였기 때문이다. 그 역시 고양이 여러 마리를 키우는 집사로서 꼼꼼히 제품의 질을 챙겼다. 그의 창업자금은 2,000만 원이었다. 공익근무를 하면서 모은 월급 500만 원을 포함한 자금이었다. 그는 그 돈으로 '카페24' 솔루션으로 홈페이지를 만드는 데 30만 원을 사용하고, 나머지는 제품을 샀다. 주요 매출원의 하나인 사료의 경우, 정식 수입원을 통해 공급받은 제품만 판매해 신뢰도를 높였다. 유통기한 등을 고려해 1주일에서 1개월 내에 소진 가능한 양만 공급받았다. 제품은 전용 창고에 분류 보관해 신선하게 관리했다. 상세페이지에도 유통기한을 기재해 신뢰를 줬다.

두 번째는 고객과의 진심 어린 소통이다. 그게 마마캣만의 차별화된 마케팅 포인트였다. 2013년 1월 쇼핑몰을 오픈하기 전 4개월 전부터 쇼핑몰의 회원을 모았다. 고양이 관련 네이버 카페를 찾아가 카페 회원들에게 날마다 쪽지를 보내는 식으로 회원 가입을 유도했다. 그 결과 오픈할 때는 회원을 4,000명 넘게 모을 수 있었다.

이렇게 모은 회원들은 초기 마마캣의 성장을 끄는 큰 힘이 되어주었다. 박세준 대표는 마마캣을 단순히 고양이 용품을 모아놓은 쇼핑몰이 아니라 고양이를 키우는 고객의 마음까지 헤아려 서비스를 제공하는 차별화된 쇼핑몰을 만들려고 했다. 그러기 위해서 사용한 방법들은 아래와 같다.

첫째, 고객 맞춤형 사은품을 보냈다. 창업 초기에는 온라인 최저가를 목표로 했지만, 이익이 남지 않아 도저히 그렇게 할 수 없었다. 대신 사은품을 보낸 것이다. 사료 1만 원짜리를 사면 10퍼센트에 해당하는 금액에 준하는 사은품을 보냈다. 고객의 주문서를 보면 고양이를 처음 키우는지, 고양이 나이는 몇 살인지 등을 알 수 있다. 그에 따라 사료 샘플이나 간식을 보내줬다. 처음에는 마진이 작아서 고생했지만, 점점 매출이 늘면서 제품을 납품 받는 단가가 낮아지고 마진도 늘어났다.

둘째, 고양이를 키우는 사람들한테 도움이 될 수 있는 가이드를 만들었다. 고양이를 키울 때 필요한 물건이나, 고양이 털·모래의 불편함에서 벗어나는 방법 등을 콘텐츠로 만들어 올렸다.

셋째, 적립금 사용률, 후기, 전년도 동기 베스트 판매 상품 등 쇼핑몰 운영 데이터를 보며 고객이 무엇을 원하는지 파악해 불만 사항을 개선하는 등 쇼핑몰 운영에 반영했다. 그가 직접 제품을 사용한 과정과 후기를 상세히 기록한 마마캣 체크 포인트도 이 데이터를 분석해 나온 것이었다. 고양이를 처음 키우는 초보 집사들을 위해 상품을 선택할 때 체크해야 하는 사항들이 무엇인지 알 수 있게 정보를 주었다.

넷째, 고객들에게 맞춤형 편지를 보냈다. 주문한 고객에게 일일이 손 편지를 써서 감사의 마음을 전했다. 그는 적어도 2만 통이 넘게 손 편지를 썼다고 한다. 편지를 받은 고객 중에 답장을 하는 이들도 있었다.

다섯째, 신제품을 개발할 때도 SNS를 통해 고객의 의견을 먼저 들었다. 마마캣만의 독자 상품이 필요하다고 생각해서 신제품을 개발할 때도 고객의 의견을 페이스북에 올려 페이스북 친구들에게 제품 평가를 받고 그 의견을 반영해 수정 보완한다.

　　단순히 고양이 제품을 모아놓은 쇼핑몰이 아닌 고양이를 사랑하는 사람들의 마음을 헤아리는 쇼핑몰이 되고자 한 것이다. 이런 박세준 대표의 진심어린 소통 전략은 고객의 마음을 움직였고, 2013년 창업 이후 꾸준히 성장을 이어올 수 있었다. 내 고객은 어디에 있는지, 무엇을 원하는지, 그것을 표현할 때 무슨 키워드를 주로 사용하는지, 어떻게 해줄 때 감동을 받을지를 연구하면서 마케팅 전략을 짜고 실행에 옮겨보자.

잘 쓰면 약,
못 쓰면 독이 되는 SNS

온라인마케팅을 할 때 블로그, 페이스북, 인스타그램 등의 SNS, 유튜브 등을 활용하는 것은 중요하다. 채널마다 특성이 있기 때문에 채널의 성격에 맞게 활용하는 방법을 알고 적용하면 더 큰 효과를 볼 수 있다. 채널의 성격을 모른 채 내 상품을 홍보하려고만 하면 고객의 호응을 얻기 어렵다.

여기에서는 내가 그동안 만난 SNS 마케팅 전문가들의 이야기를 토대로 각 채널을 어떤 식으로 활용하면 좋을지 이야기해보고자 한다. 그들의 이야기는 이렇다.

팔로워 수보다 중요한 것은 활용이다

《나만의 공간을 만드는 창업 가이드》의 저자인 공간창업코디네이터 김란 작가를 인터뷰했을 때, 성공한 공간 창업자들의 특징은 무엇인지 물었다. 그는 성공하는 사람들은 기본적으로 열심히 일할 뿐 아니라 SNS를 잘 활용한다고 했다. 내가 가게를 연다고 해서 손님이 오는 건 아니다. 우리 가게가 있다는 것을 사람들에게 각인시켜야 한다. 그러기 위해 SNS를 끊임없이 한다는 것이다. 내가 가만히 있으면 아무도 알아주지 않는다. 내가 어떤 활동을 하고 있는지 계속해서 알려야 한다.

그는 SNS를 잘 활용한 사례 중의 하나로 속초에 있는 고구마쌀롱이라는 모임 공간 겸 게스트하우스를 예로 들었다. '몸과 마음을 세탁한다'는 뜻의 세탁숙소, 고구마쌀롱에서만 할 수 있는 다양한 체험 활동들을 만들어 올리고 프로그램 후기도 올린다. 신선한 기획들에 사람들의 반응도 좋아서 반년 만에 속초에서 유명인사가 될 만큼 자리를 잡았고, 지금은 골목 전체를 활성화시키는 역할까지 하고 있다.

SNS 활동이 활발하다는 것은 고객과 소통하기 위해 끊임없이 노력한다는 이야기도 된다. 그런 활동들을 꾸준하게 해나가면 점점 나의 이야기를 듣고 싶어 하는 팬이 늘어나고, 그 팬들이 나의 든든한 단골 고객이 된다.

고객과의 소통의 장으로 만들어라

SNS로 마케팅 활동을 할 때 꼭 알아야 하는 것이 있다. 무작정 나를 홍보하려고만 해서는 안 된다는 것이다. 매번 나와 내 기업에 대한 홍보글만 올라오는 계정을 사람들이 좋아해줄리가 없다. 중요한 것은 나와 고객이 소통할 수 있는 글을 올리는 것이다.

"페이스북은 상품이 아니라 나를 파는 공간이에요. 사람 대 사람의 관계를 맺고, 유지하고 확장시키는 플랫폼이고, 사람을 기반으로 신뢰를 쌓고 관계를 키우는 도구입니다. 얼마나 많이 팔았느냐가 아니라 얼마나 많은 소통을 진정성 있게 갖고 그 결과로 나의 신뢰망을 얼마나 넓혔느냐가 핵심인 거죠." 소셜미디어 마케팅 1인 기업 '소셜네트워크리아'를 운영하는 최규문 대표가 한 말이다.

페이스북 사용자들의 이탈이 심화되며 '페이스북은 한물간 채널 아니냐'고 말하는 마케터들도 많지만, 최규문 대표가 봤을 때는 페이스북은 그래도 여전히 마케팅적으로 유용한 채널이라고 한다. 가장 결정적인 이유는 페이스북이 24시간 로그인 베이스의 서비스이기 때문이다. 로그인을 전제로 서비스가 이루어지기 때문에 특정한 개인의 행동 특성을 가장 정확히 추적하고 알아낼 수 있다. 그래서 마케팅 도구로 활용하기에 여전히 좋은 플랫폼이다.

최규문 대표는 우리나라에 페이스북이 본격적으로 들어오던 2010년 초부터 페이스북을 거의 매일 일기장처럼 써왔다. 그 경험을 토대로 페이스북의 본질이 무엇인지를 터득하고, 페이스북으로 마케팅을 하려면 어떡해야 하는지 책으로도 펴내고 강의나 컨설팅에서도 알려주고 있다.

"프로필로 장사하지 말고. 페이지로 홍보하지 마라." 그가 SNS 마케팅에 대해 말할 때 가장 많이 하는 이야기다. 이 말인즉슨 페이스북을 상품 홍보나 세일즈를 목표로 한 공간으로 운영하지 말라는 것이다. 보통 어쩌다 신박한 광고로 대박이 나면 그걸 페이스북 성공 사례로 이야기한다. 하지만 그는 그것은 페이스북의 본질에서 봤을 때 성공 사례라고 보기는 어렵다고 말한다.

페이스북으로 성공적인 비즈니스를 했다는 건, 그 사람이 페이스북을 통해 만들어낸 신뢰 네트워크의 크기가 어느 정도인지, 페이지를 얼마나 상호 소통하는 커뮤니티로 키웠는지, 그런 부분이 더 중요하다는 것이다. 그 또한 본인의 페이지인 '페이스북 가이드'를 그렇게 상호 소통할 수 있는 커뮤니티로 키웠고, 페이지에 모인 팬들이 1인 기업을 꾸려갈 수 있는 큰 힘이 되어주었다고 말한다.

팔로워보다는 SNS 활용 스킬 늘리기

최근 몇 년 사이 가장 핫한 마케팅 채널로 떠오르고 있는 인스타그램에 대해서도 살펴보자. 2016년, 국내에서는 아직 인스타그램에 대한 강의가 없었을 때 처음으로 관련 강의를 시작했던 조영빈 강사는 '인스타그램에서 해시태그를 이용한 마케팅'의 중요성을 이야기한다. 보통 많은 분들이 인스타그램의 팔로워를 늘리는 것을 가장 중요하게 여기지만, 해시태그를 잘만 활용하면 더 좋은 마케팅 효과를 볼 수 있다는 것이다. 돈을 들이지 않고도 할 수 있는 마케팅 방법이라 1인 기업이나 소규모 기업들에게 효과적인 방법이다.

　그가 인스타그램 마케팅에 관심을 갖게 된 것은 2013년경이었다. 국내에서 인스타그램을 사용하는 유저들이 점점 늘고 있을 때였는데, 그것과 맞물려 인스타그램을 활용해서 마케팅에 성공한 사례들이 눈에 띄었다. 소상공인이 운영하는 패션 브랜드였는데 다른 마케팅 활동 없이 인스타그램 운영만으로 억 단위로 매출을 올리고 있었다. 어떻게 운영해야 그게 가능한지 알아보자.

　첫째, 고객을 마케터로 만들어라. 조영빈 강사가 가장 많이 받는 질문은 "팔로워 어떻게 늘려요?"라는 것이다. 그러면 그는 항상 "사진을 공부하세요."라고 대답해준다.

　그리고 내 계정의 팔로워를 높일 고민보다는 팔로워가 높은 유저가 내 상품이나 서비스를 업로드할 수 있도록 마케팅 전략을 잘 짜라고 이야기해준다. 인스타그램이 유용한 마케팅 수단이 될 수 있는 이유는, 고객을 마케터로 만드는 데 유용한 채널이기 때문이다. 고객을 마케터로 만든다는 것은 무슨 의미일까?

예를 들어 내가 홍대 A하우스라는 게스트하우스를 운영한다고 해보자. 게스트하우스 내부를 인스타그래머블(인스타에 올리고 싶게)하게 꾸민다. 혹은 한쪽에 인스타그램에 인생샷으로 올릴 수 있게 포토존을 만들어놓는다. 고객들에게 그것이 마음에 든다면 많은 고객들이 굳이 내가 말하지 않더라도, 사진을 찍어 인스타그램에 올릴 것이다. '#홍대A하우스 #홍대게스트하우스'라는 해시태그와 함께. 그러면 나중에 홍대 근방에 게스트하우스를 원하는 사람들이 검색할 때 자연히 사람들이 찍어서 올린 사진들이 노출이 된다. 사람들은 그걸 보고 나의 게스트하우스가 멋지다는 걸 인식하게 된다.

게스트하우스를 멋지게 꾸며놓은 것만으로 고객들을 마케터로 만든 것이다. 인스타그램은 고객이 마음에 들었을 때 사진을 찍고 바로 업로드하는 활동이 가장 활발한 채널이라 할 수 있다. 이러한 채널의 성격을 활용해 고객들이 내가 원하는 해시태그와 함께 사진을 찍어 올릴 수 있도록 기획해보자.

둘째, 잠재 고객을 발견하라. 인스타그램 하면 보통 뷰티, 패션 등이 효과가 좋을 거라고 생각하지만 의외로 그렇지 않다. '의외로 건강식품이나 건강 팔찌 같은 제품을 판매하는 브랜드나 유아 교육 브랜드'가 잘되기도 한다. 어떻게 접근하는가에 대한 전략의 차이다.

보통 인스타그램 마케팅이라고 하면 사진을 예쁘게 찍고, 해시태그 입력을 잘해서 팔로워를 늘리는 식의 마케팅을 생각한다. 그런데 오히려 잠재 고객을 발견해 영업을 하는 게 더 효과적인 경우도 많다. 내 사업과 연관된 해시태그를 검색해 그 해시태그를 많이 사용하는 잠재 고객들을 발견한 후 구매를 촉진하는 댓글을 남기는 것이다.

셋째, 고객 분석을 하라. 인스타그램 마케팅에서 제일 중요한 것은 고객 분석이다. 나의 고객은 누구인지 정의를 명확히 하고 그들이 어떤 콘텐츠를 소비하는지, 어떤 콘텐츠를 업로드하는지, 어떤 해시태그를 사용하고 어떤 해시태그를 검색하는지 등 철저하게 고객의 입장에서 고객들이 어떠한 행동 패턴을 보이는지 파악해야 한다.

고객 분석을 해야만 고객을 마케터로 만드는 기획과 전략이 나올 수 있다. 고객들의 자발적인 후기를 끌어내기 위해서는 내 고객들이 어느 포인트에서 사진을 찍는지, 어느 포인트에서 콘텐츠를 올리는지 분석을 해야 한다. 그리고 나의 상품이나 서비스에 대해 사진을 찍어 있게 콘텐츠를 올릴 수 있게 전략을 짜야 한다. 그래서 조영빈 강사는 "인스타그램 마케팅은 기획의 차이"라고 말한다.

다양한 구성의 셀링 포인트

'SNS를 이용해 어떻게 하면 제품을 많이 팔 수 있을까?' 페이스북 공식 코칭 에이전시인 비주얼코드의 전 마케팅 이사이자, 현 마케팅모먼트 CMO, 페이스북과 인스타그램의 광고 설계에 대해 아이보스에서 강의를 하고 있는 진민우 강사의 조언을 들어보자.

성과를 내려면 접근법을 달리할 필요가 있다. 그는 탈모 제품을 팔았던 사례를 예로 들어주었다. 예전에는 '이거 사용하면 머리가 난다'는 식의 접근법이 먹혔다. 하지만 지금은 아무도 관심을 갖지 않는다. 이유는 이렇다. 이미 그러한 콘텐츠나 광고에 식상해져 버렸기 때문이다. 또한 사람들이 탈모 제품이 머리를 나게 하는 건 아니라는 사실을 인지하고 있다. 어떤 탈모 제품이 사용하면 머리카락이 난다고 광고를 하였는데, 거기 달린 덧글의 70퍼센트가 부정적이었다고 한다.

그래서 셀링 포인트를 다르게 잡았다. '탈모에 대한 의학적 접근을 하고, 탈모 샴푸는 머리를 나게 하는 샴푸가 아니라, 탈모를 방지하기 위해서 사용하는 것이다. 그런 샴푸에 거창한 게 들어갈 필요는 없다'며 정보 전달을 하고 판매하는 제품을 소개했다. 과장하는 게 아니라 솔직하게 제품의 필요성과 재료를 소개하니 오히려 사람들에게 반응이 왔다.

이런 식으로, 모든 제품군에서 고객에게 어떤 포인트로 다가갈 것인지 고민이 필요하다. 그 제품군에 어떤 인식이 박혀 있는지, 인식을 공략할 수 있는 접근법이 무엇인지에 대해서도 말이다. '탈모 제품은 대개 과장 광고'라는 인식이 박혀 있다는 것을 알고, 그 인식을 그대로 인정하면서도 내 제품이 어떤 효과를 가지고 있는지 이야기했던 것처럼 말이다.

페이스북이나 인스타그램 광고의 장점은 적은 비용으로 AB테스트를 손쉽게 할 수 있다는 것이다. 고객에게 다가가는 셀링 포인트를 두세 개 정도 정해서, AB테스트를 한 후 반응이 좋은 걸로 광고를 해나가는 것이 좋은 방법이다. 진민우 이사는 페이스북이나 인스타그램 광고를 활용하고 싶다면 각각의 채널에서 광고를 노출하는 기본 매커니즘을 이해하려는 노력을 할 필요가 있다고 말한다. 그래야 적은 비용으로도 효율적인 광고를 할 수 있기 때문이다. 페이스북에서 광고 관련해서 배포하는 자료만 잘 활용해도 기본적인 내용은 숙지할 수 있다.

유튜브를 활용한 미디어 커머스

유튜브도 마케팅에 활용하면 아주 좋은 채널이다. 《지금 바로 돈 버는 기술》의 저자 김정환 대표가 책에서 이야기한 사례를 살펴보자. 퇴사 후 방황하다 유튜버 신사임당이 끌어주는 '창업 다마고치 프로젝트'를 하며 성장한 이야기를 담고 있는 책인데, 유튜브를 활용하며 매출이 750만 원에서 1,700만 원으로 매출이 두 배 이상 올라갔던 스토리도 소개한다.

김정환 대표는 헬스 용품을 판매하는 홈트친구라는 스마트스토어를 운영한다. 매출을 늘리기 위해서는 일단 내 사이트로 유입을 늘려야 한다. 이때 구매 전환율(유입한 사람들이 구매로 이어지는 비율)을 높이려면 내 제품군에 관심이 높은 사람을 유입할 수 있으면 좋다. 헬스 용품을 판매한다면 운동에 관심이 있는 사람을 유입시키는 게 베스트다. 운동이라고는 숨쉬기 운동밖에 하지 않는 사람을 유입시켜봐야 구매로 이어지는 건 어렵다.

텔레비전 광고 같은 경우는 특정 타깃층을 대상으로 광고하기가 어렵다. 하지만 SNS나 유튜브에서는 가능하다. 그래서 SNS나 유튜브 등에서 콘텐츠를 만들어 판매와 연결시키는 '미디어 커머스'를 활용하면 훨씬 효과가 좋다고 말한다. 유익한 정보나 팁을 담고 있으면서도 자연스럽게 제품을 노출할 수 있는 콘텐츠를 제작하여 올리면 사람들은 이 콘텐츠를 광고나 홍보라고 생각하지 않고, 좋은 제품을 소개받았다고 생각하기 때문이다.

단순히 제품을 홍보하는 영상을 제작하면 오히려 외면을 받을 수 있다는 점을 주의해야 한다. 김정환 대표도 처음에는 많은 시행착오를 겪었다고 말한다. 당시 그는 자신을 웨이트 트레이닝해주는 코치님의 유튜브 채널을 운영하고 있었다. 처음에는 이 채널에 자신의 스마트스토어 상품을 광고했다. 텔레비전 광고처럼 영상 중간에 자신의 스마트스토어를 홍보하는 썸네일을 만들어서 3초 정도 보여준 것이다. 하지만 전혀 구매로 연결되지 않았다.

간접적으로 홍보하는 방법은 유튜브에서는 효과가 떨어진다는 사실을 깨닫고 방법을 바꾸었다. 간접 광고 대신, 헬스 용품을 어떻게 사용해야 운동의 효율을 최대한 높일 수 있는지 방법을 알려주는 영상을 올렸다. 김정환 대표가 꾸준히 운동하면서 터득한 제품에 대한 이해가 있었기 때문에 가능한 콘텐츠였다. 그러자 스마트스토어로 유입이 늘어났다. 유입한 고객들이 제품을 구매하는 전환율도 높았다. 핵심은 고객이 궁금할 만한 정보를 주면서 제품을 알려야 한다는 것이었다. 이것을 경험한 이후로는 김정환 대표는 홍보 영상을 기획할 때 다음 세 가지를 고려한다고 한다.

① 어떤 운동을 구독자에게 소개할까?
② 그 운동을 할 때 도움이 될 만한 제품은 무엇일까?
③ 운동과 제품을 어떻게 연결해서 보여줄까?

이렇게 영상을 만들면서, 영상들로 인해 상품 판매도 됐지만 유튜브 채널도 성장했다고 한다. 유튜브를 활용해 일석이조의 효과를 얻은 셈이다.

유튜브를 활용한 마케팅의 효과에 대해서는 많은 분들이 이야기를 해주었다. 80만 구독자를 보유한 단희쌤은 블로그, 밴드, 인스타그램 등 많은 채널들로 마케팅 활동을 해봤지만 유튜브만큼 효과가 좋은 채널은 없다고 말한다. 유튜브가 파워블로그의 100배 효과가 있다고까지 이야기한다.

SNS 덕분에 누구나 쉽게 마케팅을 할 수 있는 시대가 됐다. 그동안 SNS의 소비자로서만 머물렀다면 이제는 생산자가 될 때다. SNS의 특성을 이해하고 나에게 잘 맞는 채널을 찾아 고객과 소통을 시작해보자.

자연스러운 콘텐츠로
승부하라

지금까지 마케팅을 어떻게 해야 하는지에 대해 이야기했지만 그래도 막막하게 느끼는 분들이 있을 것이다. 그럴 때 좋은 방법이 있다. 바로 내 모든 활동을 콘텐츠로 만들어서 블로그나 SNS에 올리는 것이다. 내가 상품을 만들게 된 이유, 상품을 만들기 위해 내가 했던 노력, 상품을 사용한 고객의 후기, 고객의 문제를 풀어주는 글, 고객의 생활을 개선하는 데 도움이 되는 글 등등 콘텐츠의 소재들은 많다. 그러한 콘텐츠를 보면서 고객들은 나를 알게 되고, 나를 믿게 된다. 그게 바로 마케팅이다.

상품을 미디어화하라

내가 직접 콘텐츠를 만들어서 올릴 수도 있지만, 내 아이템을 '사람들이 퍼나르고 싶은' 콘텐츠가 되도록 만드는 방법도 있다. 예를 들어서 지금까지 한 번도 보지 못한 비주얼의 돈가스를 만들었다면, 사람들은 그것을 다른 사람에게도 보여주고 싶다고 느끼게 되고 사진을 찍어서 자신의 SNS에 올린다. 자연스럽게 사람들에게 알릴 수 있는 것이다.

《드위트리 스토리》의 저자이자 SBS 기자인 하대석 기자는 "궁극적인 마케팅은 스스로 미디어가 되는 것"이라고 말한다. 스스로 미디어가 된다는 것은 무슨 이야기인가? 2015년 초 시작된 국내 최초의 카드뉴스, 국내 최초 전통 미디어의 소셜미디어 성공 사례라고 불리는 SBS '스브스뉴스'의 공동기획자였던 하대석 기자는 2011년부터 부모님을 도와 드위트리라는 펜션을 짓고 운영하면서 온라인 마케팅에 대해서도 눈을 떴다. 강원도 정선 첩첩산중에 위치한 드위트리 펜션은 지리적인 여건도 환경적인 여건도 좋지 않았다. 하지만 온라인마케팅을 통해 '한국의 몰디브'라는 콘셉트로 드위트리 펜션을 알리는 데 성공한다.

방 8개짜리 작은 펜션으로 2012년 문을 연 후, 젊은이들 사이에서 핫플레이스로 떠올랐고, 20, 30대들의 자발적인 입소문으로 3~4년 전부터 성수기 예약은 끝나는 상황까지 발생한다. 영화, 드라마,

216

광고 촬영지가 되고, 기업의 제휴 요청도 잇따랐다. 그는 드위트리를 알리는 과정에서 드위트리라는 펜션도 하나의 미디어라는 것을 알게 됐다고 말한다. 처음에는 어떻게 하면 돈이 없어도 마케팅을 잘할 수 있을까를 고민했고 드위트리에서 사람들이 퍼나르고 싶은 콘텐츠를 만들면 되겠다는 생각이 들었다. 각 계절별로 사람들이 즐기고 알릴 수 있는 콘셉트의 스토리라인을 만들려고 했다.

봄에는 호숫가 웨딩 콘셉트, 여름에는 수영복을 입고 즐기는 콘셉트, 가을에는 억새꽃축제를 감상하는 콘셉트, 겨울에는 펜션에서 아이스링크를 즐기는 콘셉트로 꾸미고 사람들이 감탄할 만한 작은 이벤트를 준비했다. 물 위에 조형등을 띄어 환상적인 공간을 연출하고, 그냥 달이 아닌 엄청나게 큰 달을 펜션에 설치한 것이다. 색다른 콘셉트와 특이한 작은 소품 하나에 고객들은 즐거워했고 그것을 자신의 SNS에 퍼날랐다. 굳이 펜션을 홍보하려고 하지 않더라도 자연스럽게 홍보가 된 것이다.

드위트리라는 펜션도 하나의 미디어가 될 수 있다는 것을 그때 알게 됐다. 다른 사람에게 돈을 주고 공유해달라고 하지 않더라도 스스로 공유하고 싶을 만큼 값어치가 있는 콘텐츠를 지속적으로 생산하면 그게 바로 미디어가 되는 것이었다. 관점을 바꾸면 내 돈을 들이지 않아도 저절로 홍보가 된다. 그렇게 정의를 내리면 드위트리라는 펜션도, 자신만의 스토리를 갖춘 제품이나 서비스도, 그리고 사람도 모두 미디어가 될 수 있는 것이었다.

미디어가 되는 5단계 전략

하대석 기자는 누구나 미디어가 될 수 있다고 말한다. "물건은 정말 좋은데 어떻게 마케팅을 해야 할지 모르겠어요."라고 말하는 스타트업 대표들에게도 미디어가 되라고 말한다. 제품, 그리고 제품을 만드는 내가 하나의 미디어가 될 수 있다는 것이다. 그는 '미디어 잇셀프 5단계 전략'으로 어떻게 미디어가 될 수 있는지 설명해주었다.

첫 번째 단계는 내가 절절하게 믿는 것을 담아 철학으로 정립하는 것이다. 예를 들어 '나는 건강에 좋은 유기농 제품만 판다' '나는 이 제품으로 세상을 이렇게 바꾸고 싶다'라거나 '나는 오렌지 색깔의 제품만 팔 것이다. 오렌지는 세상을 밝게 하니까' 이런 식의 개똥철학이어도 좋다. 자기만의 철학이 확고해야 고객들도 공감을 할 수 있다.

두 번째 단계는 내 상품에 관련된 모든 내용을 기록하는 것이다. 상품을 개발하기까지의 이야기, 그것을 만들면서 공부한 이야기, 시행착오를 겪은 이야기, 그 제품이 어떻게 도움이 되는지 등 모든 것을 기록한다. 그 기록이 미디어가 될 수 있다.

세 번째 단계는 기록한 것을 콘텐츠로 잘 정리해서(큐레이션) 나의 홈페이지나 SNS에 올린다. 그때 콘텐츠 안에는 내가 정립한 철학이 담겨 있어야 한다. 그래야 사람들에게 감동을 주고 사람을 모을 수 있다.

대부분 무조건 많은 사람들이 내 서비스를 이용할 수 있게 하자 하면서 모호하게 전체가 원하는 것을 다 맞춰주려고 하는 경향이 있다. 그런데 천 명, 만 명의 이용자들보다는 100명의 팬이 더 중요하다. 내 사업이 어려움에 부딪쳤을 때나 불경기가 왔을 때 팬들이 끝까지 지켜줄 수 있다. 팬을 확보하기 위해서는 나의 고객층을 정하고, 팬의 입맛에 정확히 맞추는 것에 집중하는 게 좋다.

처음부터 대중을 상대로 할 것이 아니라, 단 몇 명에게라도 내 물건에 대해 갖고 있는 나의 철학을 전한다는 생각으로 쓰기 시작하면 그 철학에 공감하는 사람들이 반드시 모이게 돼 있다. 콘텐츠는 플랫폼별로 재가공해 페이스북, 인스타그램, 유튜브 등 올릴 수 있는 곳에는 다 올리는 게 좋다. 플랫폼마다 그 플랫폼을 이용하는 층이나 이용 성향이 다르기 때문이다. 어느 한 채널이 잘 안 돼도 다른 채널에서는 잘될 수 있다. 이렇게 퍼트리다 보면 사람들이 공감하게 되고 그걸 소비하고 싶어 하는 고객들이 생긴다.

네 번째 단계는 그렇게 해서 내 브랜드에 관심을 갖게 된 사람들을 나의 홈페이지나 커뮤니티(네이버 카페 등)로 유입시키는 것이다.

다섯 번째 단계는 유입된 사람을 커뮤니티로 결합한다. 커뮤니티 사람들이 또 다른 콘텐츠를 만들게 하고 그 중심 역할을 맡는다. 팬들이 결성되고 팬 1,000명만 있으면 그 미디어는 죽지 않는다.

나 자신을 미디어로 만들어라

1인 출판사이자 1인 지식문화콘텐츠 전문기업 윤들닷컴의 이동윤 대표는 '스스로를 미디어로 만드는 데' 익숙하다. 1인 지식기업가인 이동윤 대표의 주요 수익원은 강의다. 영상편집, 마케팅, 콘텐츠 제작, 디자인 등에 대한 강의를 진행한다. 그와 동시에 관련 콘텐츠들을 책으로 출판하는 것이 또 하나의 주요 수익원이다.

이동윤 대표는 세 번의 창업을 경험했다. 회사를 다니다 인터넷 버블시절 25살에 웹에이전시로 첫 창업을 했다. 두 번째는 31살에 출판사를 창업했고, 41살에 세 번째로 지식문화 콘텐츠전문 1인 기업을 창업한다. 그중에서도 세 번째 창업은 전문가 이동윤 자체가 아이템이었다. 디자인, 책 기획 및 제작, 웹콘텐츠 기획 및 제작, 영상편집 및 기획 제작, 온라인마케팅 등 그동안 직장생활과 창업, 다양한 프로젝트를 하며 이 모든 것들을 경험했고 역량을 키웠기에 가능한 일이었다.

자신 자체가 브랜드이자 콘텐츠기 때문에 언제나 자신에 대해, 자신이 하는 거의 모든 활동에 대해 항상 SNS에 알린다. 실제로 윤들닷컴의 블로그를 보면 이동윤 대표가 어떤 사람인지, 어떤 강의를 어떤 마음으로 하는지, 그 강의가 무엇이 좋은지, 출판하는 책은 어떤 책인지, 그 책은 뭐가 좋은지 등을 느끼게 되고 신뢰하게 된다. 디자인, 영상제작, 마케팅 등에 관한 유용한 정보들에서 도움도 받게 된다.

하나의 플랫폼에만 올리는 것이 아니라, 채널 성격에 맞게 콘텐츠를 재가공해 블로그, 페이스북, 인스타그램. 밴드, 홈페이지에 동시에 올린다. 콘텐츠를 꾸준히 올리다 보니 팬층이 두터워졌다. 페친, 인친들 덕분에 새로운 기회로 연결되는 경우도 많았다. 세 번째 창업 후 순수익은 마지막 회사 연봉의 여덟 배에 이르렀다. 자신의 콘텐츠를 꾸준히 SNS에 올리며 스스로 미디어가 되었기에 가능한 일이었다.

이동윤 대표는 1인 지식기업가로서 늘 새로운 프로젝트를 시도한다. 돈을 떠나 자신이 재밌고 의미 있다고 느끼는 프로젝트들을 만들 때가 많다. 재능기부 형식으로 '어르신들을 위한 스마트폰 활용법'과 같은 수업을 진행한다거나, '내 인생 내 이름 적힌 책 한 권'이라는 프로젝트 등을 하는 식이다. 때로 그런 프로젝트들이 생각지도 못한 큰 수익으로 연결되는 경우도 있다. 사람들에게 책 내는 경험을 느끼게 해주고 싶다는 생각에 10명을 모아서 공동 출판하는 프로젝트도 시도했는데, 반응이 좋아서 학교 등에서도 연락이 온다.

새로운 아이디어들도 실험한다. 강의로만 묵히기 아까운 것들을 책으로 동시에 만들어서 팔기도 한다. 예를 들어 '네이버를 활용해서 공짜 마케팅하는 방법'에 대해 강의를 했는데, 이 교안을 전자책으로 만들었다. 책 가격은 강의 가격과 똑같이 10만 원 넘게 책정을 했는데 60권 정도가 팔렸다.

시도를 하다 보면 반응이 좋은 콘텐츠도 있고 그렇지 않은 콘텐츠도 있다. 하지만 해보기 전까지는 모르기에 좋은 아이디어라고 생각하면 계속 시도를 한다. 그리고 그 과정들을 콘텐츠로 만들어 올린다. 끊임없이 시도하며 성장해가는 지식기업가 이동윤이라는 브랜드 이미지도 함께 만들어진다.

콘텐츠 자본을 쌓으면 새로운 길이 열린다

콘텐츠를 올리는 것은 새로운 비즈니스로 확장하는 계기도 된다. 먼저 콘텐츠를 꾸준히 올리다 보면 콘텐츠를 만드는 능력이 점점 발전한다. 그것이 쌓이면 내가 콘텐츠를 올리는 분야의 전문가로도 자리매김할 수 있다. 예를 들어 내가 스트레칭 강사라서 직장인을 위한 스트레칭을 주제로 해서 꾸준히 콘텐츠를 발행했다고 해보자.

의자에 앉아서도 할 수 있는 5분 스트레칭, 졸음을 깨우는 1분 스트레칭, 집중력을 높이는 3분 스트레칭 등등 이런 내용들을 매일 올린다면 어떨까? 콘텐츠를 올리지 않는다면 그냥 스트레칭 강사일 뿐이다. 하지만 이런 콘텐츠를 올리면 '직장인을 위한 스트레칭' 분야의 전문가로 알려지게 되고, 해당 콘텐츠가 필요한 사람들(기업 워크숍 기획자 등)이 연락할 수 있다. 또한 직장인들을 위한 스트레칭을 주제로 하여 강연 등을 열 수 있다. 이미 쌓여 있는 콘텐츠가 있기 때문에 사람들은 신뢰를 갖고 그 강연을 들으러 갈 것이다. 콘텐츠가 나를 신뢰하게 하는 근거가 되어준 것이다. 거기서 더 나아가 직장인 대상으로 스트레칭 용품 등을 소개하고 판매하는 쇼핑몰을 열 수도 있을 것이다.

내가 올리는 콘텐츠가 쌓이고 쌓이면 '콘텐츠 자본'으로서 막강한 힘을 갖게 된다. 《회사 말고 내 콘텐츠》의 저자 서민규 작가는 '콘텐츠 자본'의 중요성에 대해 말한다. 지금 같은 콘텐츠 시대에는 자기만의 콘텐츠가 자본과도 같은 힘을 발휘할 수 있다는 것이다.

그는 처음에 에버노트에 대한 콘텐츠를 주제로 정해서 발행을 했다. 그 콘텐츠를 보고 한 비영리단체에서 연락이 왔다. 강의를 해 줄 수 있는지 연락이 온 것이다. 그 후 '다른 비영리 조직에게도 에버노트를 소개할 수 있지 않을까?' 하는 생각이 들어 비영리 조직과 활동가들에게 제안을 해서 강의를 진행하게 되었다.

2018년에는 처음으로 전자책 콘텐츠를 만들었다. 그걸 바탕으로 대학교 등에 강의 제안을 했다. 그 이후에는 아예 직접 출판사를 만들어서, 책을 출판한다. 에버노트에서 디지털 도구를 활용한 기록, 기획, 독서, 콘텐츠 제작 등으로 콘텐츠 주제도 확장한다. 이후 콘텐츠 만드는 것에 관심 있는 이들을 돕는 '오리지널 콘텐츠 공방, GX Gallia Expedition'도 운영하게 됐다.

제품은 좋은데 마케팅은 어떡해야 할지 모르겠다면 일단은 콘텐츠를 만들어서 올려라. 마케팅이 막막한가? 그러면 지금 당장 나와 내 상품에 대한 콘텐츠를 써서 올려라. 내 상품을 만들게 된 이유, 비하인드 스토리, 그것을 만든 나는 어떤 사람인지, 내 제품은 어떤 특장점이 있는지, 어떤 고객에게 혜택을 줄 수 있는지, 그것을 써본 고객들은 어떻게 이야기하는지, 나의 고객들이 갖고 있는 고민이나 문제를 풀어줄 수 있는 정보나 지식 등등 올릴 수 있는 콘텐츠는 무궁무진하다.

콘텐츠를 브랜딩으로 연결하라

이런 과정에서 얻어지는 또 하나의 이점은 내 상품이 브랜딩된다는 것이다. 성공한 이들은 궁극의 마케팅은 브랜딩이라는 이야기를 한다. 브랜딩 없이 계속 광고만 진행하는 것은 순간적으로 매출이 오를 수는 있지만, 광고를 안 하면 다시 매출이 떨어지기 때문이다. 반면에 고객들에게 '이 브랜드는 믿을 수 있다'는 인식을 갖게 하면 광고를 하지 않아도 고객들이 꾸준하게 내 상품을 구매해준다.

1인 브랜딩 컨설팅기업인 비버커뮤니케이션즈를 운영하는 박요철 대표는 "작은 기업에게 있어서 브랜딩은 생존할 수 있느냐 없느냐 하는 커다란 문제이기도 하다."라고 말한다. 예를 들어 특정 분야의 화장품을 판매한다고 했을 때 나의 제품이 경쟁 업체의 제품과 어떻게 다른지를 어필해야 한다. 우리나라에 만 개 이상의 화장품 브랜드가 있는데, 그 가운데서 선택해야 할 분명한 이유를 주지 않으면 생존하기 힘들다는 것이다.

'삼분의일'이라는 매트리스 회사의 예를 들 수 있다. 삼분의일은 스타트업이었지만 처음부터 브랜딩에 신경을 썼다고 한다. 당장의 홍보보다는 이 제품을 사는 사람들을 만족시키기 위한 노력을 했다. 예약하면 30분 동안 그 브랜드 제품을 마음껏 체험해볼 수 있게 하는 식으로 말이다. 그리고 우리 회사 제품이 뭐가 다른지에 대해 꾸준히 온라인에 글을 썼다. 이런 과정을 통해 마니아들이 생기고, 품질을 인정하는 분들이 많아지니까 1년 만에 매출이 50배가 늘어났다.

또한 스킨미소라는 직원 4명 규모(2018년 말, 인터뷰 당시 기준)의 작은 화장품 회사도 마찬가지다. 모공화장품이라는 카테고리에서 10년 정도 된 이 회사는 개기름이 많은 남성을 위한 '개기름 지우개' 등의 제품으로 대기업이 신경 쓰지 않는 니치마켓에서 소비자들의 문제를 해결해주며 꾸준히 성장하고 있었다.

박요철 대표는 스킨미소의 브랜딩 컨설팅을 하면서 브랜드 스토리가 담긴 브랜드북을 만들었다고 한다. 어떻게 이런 화장품을 만들게 됐는지, 이 제품이 다른 제품과는 어떻게 차별화되는지, 어떤 고객이 필요한 제품인지 등을 담은 책이었다. 그리고 그 책자를 제품을 발송할 때 함께 보내게 했다. 책자를 통해 '스킨미소'라는 브랜드의 가치를 고객 한 사람 한 사람에게 심어준 것이다. 또한 직원을 대상으로 브랜딩 교육을 진행하기도 했는데, 브랜드의 가치를 알고 난 후 제품을 대하고 알리는 마인드도 달려졌다는 것이 큰 수확이었다고 말한다.

브랜딩을 염두에 두고 콘텐츠를 만든다면 내가 브랜딩하고 싶은 분야를 일단 좁혀야 한다. 7세 미만 아이들을 위한 치과, 6~13세 남자아이만을 위한 미술교육학원, 3년 이내에 은퇴하려는 40대 직장인을 위한 부동산 재테크 전문가처럼 말이다. 만약에 남자아이만을 대상으로 하는 미술교육학원을 브랜딩하고 싶다면 왜 꼭 남자아이만을 대상으로 하는 것인지, 어떤 마음으로 아이들을 가르치고 있는지 등을 꾸준히 콘텐츠로 만들어 올린다. 그러면 그 콘텐츠를 보고 미술학원에 오기도 하고, 뛰어난 교육 효과를 본 부모들의 좋은 후기가 쌓이면 자연스레 브랜딩이 되는 것이다.

콘텐츠를 만들어 브랜딩하는 것은 궁극적으로 나를 필요로 하는 사람들이 '나를 알고, 좋아하고, 신뢰하고, 찾도록 만드는' 느리지만 가장 확실한 길이 되어줄 것이다.

혼자서 사업을 할 때 가장 큰 장점은 차별화된 나만의 아이템으로 사업을 할 수 있다는 것이다. 하지만 아이템 하나만으로 승부하기에는 새롭고 신기한 아이템이 우후죽순으로 생겨나고 있다. 1인 기업 또는 소규모의 스타트업이라면 대표자 본인의 능력과 이미지를 내세울 수밖에 없다. 검은색 터틀넥과 청바지를 보면 스티브 잡스를 떠올리듯이 수많은 경쟁자 사이에서 나 또는 나의 상품을 선택하게 만들기 위해서는 내 분야의 전문가를 찾을 때 가장 먼저 나를 떠올릴 수 있는 나만의 히스토리나 시그니처를 만들고 알려야 한다.

대중매체나 언론을 통해서만 기업이나 개인을 알릴 수 있었던 과거와는 달리 블로그나 인스타그램, 유튜브 등의 온라인 채널을 통해 너무도 쉽게 자신을 알릴 수 있게 되었다. 지금은 자신을 상품화하지 못하면 경쟁에서 살아남기 어려운 시대이다. 경쟁에서 이겨내기 위해서는 나만의 특별한 스토리로 가치를 끌어올려 하나의 히스토리를 만들어가야 한다.

브랜딩은
대기업만의 것이
아니다

Key Point

**나만의
시그니처를 만드는
키포인트**

1. SNS로 나를 세상에 알려라.

2. 온라인에서 나를 검색할 수 있게 만들자.

3. 블로그에 나의 모든 활동을 기록하라.

4. 글쓰기는 가장 쉽고 탁월한 홍보수단이다.

5. 내 분야의 탁월한 전문가가 되어라.

6. 유튜브를 통해 나를 보여줘라.

7. 매력적인 콘텐츠는 고객을 깊이 연구했을 때 나온다.

시그니처와
아이덴티티

퍼스널브랜딩 전문가 조연심 대표는 1인 기업의 퍼스널브랜딩에도 단계가 있다고 말한다. 7단계로 나누어 설명하는데 단계별로 이야기하면 다음과 같다.[24]

비즈니스 아이덴티티를 세우기 위한 7단계

1단계: 정체성, 아이덴티티를 찾는 것이다. 내가 어떤 분야의 퍼스널브랜딩을 할 것인지 정해야 한다. 기업을 운영하기 위한 퍼스널브랜딩이기 때문에 거래 가능한 직업적 정체성을 찾는 게 중요하다. 내가 잘하는 것, 내가 반복적으로 하는 동사에 주목하는 것이 중요하다. 그 아이덴티티에 맞게 주력 분야를 찾는다. 주력 분야는 처음에는 한 가지에 집중하는 게 좋다.

2단계: 오프라인 툴을 세팅하는 단계다. 사무실도 오프라인에 해당하는데 요즘은 인터넷이 되는 곳이 다 사무실이 될 수 있다. 나를 소개하는 명함, 브로셔, 상품 설명서 모두 오프라인 툴에 해당한다. 나의 외모, 즉 나의 이미지 말, 태도도 1단계에서 구축한 직업적 정체성에 맞게 구축해야 한다.

3단계: SNS 온라인 툴 세팅이다. 내가 오프라인에서 하고 있는 일이 그대로 온라인에서 드러나야 한다. 블로그든 유튜브든 여기서 핵심은 온라인에서 내가 오프라인에서 하는 활동이 검색이 되어야 한다는 것이다.

4단계: 스코어score를 만드는 단계다. 그 방법 중 하나로 나의 주력 분야에 관련된 책을 쓰는 것이 있다. 책을 쓴다고 인생이 바뀌지는 않지만 책을 쓰면 기회가 연결된다. 본인의 정체성을 드러낼 수 있는 구독자 수가 확보된 채널도 좋다. 이런 활동을 히트작이 나올 때까지, 사람들이 알아볼 때까지 한다.

5단계: 포지셔닝 단계다. 오프라인과 온라인은 목적이 다르다. 오프라인은 자신의 분야에서 5위 안에 드는 것을 목표로 한다. 5위 안에만 들어도 충분히 선택받을 수 있다. 온라인은 네이버 인물 검색을 비롯해서 모든 카테고리에 검색되는 걸 목표로 한다. 블로그, 포스트, 뉴스 등 모든 카테고리에서 내가 검색되면 퍼스널브랜딩이 인지되는 단계다.

6단계: 네트워크를 확장하는 단계다. 어느 정도 단계에 오르면 다른 고지에 정상에 있는 사람이 보인다. 그 사람들과 협업을 통해 영향력을 확장하는 단계다. 단, 네트워크 확장은 5단계까지 이룩한 후에 진행해야 한다. 아직 나 스스로 확실히 서지 않았는데 네트워크부터 확대할 경우에는 성과가 나지 않는다.

7단계: 선순환 프로세스를 만드는 단계다. 한 사람이 계속해서 정상에 있을 수는 없다. 떨어지는 순간이 온다. 그럴 때 멘티를 양성해놓으면 자문을 요청한다거나 하는 식으로 그 사람이 나를 끌어준다.

조연심 대표 또한 나이 서른에 아무 경력이 없는 상태에서 학습지 교사로 시작해, 정상에 섰다가 마흔에 다시 혼자가 됐다. 그후 이런 과정을 통해 자신을 퍼스널브랜딩했고 퍼스널브랜딩 전문가가 됐다. 특히 여기서 중요한 전략은 세 가지다.

첫째, 자신을 검색 가능하게 만드는 것. 특히 네이버에서 검색이 되어야 한다. 사람들은 검색을 통해서 확인한 것을 기정사실로 받아들인다.

둘째, 거래 가능하게 만드는 것. 내가 검색됐을 때 나를 만날 수 있는 경로를 써놔야 한다. 셋째, 지속 가능한 상태를 만드는 것이다. 나에 대한 신뢰를 만들어야 지속 가능해진다. 신뢰 가능하다는 것은 약속을 잘 지키는 것이다. 하기로 한 걸 지속적으로 해내고 그 결과물들이 쌓이면 사람들에게 신뢰를 주게 되고, 일도 계속해서 들어오게 된다.

기록을 통해 나의 히스토리를 만들자

조연심 대표는 특이한 경력을 가지고 있다. 대학 졸업과 동시에 결혼을 했고 전업주부로 살다가 서른 살에 학습지 교사로 사회생활을 시작한다. 교사 출신 1호 지국장, 국장을 거쳐 YBM 시사주니어 최연소 본부장까지 역임을 한다. 하지만 평생 회사 생활을 할 수는 없었다. 이직을 거듭하다 마흔 즈음 다시 혼자가 되었다. 그 후 스스로 1년에 한 권씩 책을 쓰며 자신을 증명했고, 2020년까지 열

권의 책을 출간했다.

《나를 증명하라》에서 조연심 대표는 자신이 만든 직업인 이른 바 '지식소통가'가 되어 일하고 싶을 때 일하고 쉬고 싶을 때 쉬면서 작가로, 강사로, 진행자로, CEO로, 기획자로 살고 있다고 말한다. 네이버에서 '조연심'이라고 치면, 인물 정보부터 쓴 책, 여러 사람들의 포스팅들이 한 번에 검색된다. 이런 검색 결과는 사람들에게 신뢰를 주고, 일거리를 주며, 경제적인 수익으로 이어진다. 이렇게 되기까지 그는 온라인상의 포트폴리오를 차근차근 만들어왔다.

조연심 대표가 어떻게 자신을 브랜딩했는지 살펴보자. 그가 처음 무소속 프리랜서가 된 것은 2008년이었다. 당시 온라인상에 조연심이라고 했을 때는 어떤 것도 나오지 않았다. 그는 일단 블로그부터 시작했다. 돈을 받든 못 받든 자신이 진행한 모든 일의 과정과 결과를 블로그에 기록했다. 여행사 초청으로 팔라우에 여행을 갔던 일정을 상세하게 기록하고, 전기자전거를 타고 돌았던 제주도 여행기를 디지털 기록으로 남겼다. 그러자 어느 날 한국관광공사로부터 도움을 요청하는 메시지를 받았다.

지식소통가라는 브랜드네이밍으로 활동을 하고 블로그에 포스팅을 하기 시작하자 여러 기업들이 '소통', '소통전문가'를 검색해서 나온 결과를 보고 강연을 요청했다. 강연을 하면 다시 그 활동을 블로그에 남겼고, 시간이 지나면서 점점 더 많은 활동을 하게 됐다. 토크쇼 진행자로 섭외가 오는 등 생각지도 못했던 무대에 오르는 기회로 연결됐고, 각종 매체에 퍼스널브랜드 관련 칼럼을 기고하게 되었고, 자문과 컨설팅 의뢰를 받았다.

이 모든 것들을 가능하게 한 계기가 바로 블로그에 글을 쓰는 것이었다. 한 번 하고 마는 것이 아니라 10년 이상 지속적으로 블로그에 글을 올리고 성과를 보여줌으로써 자신을 신뢰할 수 있게 만들었다. 그렇게 지금의 조연심이라는 브랜드가 만들어진 것이다.

온라인 포트폴리오를 만들기 위해서는 우선 자신의 일과 관련된 기록을 블로그에 올리는 것부터 시작하면 된다고 했다. 여러 사람들의 이야기를 토대로 조금 더 구체적으로 정리해보면 다음과 같다.

첫째, 자신의 주력 분야를 담는 채널을 만들어라. 블로그든 페이스북이든 인스타그램이든 유튜브든 우선 꾸준히 올릴 수 있는 채널을 만들어라. 여기에 나의 일과 관련된 활동을 꾸준히 올려라. 다른 SNS를 운영하더라도 블로그는 기본으로 만드는 게 좋다. 글과 사진으로 자세히 나의 활동을 기록하기에 적합하고, 검색했을 때 나올 수 있고, 쌓인 기록들을 검색해보기도 쉬운 채널이기 때문이다. 또한 블로그 콘텐츠를 소스로 유튜브 영상 등으로 확장하며 새로운 기회를 만들 수도 있다.

둘째, 나만의 키워드를 정하고, 내 활동들을 그 키워드와 연결하라. 퍼스널브랜딩은 키워드 싸움이라고도 한다. 내가 희망하는 키워드를 사람들이 떠올렸을 때, 나를 떠올릴 수 있게 만드는 것이 중요하다. 처음에는 세부 키워드부터 잡고, 점점 일반적인 키워드로 확장하는 게 좋다. 예를 들어 마케팅 전문가로 퍼스널 브랜딩을 하고 싶다면, 블로그 마케팅 전문가 → 네이버 마케팅 전문가 → 온라인마케팅 전문가로 확장해가는 것이다. 그러려면 타깃을 명확히 해야 한다.

앞서 말한 조연심 대표가 희망한 키워드는 조연심, 퍼스널 브랜드(개인 브랜드), 지식소통가였다. 그와 관련한 책을 쓰고 강의를 하고 칼럼을 쓰고, 프로젝트를 하고, 그 활동을 블로그와 여러 SNS 채널에 올렸다. 결과물들이 쌓이면서 자연스레 그 키워드를 떠올렸을 때, 조연심 대표를 생각할 수 있었다.

셋째, 파워 블로그가 아닌 전문 블로그를 운영하라. 처음에 블로그 시작을 어려워하는 이유 중의 하나가 파워 블로거가 되려고 하기 때문일 때가 많다. 하지만 퍼스널브랜딩을 위한 블로그는 불특정 다수가 찾아오는 블로그를 만들 게 아니다. 나를 필요로 하는 고객들이 찾아오는 전문 블로그면 충분하다. 두 번째에서 내가 선정한 키워드와 관련한 전문 정보, 전문 활동들을 꾸준히 올리자. 처음부터 검색량이 많은 대형 키워드가 아니라 세부 키워드를 목적으로 했기 때문에, 그 세부 키워드를 찾는 사람들에게는 내가 검색될 수밖에 없다. 그걸 통해 찾아오는 나의 잠재 고객들에게, 나는 어떤 사람인지 보여주고 신뢰를 주자.

다른 사람의 머릿속에 이미지를 남기는 작업인 브랜딩은 필수적으로 시간이 필요하다. 조급하게 생각하지 말고 나의 주력 분야를 정해 활동하고 그 활동들이 온라인상에서 검색이 가능하도록 만드는 일부터 해보자. 1년, 2년, 3년 꾸준히 활동을 이어가며 기록들과 성과들이 쌓이면 어느새 나는 내가 원하는 분야의 전문가로 브랜딩 되어 있을 것이다.

당신이 하는 일을
세상에 알려라

이야기를 정리하자면 이렇다. 주력 분야를 정하고 그에 따른 활동을 하고, 그것이 검색되도록 온라인상으로 기록하라. 그런데 아직 내가 뭘 잘하는지, 어떤 분야를 정해야 할지 막연하다면 내 관심 분야에 대해 글을 쓰는 것부터 시작해보자. 그러다 보면 내가 더 재미를 느끼거나 더 많은 반응이 오는 것이 있을 것이다. 그걸 주력 분야로 정하고 만들어가면 된다. 여기서는 자신이 재미있어 하는 분야에 대한 글쓰기만으로 직장 연봉보다 더 많은 수익을 벌게 된 사람, 직장에서부터 글로써 자신을 브랜딩을 했던 사람 등의 이야기를 해보려고 한다. 나는 어떤 글을 쓰면 좋을지 힌트를 얻어보자.

글쓰기로 현업보다 더 많은 수익이 가능하다고?

《매일 아침 써봤니?》에는 7년간의 꾸준한 블로그 글쓰기가 가져온 변화에 대한 이야기가 담겨 있다. 책의 저자인 김민식 피디는 원래 드라마를 만들던 사람이었다. 그런데 어느 날 비제작부서로 인사 발령을 받는다. 갑작스런 인사 발령에 앞으로 계속 일을 할 수 있을 것인지 불안감이 올라왔지만, 그는 절망에 빠지기보다는 자신의 생활을 매일 새벽 블로그에 옮기기 시작했다. 육아일기, 산행일기, 책 소개, 여행기 등 어떤 목적을 정했다기보다 평소 관심 있고 재미있다고 느끼던 주제에 대해 매일같이 글을 올렸다.

그러한 글이 꾸준히 쌓이면서 무슨 일이 벌어졌을까? 어느 날 책 리뷰를 써달라는 요청이 온다. 원고지 10매를 쓰고 받은 돈은 30만 원이었다. 책을 읽고 꾸준히 책 소개 리뷰를 올렸을 뿐인데 의외의 소득이 생긴 것이다. 그 이후로 한 언론사에서 독서 칼럼을 연재해달라는 요청을 받아 독서 칼럼을 연재한다. 한 달에 받는 고료가 50만 원 정도. 블로그에 올린 육아일기를 보고 육아 칼럼 연재도 시작한다. 그렇게 블로그 글쓰기만으로 특정 분야의 칼럼니스트로 살게 됐다.

블로그에 쓴 글로 새 인생을 살다

　김민식 피디가 블로그에 올린 카테고리 중 하나는 '자신의 영어 공부 방법'이었다. 영어 공부하는 것을 좋아해 자신이 공부하는 방법과 정보를 블로그에 올렸다. 그 글을 모아 《영어책 한 권 외워봤니?》라는 책을 낸다. 이 책이 베스트셀러가 되면서 6개월 만에 10만 부가 팔렸다. 책을 출간하자 영어 공부 방법에 대한 강연 요청이 뒤따랐다. 육아일기, 책 리뷰, 영어 공부 등 카테고리를 만들어 꾸준히 쓴 글이 전문성을 인정받으면서, 그 주제들로 강연까지 하게 된 것이다.

　학교나 도서관, 기업체 특강을 가면 1회에 50만 원에서 100만 원 정도를 받는다. 칼럼니스트, 책 인세, 강연가, 블로그 광고(애드센스) 수익 등 어느새 피디로 일하며 받는 월급보다 부가적으로 얻는 수익이 더 많아졌다.

　김민식 피디는 '은퇴하지 않고 평생 현업으로 사는 게 꿈'을 블로그 덕분에 이루고 있다고 말한다. 블로그 글쓰기를 통해 퍼스널브랜딩을 했기에 퇴직 이후의 미래가 불안하지 않다는 것이다. 그리고 이것은 그뿐만 아니라 누구라도 할 수 있는 일이다. 김민식 피디가 했던 방법을 정리하자면 이렇다.

　첫째, 내가 재밌어하는 주제를 정하라. 내가 재밌어야 꾸준히 쓸 수 있기 때문에, 재밌어하는 주제를 선정하는 것은 중요하다. 그는 강연하고 싶거나 칼럼을 연재하고 싶은 분야가 있으면 블로그에 카테고리부터 만든다. 공부하면서 글을 써내려가면 된다.

둘째, 매일 글을 써라. 김민식 피디는 꼼수는 안 통한다고 말한다. 블로그를 키우는 법이나 상위 노출하기 같은 온갖 방법들을 말하는 이들이 있다. 하지만 퍼스널브랜딩은 한 달 두 달 만에 반짝 이뤄지는 것이 아니다. 꾸준히 진정성 있게 쓰는 것이 핵심이라고 말한다.

셋째, 글을 모아서 책으로 내라. 블로그에 쓴 글을 책의 형식에 맞게 재정리하여 책을 내보자. '나'라는 브랜드를 한층 더 높은 단계로 이끌어줄 것이다.

그렇게 1년이고 2년이고 꾸준히 블로그를 운영하면 그 주제의 전문가로 자연스럽게 퍼스널브랜딩이 되면서 칼럼니스트로 또는 강연가로 돈을 벌면서 살아갈 수 있다.

글쓰기로 나를 널리 알려라

글쓰기로 퍼스널브랜딩하기, 글쓰기로 돈 벌기 등의 주제는 그 자체만으로 책 한 권이 될 수 있을 만큼 할 이야기가 많다. 그만큼

'글쓰기'는 혼자서도 잘 버는 사람들의 핵심 비결 중의 비결이다. 조금 더 이야기를 해보자. 1인 브랜딩 컨설팅기업, 비버커뮤니케이션즈 박요철 대표 또한 글쓰기의 중요성을 강조한다.

그는 "준비할 때부터 자신을 브랜딩해야 한다."고 말한다. 그 또한 창업을 하기 전, 회사에 다닐 때부터 했던 자신을 브랜딩하기 시작했다. 그는 매주 월요일마다 네이버 블로그에 독서 리뷰를 올렸다. 2년을 꼬박 하니까 네이버에서 전화가 왔다. 오늘의 책을 소개해달라는 것이었다. 그때부터 '박요철'이라는 이름이 알려지기 시작했다.

온라인 채널에 자기가 일하는 분야에 대해 리뷰를 꾸준히 하는 것만으로도, 그 분야의 전문가를 찾는 사람의 눈에 띄게 되는 것이다. 그래서 그는 "직장생활을 하면서, 혹은 창업을 준비하면서 작은 거라도 관련 분야에서 글쓰기를 꾸준히 하다 보면, 그 이름을 가지고 일할 수 있는 기회들이 무한하게 열릴 것"이라고 말한다.

박요철 대표는 유명 브랜딩 회사에서 브랜딩컨설턴트로 일했다. 자의 반 타의 반으로 회사를 그만두고 창업 준비를 할 때도 계속 글을 썼다. 특히 회사에서 일할 때 3년간 회사 페이스북 운영을 하며 느낀 점에 대한 글을 썼는데, 그 글에 대한 반응은 폭발적이었다. 실무자로서의 진솔한 경험에 대해 사람들이 많은 이들이 공감했고, 그것을 계기로 강의 의뢰, 컨설팅 의뢰 등이 들어왔다.

블로그에 쌓아놨던 전문성 있는 글들은 더욱 그를 신뢰하게 만들었다. 회사를 나와서도 글을 통해 내 일을 알렸던 게 다른 기회들로 연결되는 계기가 됐다. 글을 계기로 팟캐스트도 하게 되고 책도 출판하고, 1인 기업 행사에 초대도 받고 강의도 할 수 있었다.

"저는 글을 쓰는 과정이 개인이 할 수 있는 마케팅이자 브랜딩이라고 생각합니다. 내가 여기서 일하고 있다는 걸 내가 직접 알리지 않으면 아무도 나를 알아주지 않아요. 내가 어떤 사람인지도 모르는데 어떻게 저에게 일을 줄 수 있겠어요. 글이 아니었으면 저도 먹고살기 힘들었을 겁니다."

꾸준한 기록이 나를 전문가로 만든다

《어른의 홀로서기》의 저자이자 '기록과 미래 연구소'의 이찬영 대표는 '누구나 한 번은 해야 할 홀로서기를 준비하는 가장 좋은 방법'은 공부라고 말한다. 그 역시 10년째 매일 아침 2시간은 빼놓지 않고 공부하고 글 쓰는 시간으로 할애하고 있다.

여기서 말하는 공부란 내가 전문성을 갖고 싶은 분야를 정해, 그 분야의 책을 깊이 있게 읽고, 글쓰기를 통해 독서를 통해 얻은 느낌과 생각을 나누는 과정을 말한다. 그런 과정을 통해 그 분야에서 나만의 전문 지식 체계가 쌓이고, 나아가 그 지식으로 다른 사람의 문제를 해결해줄 수 있는 '전문가'가 되어 경제적 부가가치까지 창출할 수 있다는 것이다.

이찬영 대표는 그 과정을 통해 마흔 중반의 기록과 미래연구소라는 1인 지식기업을 창업하고, 6년째 탄탄히 회사를 운영하고 있다. 이찬영 대표가 전문 분야로 잡은 주제는 '기록을 통한 개인의 생산성 향상'이었다. 주요 수익 구조는 칼럼니스트, 기업 강연, 컨설팅, 책 인세 등이다. 스케투라는 기록도구를 만들어서 판매하는 쇼핑몰도 운영하며 1인 기업으로서 안정적 수익을 내고 있다.

"하나의 주제를 정하면 너무 제한되는 거 아닌가 싶지만, 파생될 수 있는 주제들이 많습니다. 이 주제에 따라 시간 관리, 스마트워크, 플래닝, 리더십, 기획법, 미래학, 인간관계 등 다양한 주제로 확장될 수 있어요. 이런 주제들과 관련된 책들이나 관련 자료를 읽고, 그 내용을 저만의 언어로 정리해서 블로그, 팟캐스트, 유튜브에 올립니다."

이찬영 대표는 평범한 사람도 공부를 통해 전문가가 되는 것이 가능하다고 말한다. 지금은 기존의 전문가가 아니라 사람들의 문제를 해결해줄 수 있는 새로운 전문가가 필요한 시대기 때문이다. 중요한 것은 핵심 주제를 정하고 전문성 강화에 초점을 맞춰 깊이 있게 공부하는 것이다.

전문성 강화에 초점을 맞추면 공부의 효과가 바로 나타난다. 이찬영 대표도 공부로 얻은 지식과 아이디어를 바로 칼럼 쓰기, 강의안 만들기 등에 적용한다. 그러면서 나만의 지식체계를 발전시켜

가는 것이다. 아침 공부가 단순히 공부만이 아니라 이찬영 대표에게
는 비즈니스의 일환인 셈이다. 글쓰기의 또 다른 장점은 나누는 과
정이라는 것이다. 공부를 통해 새로운 지식을 얻으면 나 스스로도
풀리지 않았던 게 정리되고, 그것을 나누면서 동시에 나도 성장하게
된다. 그러면서 행복도 더 많이 느낀다. 그래서 이찬영 대표는 "끊
임없이 읽고 쓰고 나누는 한 계속 성장한다."라고 말한다.

'글을 쓰다 보면 언젠가 터질 때가 온다'는 것이 글을 써서 퍼스
널브랜딩을 했다는 이들의 공통적 이야기다. 지금부터 나의 관심 분
야를 정해 글쓰기를 시작해보자.

시간과 자금은
옆에서 도울 뿐이다

　사업을 시작하게 되는 동기는 여러 가지다. 그중에는 계획을 갖고 창업의 과정을 순차적으로 밟은 분들도 있지만, 직장에 다니면서 우연히 어떤 프로젝트를 시도했다가 사업으로서의 가능성이 보여 창업을 하게 된 경우도 있다. 프로젝트를 진행하는 과정에서 팬을 확보하여 사업 기반을 마련하기도 한다.

　아직 어떤 아이템으로 혼자만의 비즈니스를 시작할지 결정을 못했다면, 평소 재밌어하고 관심 있는 일들을 프로젝트로 기획해서 실행해보자. 이제 막 나의 퍼스널브랜딩 주력 분야를 정한 상태라면, 돈을 떠나서 그 분야에서 기획을 하고 프로젝트를 진행해보자.

그 시도를 통해 정말 나에게 맞는지 안 맞는지도 미리 파악할 수 있고, 사업화할 수 있는지 여부도 파악할 수 있고, 무언가를 만들어가는 능력도 쌓인다. 시장의 평가를 보고 그것에 맞춰 기획 방향을 수정할 수도 있다.

회사생활하며 한 딴짓이 창업 아이템이 되다

'남의집' 김성용 대표도 직장을 다니면서 작은 프로젝트를 시작했다가 창업을 하게 된 경우다.[25] 남의집 프로젝트란 집주인이 거실을 낯선 이들과 공유하여 취향을 나누는 취향 기반 거실 여행 서비스다. 호스트가 공지글을 올리면, 손님은 공간과 취향이 궁금한 집주인의 모임에 신청하면 된다.

여행마그네틱을 수집한 사람이 자신의 여행 이야기를 공유하고 싶어서 호스트 신청을 하기도 하고, 고수를 좋아하는 분이 자신처럼 고수를 좋아하는 분들과 음식을 만들어 먹고 싶어 호스트를 신청하기도 한다. 수익 모델은 손님들의 입장료로, 남의집 플랫폼에서 수수료를 떼고, 호스트에게 전달한다.

집주인 취향 중심의 '남의집 모임', 집주인의 거실에서 책을 읽는 '남의집 서재', 교민의 집으로 모이는 '남의집 해외' 등 크게 세 가지 형태로 운영하다가 지금은 더 다양한 형태로 확장하고 있다.

2019년 8월까지 150명의 집 주인이 300회 이상의 모임을 개최했다. 2019년 8월에는 카카오벤처스와 MYSC 등으로부터 3억 원의 시드 투자를 유치했다.

처음에는 회사를 다니며 시작한 '딴짓'에 불과했다. 김성용 대표는 당시에 한 중견 언론사에서 근무하다 카카오와 카카오모빌리티에서 사업개발을 해왔다. 마음 한구석에 언제까지 직장생활을 할 수는 없다는 위기감 같은 게 있었다. '나이 들었을 때 일이 없어지는 봉변을 막자, 나의 쓸모를 내가 만들어보자'는 마음으로 시작한 게 남의집 프로젝트였다. 직장을 다니면서도 적게라도 돈을 버는 경험을 해보고 싶었다.

당시 자신이 살고 있는 집 거실이 예쁜 편이어서 거실에 사람을 모아보자고 생각했다. 과연 사람들이 모일까? 했는데 모임 공지를 올리자 빠르게 신청이 마감됐다. 2016년 어느 날, 그렇게 남의집 프로젝트가 시작됐다. 처음에는 자기 집에서만 모임을 열었는데, 모임에 참가한 한 분이 자기 집에서도 모임을 할 수 있는지 물었다. 거실에 통째로 스피커와 계란판을 붙여놓고 음악을 감상하는 취미를 가진 분이었다.

누구에게나 스토리와 취향이 있다. 사람들이 그것을 나누는 것을 즐거워한다는 것을 알게 됐다. 일상에서 벗어나 낯선 공간에서 낯선 사람을 만나는 설렘. 낯선 사람들과 이야기를 하면서 느끼는 자유. 하나의 새로운 여행이었다. 하다 보니 해외 교민에게서 해외에서도 열 수 있는지 문의가 왔다. 그렇게 생각지 못했던 문이 열리고, 생각지 못했던 방향으로 확장이 됐다.

2019년 4월부터는 본격적으로 남의집 프로젝트를 사업화하여 운영하고 있다. 이 일을 통해 수익도 얻을 수 있지만, 사회에 기여할 수 있는 가치도 만들 수 있겠다 싶어서 창업을 결심했다.

"해보기 전에는 모르기 때문에 가설을 세우고 그것을 검증해보려고 시도했다."라고 김성용 대표는 말한다. '사람들이 남의 집에 놀러 올까?' '사람들이 자기 집에 사람들을 초대할까?' 하는 가설을 세우고 시도를 했는데 가설을 세우며 생각했던 것보다 더 놀라운 반응을 보게 되었다. 그래서 무언가 아이디어가 있다면 가설을 세우고 일단 빠르게 도전하고 시장 반응을 보라고 권한다.

돈 되는 취미를 가져라

좋아하는 취미활동을 수익으로 연결시켜보는 활동들도 프로젝트가 될 수 있다. 프로젝트라는 말이 거창한가? 다르게 말하면, "돈 드는 취미 말고, 돈 되는 취미활동을 하라. 취미를 통해 인생의 플랜 B를 만들라." 《부자언니 부자특강》의 저자인 루비스톤 유수진 대표의 이야기다.

살사댄스, 유화, 서예, 플루트, 요가, 꽃꽂이 등 어떤 취미든 3

년에서 5년 정도 꾸준히 하면 준프로 정도의 실력을 갖추게 된다. 그러면 강사도 할 수 있고 창업을 해도 지식과 고객을 함께 확보하고 시작하기 때문에 실패할 확률이 현저히 줄어든다. 동호회나 구민회관을 통해 배우면 배우는 비용도 그렇게 많이 들지 않는다.

여행을 좋아한다면 블로그에 여행기를 꾸준히 올려볼 수 있고, 여행지에서 물건을 사와서 내가 사는 지역에 열리는 벼룩시장에서 팔아볼 수 있다. 취미생활을 즐기면서 조금만 노력하면 소득과 연결시키는 경험을 해볼 수 있다는 것이다. 실제로 취미를 통해 사업을 하게 된 분들의 사례도 책에서 소개했다. 한 주부는 젊은 엄마들이 모이는 사이트에 아이의 돌 스냅사진을 올렸다. 그러자 하나둘씩 사진을 찍어달라는 사람들이 생겨나고, 아기 사진 하나는 정말 잘 찍는다는 소문이 나기 시작했다. 엄마들이 서로 아이 사진을 맡겼다. 아내가 바빠지자 남편까지 나섰다. 회사를 그만두고 스튜디오를 오픈해 아내와 함께 운영을 시작한 것이다.

친구의 웨딩 사진을 잘 찍어서 사진 강사가 된 경우도 있었다. 블로그에 올린 그 사진을 보고 의뢰가 들어왔다. 블로그 방문자 수가 늘어나자 방문자들을 위해 여자들이 좋아할 만한 감성적인 사진에 좋은 글을 더해 올렸다. 1년이 지나지 않아 파워블로그가 되었다. 카메라 업체에서 사진 강의 요청을 해왔고, 그걸 계기로 대기업 마케팅 일도 시작하게 되었다. 취미를 콘텐츠로 만들어 알린 것뿐인데 새로운 기회들이 열린 것이다.

10퍼센트의 시간과 자산을 투자하라

《나는 직장에 다니면서 12개의 사업을 시작했다》에서는 직장에 다니면서 여러 가지 프로젝트를 하며, 12개 회사의 오너가 된 패트릭 맥기니스Patrick J. McGinnis의 이야기를 담고 있다. 패트릭 맥기니스는 직장생활이 전부라고 생각하다, 금융 위기를 계기로 '10퍼센트 사업가'로 변모한다.

10퍼센트 사업가란 본업을 유지하면서 자신이 갖고 있는 자원의 10퍼센트를 새로운 사업에 투자하는 사람을 말한다. 10퍼센트 사업을 하려면 '10퍼센트' 사업에 투자할 여유 시간을 만들어야 한다. 그러기 위해서 시간을 점검하는 방법은 다음과 같다.

'10퍼센트'를 쌓아 갈 여유 시간을 어떻게 낼 수 있을까? 우선 하루를 어떻게 보내는지 기록해보라고 한다. 일주일가량 해보면 된다. 중요한 점은 자신이 10퍼센트 사업에 배정하거나 그 외의 목표를 달성하는 데 쓸 수 있는 시간이 얼마나 되는지 가려내는 것이다. 가족과 함께 보내는 시간, 남들 혹은 나 자신을 돌보는 데 쓰는 시간은 양보할 수 없으므로 포함하지 않는다. 이런 근본 원칙을 염두에 두고 아래 활동에 얼마나 많은 시간을 쓰는지 확인해보자.

- 출퇴근
- 전화 통화 혹은 문자 보내기

- 개인 이메일에 답하기
- 소셜미디어 확인, 뉴스 사이트 검색, 온라인 쇼핑
- 텔레비전 시청 혹은 영화 감상
- 운동
- 친구들과 어울리기 외식하기
- 기타

시간을 어떻게 보내는지 파악했다면 시간을 재배정하는 방법을 찾아보자. 자유 시간이 얼마나 필요한지, 매일의 일정 중에서 낭비하는 시간은 없는지, 업무에 지장을 주거나 상사와 마찰을 일으키지 않고 사업에 할애할 여유 시간이 있는지 확인하여 시간을 확보한다. 그 다음에는 무슨 일을 하고 싶은지 찾아야 한다. 다음의 질문들에 대답하면서 내가 하고 싶은 프로젝트를 생각해보자.

- 업무 시간에 무엇을 하며 시간을 보내고 싶은가?
- 즐겁게 처리하는 일상 업무는 무엇이 있는가?
- 남과 다른 특별한 재능이 있는가?
- 어떤 종류의 문제를 해결하는 것을 좋아하는가?
- 일할 때 가장 잘 해내는 부분과 어려움을 겪는 부분은 무엇인가?
- 지금까지 해온 일 중 가장 즐거운 일은 무엇인가?

- 남은 인생 동안 한 가지 일만 해야 한다면 어떤 일을 하고 싶은가?
- 학창 시절에 가장 좋아했던 과목은 무엇이었는가?
- 16세와 25세 때 어떤 직업을 갖고 싶었는가?
- 업무와 관련하여 존경하는 사람은 누구인가?
- '이 사람의 직업을 내가 가졌더라면' 싶은 사람은 누구인가?
- 머릿속을 맴도는 사업 아이디어가 있는가?

위 질문에 대한 답을 바탕으로 매력을 느끼는 분야, 역할 혹은 업무 목록을 만들어 보자. 그리고 그중의 하나를 골라서 프로젝트를 기획하고 시도해보자.

일단 시도하라

인시아드의 조직행동론 교수인 허미니아 아이바라Herminia Ibarra는 자신의 저서 《아웃사이트》에서 "변화하고 싶다면 행동부터 바꾸라."고 말한다. 행동을 통해 외적 통찰력인 '아웃사이트'를 얻게 되고 그게 내 생각의 변화까지 만든다는 것이다.

"지금 내 일과 자신에 대해 생각하는 방식이야말로 나의 진전을 막는 장애물이다. 사고방식을 바꾸어야 한다. 생각의 방식은 과거 경험의 산물이다. 그러므로 사고방식을 바꾸기 위한 유일한 방법은 다르게 행동하는 것이다. 새로운 도전의 경험과 그 결과가 현재 당신의 한계를 규정짓는 습관적인 행동과 사고를 완전히 바꿔놓는다."
— 허미니아 아이바라, 《아웃사이트》

즉, 내가 해보지 않았던 프로젝트를 기획하고, 새로운 사람들을 만나고 시도를 해봤을 때에야 점점 사업가의 마인드를 갖게 된다. 자신의 상품이 시장성이 있는지 없는지, 이 일이 나에게 맞는지 안 맞는지 파악할 수도 있다. 내 일상의 단 몇 시간이라도 쪼개서 나를 가슴 뛰게 만드는 프로젝트를 기획하고 시도해보자. 내 분야가 정해졌다면 돈이 안 되더라도 그 분야의 프로젝트를 만들어 운영해보자. 그것을 온라인상에 기록으로 남기는 것은 필수다. 생각지도 못한 기회로 연결될 것이다.

유튜브를
지금 시작해도 될까?

자신의 채널을 만들어서 꾸준히 자신을 알리는 일, 퍼스널브랜딩을 만드는 중요하다고 이야기했다. 가능하다면 유튜브도 함께 시작해보자. 유튜브를 경험한 사람들은 유튜브는 퍼스널브랜딩뿐 아니라 수익하고 연결하기도 가장 좋은 플랫폼이라고 말한다.

유튜브는 파워블로그의 100배 효과

80만 구독자를 보유한 50대 유튜버이자 부동산 재테크 전문가 단희쌤(이의상)을 인터뷰했을 때 가장 많이 권유받은 것은 유튜브를 시작하라는 것이었다. 1인 지식기업으로서 인지도를 쌓고, 자신을 브랜딩하고 수익 구조를 만들기에 유튜브만큼 좋은 플랫폼은 없다는 것이다.

단희쌤은 블로그, 페이스북, 밴드 같은 플랫폼들을 브랜딩과 마케팅에 활용해왔다. 그것도 효과가 좋았다. 그런데 어느 날 유튜브에 영상을 올려봤는데 반응이 남달랐다. 이전에 없던 많은 고객 문의가 온 것이다. 유튜브는 꼭 해야 하는 채널이라고 생각한 그는 2017년 하반기부터 기획하고 준비를 해서 2018년 6월부터 유튜브를 본격적으로 시작한다. 40~60대를 대상으로 큰 주제는 부동산 재테크, 1인 지식기업, 힐링으로 정했다. 유튜브를 개설한 지 2개월 만에 구독자 3만 명, 5개월 만에 10만 명으로 빠르게 구독자 수가 증가했다. 2020년 8월에 47만 명에 이르고, 지금은 80만 명에 육박한다. 어떻게 이처럼 구독자가 빠르게 늘 수 있었을까? 그는 비어 있는 시장을 선점했기 때문이라고 말한다.

단희쌤이 유튜브를 시작했던 2018년만 해도 중년층이 유튜브를 많이 볼 것이라고 생각하지 않을 때였다. 그래서 중년층을 대상으로 하는 유튜브 채널 또한 별로 없었다. 하지만 단희쌤은 중년층을 대상으로 하는 유튜브가 경쟁력이 있다고 생각했다. 지하철을 타고 가는데 50~60대 분들이 전부 다 스마트폰으로 유튜브를 보고 있었기 때문이다.

실제 통계 조사에서도 유튜브를 많이 보는 층이 10대, 20대 그 다음이 50~60대였다. 그 시장에 빠르게 들어가서 그분들이 원하는 콘텐츠에 대한 욕구를 채워줬기에 빠르게 성장했다는 것이다. 유튜브를 하면서 느낀 것은 유튜브가 블로그보다 100배는 강력한 효과를 가진 채널이라는 것이다. 자신을 널리 알릴 수 있는 것은 물론이고, 수익 면에서도 큰 차이가 났다.

유튜브로 어떻게 돈을 벌 수 있을까?

단희쌤은 유튜브로 한 달에 1억에서 5억 정도의 수익을 예상한다고 한다. 유튜브로 수익 창출이 가능한 부분을 구체적으로 풀어보면 다음과 같다.

일단 광고 수입이다. 대략 1,000만 원 정도를 번다. 두 번째는 제휴 수입이다. 채널이 알려지면서 책 소개 요청, 40~50대를 대상으로 한 광고 요청 등을 받는다. 구독자들에게 도움이 되겠다 싶은 것만 제휴한다고 해도 꽤 많은 수익을 얻을 수 있다.

유튜브를 통해 강의도 열 수 있다. 단희쌤의 콘텐츠 중 힌 축은 부동산 투자다. 8주짜리 신축개발 강의 하나를 하면 1명당 150~200만 원 정도를 받으므로 50명을 모집하면 1억을 벌 수 있다. 만약에 10만 원인 강의에 30명을 모을 수 있으면 300만 원이다. 일주일에

한 번씩 한다고 하면 한 달에 1,200만 원이 되는 셈이다. 그는 구독자 1만 명만 넘어도 수강생을 직접 모아서 강의로 수익을 얻을 수 있다고 설명했다.

또한 자신의 인지도가 올라가기 때문에 다양한 플랫폼에 온라인 강의를 올려서 수입을 창출하는 것도 가능하다. 상담, 컨설팅 요청도 많이 오기 때문에 그로 인한 수익도 생길 수 있고, 책을 만들어서 판매할 수 있다. 출판사와 계약을 할 수도 있지만, 자가출판도 가능하다. 그는 부크크라는 셀프출판 시스템을 이용해서 책을 출간한 적이 있는데, 4만 원짜리 책이 6,000권이 팔렸다고 한다. 단희쌤은 누구나 자신만의 콘텐츠로 유튜브 채널을 만들어 꾸준히 운영한다면 월 1,000만 원에서 2,000만 원의 수익을 올리는 것이 어렵지 않다고 이야기한다. 하지만 막상 어떤 콘텐츠로 시작해야 할지 막막하다면 벤치마킹을 해보라고 권한다. 김새해 작가는 유튜브를 통해 책을 소개한다. 몇 년간 꾸준히 하면서 인지도를 얻었다. 심방골주부는 집밥 레시피를 꾸준히 올려서 69만 명의 구독자가 있다.

〈허수아비〉는 컴퓨터 상가를 운영하는 분이 컴퓨터를 고치고 조립하는 영상을 담는다. 자신의 얼굴을 보여주기 싫다면 동물을 보여줘도 된다. 자신이 키우는 강아지를 보여주는 〈소녀의행성〉은 구독자가 100만 명이 넘는다. 꼭 전문가가 아니어도 된다. 〈Thankyou BUBU〉 다이어트 홈트레이닝 채널은 303만 명의 구독자가 있다. 처음부터 전문가는 아니었다. 배운 것을 활용해서 하나씩 소개한 게 인기를 끈 것이다.

그래도 할 게 없다면 자신의 일상을 올릴 수도 있다. 4만 명 가까운 구독자를 보유한 〈슬기로운 비혼생활〉은 이제 60대가 된 싱글 미쓰리의 이야기를 담은 채널이다. 있는 그대로 살아가는 삶을 보여줘서 인기를 끌고 있다. 책 리뷰, 사람들이 궁금해하는 것에 대한 노하우, 자신이 좋아하는 그 무엇, 자신의 일상을 담은 영상 등 콘텐츠의 소재는 무궁무진하다.

퍼스널브랜딩 브릿지로 활용하라

퍼스널브랜딩을 목적으로 한다면 자신의 분야에 대한 정보들을 꾸준히 올리면 된다. 너무 많은 구독자를 목표로 하지 않아도 된다. 불특정 다수가 찾아오는 유튜브가 아니라 나를 필요로 하는 고객들이 찾아오는 전문 유튜브를 목적으로 하면 된다.

인터넷 마케팅 분야에서 오씨아줌마로 유명한 오종현 대표는 〈오씨네학교〉라는 유튜브 채널을 운영하고 있다. 유튜브에 인터넷 마케팅 관련한 강의 콘텐츠를 올린다. 인터넷마케터로서 빨리 유튜브를 시작한 편인데 어떤 결과를 얻었을까?[26]

구독자 수가 5만 명이 넘는데, 인터넷 마케팅 분야는 대중적인 카테고리가 아니라, 구독자 수를 늘리는 게 쉽지 않다. 하지만 유튜브를 운영하면서 인터넷 마케팅 분야에 전문가로서의 인지도가 높아졌다. 기업 강의, 칼럼 등의 요청도 늘었다. 전문 분야라서 구독자 수가 빠르게 늘지는 않더라도, 자신에 대한 신뢰도를 높이고 홍보 채널로 활용하기에는 적합한 채널이라는 것이다.

유튜브가 퍼스널브랜딩을 위해서 또 하나 좋은 점으로는 '오래전에 만든 콘텐츠라 하더라도 지속적으로 검색 노출이 된다'는 점을 꼽았다. 1인 기업은 자원이 한정되어 있다. 그래서 한번 공을 들여 작성한 콘텐츠들이 검색에 잘 노출되어야 나를 필요로 하는 분들과 꾸준히 연결될 수 있다.

검색이라고 하면 당연히 네이버를 먼저 생각할 수 있는데, 오종현 대표는 블로그나 카페를 운영할 때는 항상 저품질 문제 때문에 힘들었다고 한다. 순위가 떨어지면 비슷한 글을 반복적으로 써야 하는 어려움이 있었다. 하지만 유튜브는 그렇지 않았다. 오래전에 만든 콘텐츠라고 해도 콘텐츠의 퀄리티가 좋으면 지속적으로 검색에 노출된다.

조회 수 많이 나오는 콘텐츠 만들기

이제 어떤 주제로 유튜브를 하겠다고 마음먹었다면 콘텐츠를 매력적으로 만들어야 한다. 매력적인 콘텐츠를 만들면 자연스레 구독자와 조회 수가 늘게 된다. 매력적인 콘텐츠는 어떻게 만드는 것일까? 만드는 콘텐츠마다 조회 수가 높이 나오는 단희쌤이 말한 매력적인 콘텐츠 만드는 방법을 살펴보자.

첫째, 정확한 타깃을 인지하는 것이다. 내 이야기를 들어줄 대상이 누구인지를 정확히 아는 게 중요하다. 단희쌤은 중장년층이라는 분명한 타깃을 염두에 두었고, 그분들이 앞에 앉아 있다고 생각하고 영상을 만든다고 한다.

둘째, 내가 알리고 싶어 하는 내용이 아니라 내가 정한 대상이 알고 싶어 하는 걸 찾아서 콘텐츠를 만드는 것이다. 그러기 위해 40~50대들이 무엇을 듣고 싶어 하는지 무엇이 궁금한지 어떤 문제를 해결해야 하는지 철저하게 조사했다. 우선 네이버 지식인에서 그분들의 고민을 다 읽어봤다. 또한 어떤 욕망, 어떤 불편함, 어떤 고통을 가지고 있는지를 알기 위해 40~50대를 주제로 한 책들도 다 사서 읽어보기도 했다. 그 책은 이미 40~50대들의 고민을 대상으로 아주 전문가들이 썼기 때문에, 다양하게 콘텐츠를 뽑을 수 있었다.

콘텐츠를 만들 때는 스토리텔링 요소를 넣었다. 단희쌤은 자신의 콘텐츠를 사람들이 잘 보는 이유가 스토리텔링 형식으로 풀어내기 때문이라고 말한다. 스토리는 사람을 몰입하게 하는 힘을 갖고 있다.《팩트보다 강력한 스토리텔링의 힘》《무기가 되는 스토리》등

262

스토리텔링과 관련된 책 두세 권 정도를 읽으면 스토리텔링 형식으로 콘텐츠를 만드는 기법을 배울 수 있다고 했다.

마지막으로 강조한 것은 꾸준함이었다. 재능, 환경 모든 것을 뛰어넘는 게 지속하는 힘이다. 그는 초기에는 시장 조사를 통해서 타깃으로 정한 사람들이 원하는 콘텐츠를 매일 하나씩 올렸다. 2018년 말에 인터뷰했을 때는 주 5일을 꾸준하게 올리느라 새벽 5시에 출근해 9시까지 매일 4시간씩을 유튜브 콘텐츠를 만드는 데 투자한다고 했다. 제작 시간은 4시간이라고 하지만 실제로는 하루 종일 콘텐츠에 대한 생각만 한다고 했다. 쉬운 건 아니지만 모든 걸 걸고 하면 어렵지도 않다고 이야기했다.

정확한 대상, 그 대상에 대한 연구를 통해 만든 콘텐츠, 꾸준함이 세 가지만 있으면 누구나 유튜브 크리에이터로서 성공할 수 있을 거라고 말한다.

유튜브 구독자를 늘리는 세 가지 방법

전략 4에서 소개한 〈자영업의 모든것〉을 운영하는 박세범 대표는 온라인마케팅의 기본을 적용하면 유튜브도 조금 더 빨리 키울 수 있다고 말한다. 어떻게 적용했는지 살펴보자.

첫째는 키워드다. 그는 내가 올리는 콘텐츠를 좋아할 사람들은 어떤 키워드로 검색하는지에 대해 가장 먼저 생각했다. 유튜브의 자동 완성 검색어, 네이버 광고 키워드 도구 같은 것을 활용해 사람들이 검색하는 키워드를 찾았다. 초보 유튜버에게 처음부터 검색량 많은 대형 키워드에서 노출되기는 힘들기 때문에, 작은 키워드를 목표로 했다. 그 키워드를 검색했을 때 내가 만든 콘텐츠가 위로 올라오는 것을 목표로 했고, 자신이 타깃으로 하는 키워드들에서는 다 상위 노출을 시켰다.

우선 그 키워드를 찾는 사람들의 니즈에 맞는 콘텐츠는 기본이었고, 제목 등을 잡고 싶은 키워드 조합으로 만들어 키워드에 잘 노출될 수 있도록 했다. 작은 키워드에서 노출이 되다 보니 점점 대형 키워드들에서도 노출이 되었다. 시즌에 맞춰서 미리 사람들이 검색할 만한 유튜브 콘텐츠도 준비했다. 자영업자들은 1월에 부가세에 대해 많이 조회한다. 그런 키워드 콘텐츠의 경우는 12월부터 준비해서 상위 노출을 시켜놨다.

둘째는 썸네일을 눌러보고 싶게 만드는 것이다. 유튜브가 잘되려면 노출됐을 때 클릭률이 잘 나와야 한다. 그러려면 썸네일이 중요하다. 클릭률 높이는 썸네일을 만들기 위해 잘되는 채널 벤치마킹도 많이 했다. 그리고 어떤 영상을 눌러볼 때, 왜 눌러보지? 항상 생각하면서 그 포인트를 썸네일에 담으려고 했다.

셋째는 시청 지속 시간을 늘려야 한다. 눌러보고 들어왔는데 금방 나가면 이 영상은 안 좋은 영상, 이 채널은 안 좋은 채널이라고 인식해서 유튜브가 노출을 안 시켜주기 때문이다. 그러니 뭐니뭐니해도 유튜브가 잘되려면 콘텐츠가 좋아야 한다.

〈자영업의 모든것〉이 속한 카테고리의 영상 클릭률은 보통 3~4퍼센트 정도다. 그런데 광고 수익으로 먹고사는 채널들은 20~30퍼센트씩 나오기도 한다. 〈자영업의 모든것〉 콘텐츠 중에서도 8~9퍼센트씩 클릭률이 나오는 영상이 있었다. 그런 것 중에서 시청 지속 시간이 40퍼센트가 넘어가면 잘될 확률이 높아진다는 걸 경험상으로 느꼈다(클릭률, 시청 지속 시간 수치들은 유튜브 스튜디오에서 확인할 수 있다).

콘텐츠 업로드 주기는 분야에 따라서 다르다. 박세범 대표는 매일 올리는 게 중요하다고 생각하지 않았다. 일주일에 하나도 못 올리더라도, 정말 자영업자들에게 필요한 콘텐츠를 잘 정리해서 올리는 걸 목표로 했다. 예를 들어 자영업자 세금이라고 하면 최대한 압축해서 꼭 필요한 부분만 볼 수 있게 영상을 준비했다. 그래서 수년 전에 올린 영상이 지금도 계속 조회가 된다.

먹방이나 시간 때우기용 영상 같은 건 자주 업로드를 하는 게 좋다. 하지만 정보를 주는 채널이라면 오히려 하나를 만들 때 더 공을 들여서 사람들이 필요할 때마다 찾아볼 수 있게 만드는 게 더 중요하다고 말한다. 퍼스널브랜딩을 위한 전문 유튜브를 운영한다고 했을 때도 이 방식으로 적용하면 된다.

경제적 자유를 원한다면 유튜브!

박세범 대표는 2017년 11월, 앞으로는 동영상이 대세가 될 거라는 이야기를 듣자마자 유튜브를 바로 시작했다고 한다. "경제적 자유를 원한다면 유튜브는 꼭 시작하라."고 말한다. 경제적인 자유를 얻기 위해 사람들의 관심을 끌 수 있는 게 중요하다. 관심을 끌기 위해서는 유튜브든 블로그든 인터넷을 이용해서 나를 브랜딩할 수 있어야 한다. 지금은 사람들의 관심을 끌 수 있는 길이 유튜브에 있기에 유튜브를 권하는 것이다.

잘되지 않을까 봐 두려워서 아예 시작을 안 하는 것보다 안 되더라도 해봤다는 경험이 중요하다고 말한다. 예전엔 블로그, 그다음엔 유튜브였다면 이제 새로운 게 또 나올 것이다. 이미 이전에 핫한 채널들을 경험하고 해본 사람들이 새로운 것도 잘할 수 있다. 유튜브를 시작할 때도 거창한 목표보다는 그냥 내가 잘할 수 있는 분야의 전문 유튜브를 만들자는 생각으로 도전해보자. 꾸준히 활동하며 콘텐츠를 쌓으면 어느새 내 분야의 전문가가 되어 있을 것이다.

유튜브 필요 장비

유튜브를 처음 시작할 때 장비에 대한 고민도 많이 한다. 2018

년 말에 인터뷰할 때 단희쌤이 이야기해줬던 장비들을 소개한다. 처음 시작할 때는 스마트폰과 무료 동영상 편집 툴만 준비하면 된다. 그것에 익숙해지고 구독자가 늘어나면 조금씩 퀄리티를 높여가면 된다. 단희쌤도 처음에는 장비를 전혀 구입하지 않고 스마트폰으로 했다. 그런데 구독자가 많아지면서 구독자에 대한 예의로라도 더 잘 찍을 수 있게 장비를 마련해야겠다고 생각했다. 유튜버들의 촬영 장비가 크게 카메라, 마이크, 조명이다.

영상은 카메라 두 대를 놓고 찍는다. 충분히 찾아봤는데 가성비가 좋은 게 소니 카메라였다. 카메라는 소니 FDR-ax100(큰 것), FDR-ax40(작은 것) 두 개를 사용한다. ax40이 110만 원 정도인데 처음에는 20~30만 원짜리 사서 써도 괜찮다.

조명은 2세트를 쓴다. 조명이 있는 것과 없는 것이 차이가 난다. 조명을 쓰면 얼굴이 환하게 보이고 나이 들어서 생기는 잡티들을 없애주는 효과도 있다. 이 조명은 유쾌한 생각이라는, 1인 미디어를 위한 장비를 파는 회사에서 구입했다. 가격은 30만 원대다. 그다음에 마이크가 중요하다. 목소리가 깔끔하게 녹음되지 않으면 들으시는 분들이 스트레스를 받는다. 그래서 가격대가 있는 로데 무선 마이크라는 20만 원 조금 넘는 마이크를 쓰고 있다.

시대가 바뀌면서 하나의 직업만으로는 불안한 시대가 되었다. 새로운 시대를 이겨내기 위해서는 새로운 직업관이 필요하다. 투잡, 쓰리잡을 뛰는 사람일지라도 그중 한 개의 직업이 '본업'이던 시대가 있었다. 그러나 지금은 어떤가? 이제는 "넌 무슨 일 하니?"라고 물었을 때 한 가지로 답할 수 없는 시대가 되었다. 상품을 판매하는 기업가이기도 하고, 유튜버이기도 하며, 동시에 책을 쓴 작가이기도 하기 때문이다.

이처럼 여러 곳에서 수익이 들어오게 하고, 내가 일하지 않아도 자동으로 돌아가는 시스템을 만들어라. 그리고 효율적으로 돌아가게 하라. 월급 통장 세 개를 손에 넣을 때 우리는 일에서 해방되어 더 자유롭게 내가 원하는 삶을 살아갈 수 있을 것이다.

비즈니스 자동화가 돈과 여유를 가져다준다

Key Point

**3개의
월급 통장을
획득하기 위한
키포인트**

1. N잡의 시대, 수익 다각화 구조를 만들어라.

2. 반복되는 업무를 자동화시켜라.

3. 나의 수익을 훔쳐가는 시간 도둑을 잡아라.

4. 적은 시긴으로 더 큰 수익을 내는 효율석인 방법을
   찾아라.

5. 돈이 저절로 흘러들어오는 파이프라인을 구축하라.

6. 소비자를 한곳에 모으면 새로운 수익 구조가 탄생한다.

7. 돈이 돈을 버는 시스템을 만들어라.

월급보다 든든한
수익 구조 다각화

N잡의 시대라고 한다. 시대가 빠르게 변하면서 한 가지 일로 평생을 먹고사는 일은 어려워졌다. 그래서 본업으로 하는 일 외에도 다양한 일들을 시도한다. 내가 만났던 1인 기업가들도 한 가지 일만을 하고 있는 분들은 드물었다. 하나의 일을 하다 보면 그게 또 다른 사업으로 확장되고 하면서 여러 가지 일을 하는 경우가 많았다. 예를 들어 강사를 하다가 자신의 강의를 유튜브에 올려서 유튜버가 되고, 그러다 보니 상담 요청을 하는 사람들이 있어 컨설턴트가 되고, 그 경험을 모아서 책으로 내니 작가가 되는 식이다.

또 다양하게 프로젝트를 진행하면서 유망하다 싶은 것은 사업화를 하기도 한다. 지금은 유망 아이템이라고 해도 조금만 지나면 시들해지는 아이템이 되는 경우가 많다. 그래서 시대의 변화에 맞춰 다양하게 사업의 기회들을 찾는 것은 중요하다.

이러한 확장과 시도를 하다 보면 수익이 들어오는 소스가 다각화된다. "하나의 사업 아이템만에만 기대고 있으면 리스크가 크기 때문에, 수익이 들어오는 소스를 다각화하는 구조를 만들어야 한다." 많은 사업가들이 해준 이야기였다.

전업주부가 월 1,000만 원을 번 방법

성장계획연구소의 이은주 대표가 수익 다각화 시스템을 만든 이야기를 해보자. 전업주부 6년. 마흔이 되던 해 아무것도 없는 맨땅에서 무자본 창업으로 2년 8개월 만에 월 1,000만 원의 수익을 만들고, 그것을 8년째 이어가고 있다. 어떻게 0원에서 월 1,000만 원의 수익을 만들 수 있었는지 그 단계를 하나하나 살펴보자.

이은주 대표는 결혼 전 기업 내 사내 강사와 컨설팅사 아카데미 실장으로 일했다. 하시만 결혼 후 일을 접었고 6년을 주부로 지내면서 해당 분야와는 멀어질 수밖에 없었다. 그런데 다시 돈을 벌어야 하는 상황이 오면서 다시 강의를 하기로 결심한다.

처음 시도한 것은 '돈을 떠나서 강의할 수 있는 기회를 만드는 것'이었다. 먼저 공부를 했다. 자기계발 책들과 강사들이 쓴 책들을 도서관에서 빌려와 읽으면서, 요즘 강의 트렌드는 어떤지, 요즘 직장인들은 어떤 부분에 관심이 있는지 공부했다. 강사와 기업 교육을 원하는 기업들을 연결해주는 플랫폼에 올라온 강의들을 보며, 기업 강의를 요청하는 기업들의 니즈도 분석했다. 한편으로는 자존심을 굽히고 주변 사람들한테 연락해서 강의를 다시 시작했다고 말했다. 어떤 조건이든 강의를 해주겠다고 하며 강의를 할 수 있는 기회를 만들었다.

강사 플랫폼에서 강의를 요청하는 기업들에게도 제안서를 만들어 보냈다. 하루에 16건씩 보내도 연락 한 통 오지 않을 때가 많았지만 그는 거기서 포기하지 않았다. 왜 연락이 오지 않는지 궁리했다. 제안서 포맷이 별로였던 것인지, 내용에 핵심이 부족했던 것인지, 다른 사람들은 어떻게 쓰는지 그 원인을 파악하려고 노력했다. 그 회사 홈페이지에 나온 기업 인재상, 회사에 대한 기사를 보면서 회사에 맞게 수정하고 또 수정해서 다시 제안했다. 그러던 어느 날 한 기업에서 연락이 왔다. 조직 소통에 대한 주제로 강의를 해달라는 것이었다. 핵심 내용만 뽑아 정성껏 강의를 준비했다. 강의에 대한 반응은 좋았고 그것을 계기로 계속 기회를 만들 수 있었다.

이은주 대표는 첫 단계를 계획할 때 꼭 기간을 정하라고 말한다. 기간을 정해두지 않으면 기회만 만들다가 시간이 흘러가버리기 때문이다. 그는 3개월로 정하고 그 안에 최대한 기회를 만들고 다시 강사로서 실력을 쌓기 위해 노력했다. 어느 정도 강의 경험들이 쌓이자 두 번째로 계획한 것은 단돈 만 원이라도 수익을 만드는 것이었다. 내 힘으로 만 원이라도 벌어봐야 그것을 발판 삼아 10만 원, 100만 원으로 만들 수 있다고 생각한 것이다. 두 번째 단계의 목표는 월 50만 원을 버는 것이었다. 그리고 어느 순간 그 목표를 달성한다.

수익 다각화를 꾀하다

그 목표를 달성한 후에는 강사료가 일정 금액 이상 되는 것을 위주로 강의를 하자고 계획을 세웠다. 그래도 수익은 점점 증가했지만 문제가 있었다. 강의 요청이 얼마나 있냐에 따라 수입이 들쑥날쑥한 것이었다. 특히 2월과 8월은 기업 강의가 비수기였기에 더 심각했다. 기업 강의가 주요 수입원이었기 때문이다.

그때 1인 기업에게 수익을 낼 수 있는 경로를 다양하게 만드는게 중요하다는 걸 느낀 그는 연 단위로 수입을 살펴보고 수입이 적을 게 예측이 되면 새롭게 수익을 만들 계획을 세웠다. 그동안의 성장 경험을 바탕으로 '1인 기업 강사의 성장시스템을 가르쳐주는' 강자네 학교도 개설하고, 1:1 컨설팅도 시작했다. 점점 탄력을 받아 강의 요청이 많아지고, 몸값도 올라가고, 수익도 다각화하면서 2년

8개월 만에 매출 1억을 달성한다.

처음 사업을 시작한 지 꽤 시간이 흘렀다. 그동안 1인 기업가로 살아오면 느낀 것은 지속적으로 성장하려면 새로운 채널이나 환경에 적응하는 용기가 필요하다는 것이다. 시장 환경이 빠르게 바뀌고 고객들의 생각도 많이 달라지기 때문이다. 그걸 캐치하지 못하면 지금 잘 번다고 해도, 1년 후에는 전혀 수익을 내지 못할 수도 있다고 생각했다. 그래서 트렌드 관련한 뉴스나 책들도 꾸준히 챙겨보고, 새로운 것이 생겨났다고 하면 경험도 해보려고 했다. 또한 현 세대를 이끌어가는 20~30대와 소통하기 위한 모임이나 활동도 하려고 노력하고 있다.

그런 노력들을 통해 이은주 대표는 수익을 낼 수 있는 채널도 더 다각화하고 있다. 수익처는 열 군데 가까이 된다. 주요하게는 기업 교육과 강의. 그 외에도 강사나 1인 기업 컨설팅, 자체적으로 기획한 강의, 모임이나 행사 운영, 온라인 이러닝 과정, 여러 채널(유튜브, 네이버TV, 블로그)을 통해 들어오는 광고 수익, 제휴 요청, 칼럼 쓰기, 전자책 출판, 책 인세 등이다. 그가 처음 수익을 다각화할 수 있었던 원동력은 블로그의 힘이 컸다. 2012년부터 블로그에 일기를 쓰듯 자신의 일상에 기록했다. 진행한 강의에 대해, 읽고 있는 책에 대해 만나는 사람들에 대한 것들이었다. 이런 글들이 쌓이고 검색이 되면서 블로그를 통해 연락이 오기 시작했다.

"지난번에 여기서 강의하셨던데 우리 회사에서 하려는 강의와 유사하네요. 저희도 똑같은 강의를 해주세요."라는 식이었다. 블로그를 통해서 연락이 오면 좋은 점이 있다. 블로그를 보고 자신에 대해서 80퍼센트 정도는 검증을 하고 오기 때문에 대개 강의와 연결이 된다. 또한 갑과 을의 관계가 아닌 파트너로 보고 제안을 한다. 블로그에서 1차적으로 신뢰가 쌓였기 때문에 장기적으로 서로의 발전을 위해 협업할 수 있는 관계가 되는 것이다.

블로그에 올린 글을 기업 교육 관계자만 보는 게 아니다. 자신의 활동에 관심을 갖고 찾아주는 블로그 이웃들이 늘어나면서 각종 강의나 모임 등도 기획할 수 있게 됐다. 블로그 기록을 모아 두 차례나 책을 출간하기도 했다. 그는 대단히 성공한 사람만 책을 쓰는 것이라고 생각했다. 그런데 강사 일을 시작할 때 성공한 강사들을 찾아가서 성공 방법을 알고 싶다고 하니, 모두가 한결같이 책을 쓰라고 이야기했다. 하지만 책을 쓰는 것은 부담스러웠기에 대신 블로그에 글을 써보자는 생각으로 블로그를 개설했다. 3년 이상 블로그를 운영했더니 자신도 모르게 글 쓰는 실력이 늘었다.

세상에 나오기 전에는 두렵고, 나는 할 수 있는 게 없다고 생각했는데, 경험을 하다 보니 그게 아니었다. 하려고 하는 의지가 있는 사람이라면 누구나 할 수 있었다. 여성들에게 희망의 메시지를 주고 싶어 첫 책을 출간한다. 그 후 처음 자신한테 책 쓰라고 조언해준 강사님들 이야기처럼, 많은 기회가 찾아왔다. 여성 모임에서 저자 특강도 하고, 여성 리더십 강의도 시작할 수 있었다.

위기의 순간을 기회로 만들어라

오프라인 위주의 기업 강의가 가장 큰 수익원이었던 이은주 대표는 한차례 위기가 찾아온 적이 있었다. 코로나 펜데믹으로 미리 잡혀 있던 강의 일정들이 줄줄이 취소가 된 것이다. 전에 없는 위기감을 느낄 수밖에 없었다. 그래서 더욱더 온라인으로 일하는 방법을 찾아야 했다. 이전부터 영상에 관심이 있어서 유튜브를 시작해보고 싶다는 생각하던 차에 본격적으로 유튜브를 시작했다. 유튜브 기획 방법, 운영 방법, 편집 방법 등을 공부하고 채널을 만들었다. 40대 이상의 여성을 대상으로 나이 들수록 잘나가는 여자들의 삶에 대한 이야기를 하는 채널이었다. 나이 들수록 잘 나가려면 어떻게 해야 하는지 정보를 주는 콘텐츠를 소개했다.

이미 블로그에 콘텐츠를 만들어놓은 것이 있었기에 그것을 하나씩 영상으로 옮기면 됐다. 그 결과 3개월 만에 구독자 수가 2만 명이 되는 결과를 얻는다. 그 경험을 토대로 유튜브 초보자를 위한 유트브 강의도 개설한다. 유튜브를 통한 광고 수익도 생겼고, 제휴 요청도 들어오며 수익의 한 축을 담당해주고 있다.

영상도 유튜브에만 올리는 것이 아니라 네이버TV에도 올린다. 영상을 만들 때 음성만 따서 올리면 되기 때문에 팟빵과 오디오클립도 준비하고 있다. 또 노하우를 전자책으로 만들어 계속 유통시키고 있다. 처음에는 블로그만으로도 족했지만, 지금은 고객들이 이용하는 플랫폼들도 다양해졌기 때문에 브런치, 페이스북, 인스타그램, 유튜브도 운영한다. 여러 플랫폼에 콘텐츠가 지속적으로 쌓이면 계속 검색되고 활용되면서 수익을 창출할 수 있다.

앞으로 자신만의 콘텐츠 플랫폼을 만드는 것이 목표다. 그동안 만든 영상 콘텐츠나 전자책 등을 그곳에 올려놓고 판매를 하려고 한다. 기업 강의도 온라인에 맞는 맞춤형 콘텐츠를 만들기 위해 노력한다. 이렇게 온라인으로 전환을 본격적으로 준비하며 코로나의 타격에서 벗어나는 중이다.

다양한 일을 시도하라

1인 기업을 5년 이상 안정적으로 운영해온 사업가들은 시장의 트렌드를 항상 연구하며 새로운 시도를 한다. 수익 다각화도 끊임없이 무언가를 배우고 시도하는 과정에서 가능해진다. 청춘미디어 출판사와 1인 기업아카데미를 운영하는 장광호 대표도 그런 경우다.

장광호 대표는 20대에 외국계 대기업에 다니며 꽤 높은 연봉을 받았지만, 29살에 퇴사하고 기업을 운영하고 있다. 회사에 다니는 것으로는 원하는 부를 만들 수 없다고 생각했기 때문이다.

처음에는 출판사를 시작해서 책 100권만 만들면 인세로 먹고사는 구조를 만들 수 있다고 생각해 출판시장에 쉽게 뛰어들었다. 하지만 초기에는 거의 수익을 낼 수 없었다. 책을 출판한다고 해서 사람들이 바로 사주는 것은 아니기 때문이다. 실패를 겪고 나서야 준비가 부족했음을 깨닫고, 마케팅, 커뮤니티 운영 등에 대해 공부했다. 자신의 1인 기업 운영기를 담은 유튜브 채널도 운영하며 1인 기업아카데미도 열었고, 스마트스토어, 아마존셀러도 시도했다. 1년 정도 지났을 때 유통으로 월 매출 400만 원 정도를 낼 수 있었다. 또한 마케팅을 하는 경험이 쌓이면서 1인 기업가들의 마케팅과 퍼스널브랜딩을 돕는 일도 시작했다.

장광호 대표의 큰 수익 축은 세 가지다. 출판, 유통, 그리고 유튜브다. 출판이 어려울 때는 유통으로 수입을 올리고, 유통이 어려울 때는 유튜브를 통해 들어온 제휴 요청으로 수익을 얻는다. 이 세 가지가 선순환을 이루며 돌아가면서 각각의 영역이 잘될 수 있게 도와준다. 그렇게 수익 다각화 구조를 만들어놓은 후부터는 크게 불안하지 않다.

전략 1에서 소개했던 아마존셀러 이진희 대표도 아마존이 잘된다고 거기에만 올인하지 않았다. 정글스카웃 운영, 국내 오픈마켓 판매, 도서 출간, 공유사무실 운영 등 다양한 수익원을 만들었다. 이런 사례들을 참고하여 내 사업은 어떻게 수익을 다각화할 수 있을지 더 고민해보자.

직원 없이 15개 사업을
운영한다고?

1인 기업가는 기업의 운영부터 실무까지 혼자서 다 일을 해야 한다. 그것들을 얼마나 효율적으로 할 수 있는 구조를 만드느냐에 따라 생산성이 달라진다. "1인 기업가로서 효율적으로 일하기 위한 대표님만의 방법이 있나요?" 내가 안정적으로 수익을 내고 있는 1인 기업가들을 만났을 때 꼭 물어보는 질문이었다. 그들은 반복적인 업무의 자동화, 이웃소싱을 할 수 있는 것은 과감하게 맡기는 등 대부분이 자기에게 맞는 효율적인 운영 시스템을 만들어놓고 있었다. 이런 시스템을 만들기 위해서는 일에만 매몰되어 있어서는 안 되며, 자신의 일을 관찰하고 생각하는 시간이 필요하다고 한다.

아웃소싱으로 업무를 줄여라

2018년 국내 최대 유통 이커머스쇼 'K SHOP 2018'에 갔을 때였다. 혼자서 해외와 국내 쇼핑몰 15개 업체를 운영하며 엄청난 매출을 올리고 있는 월비 정진한 대표의 강의는 특히 인상적이었다. 지금은 직원을 여럿 두고 회사를 운영하지만, 당시 정진한 대표는 아마존(미국, 멕시코, 캐나다, 유럽, 일본, 호주, 중국), 이베이, 자사 해외쇼핑몰, 11번가, 옥션, 지마켓 등의 쇼핑몰을 혼자서 운영하고 있었다. 판매 상품은 직접 제조한 모바일 기기용 액세서리 제품과 1,000여 개의 협력사 상품이었다.

2012년 쇼핑몰을 시작할 때는 직접 제조한 상품만 팔다 2013년 파산을 경험했다. 그 후 자신의 상품과 비슷한 상품군을 올리니 팔리는 것을 경험하고 자신의 제품뿐 아니라 제휴사 상품도 팔고 있다. 한두 개의 쇼핑몰도 혼자서 하려면 할 일이 많은데 어떻게 쇼핑몰 15곳을 운영할 수 있었을까?

정진한 대표가 쇼핑몰을 다각화한 이유는 분산 투자 같은 개념이었다. 앞서 말한 수익 다각화와도 같은 개념이다. 그가 그 많은 쇼핑몰을 운영할 수 있었던 방법을 더 자세히 알아보자. 일단은 쇼핑몰 회원 가입이 먼저였다. 그리고 쇼핑몰에서 제일 중요한 게 물류 시스템. 주력 상품은 쇼핑몰에서 제공하는 물류 대행 서비스를 이용했다.

예를 들어 아마존 FBA, 쿠팡 로켓 배송(쿠팡 알고리즘이 예측한 고객 수요를 바탕으로 로켓 물류센터에 상품을 입고하면, 상품 매입, 판매부터 배송, CS 관리까지 쿠팡이 대행해주는 서비스), 스마일 배송(지마켓/옥션의 전자상거래 인프라를 기반으로 상품 포장, 배송, 재고관리 등 판매자의 물류 운영을 대행해 주는 서비스) 등을 이용했다. 수수료는 들지만 상품 포장, 배송까지 다 물류 서비스에서 해주기 때문에, 직접 상품 포장하고 배송할 시간에 상품 개발과 마케팅에 집중할 수 있어 효과적이다.

반복 업무를 자동화하라

그다음에 쇼핑몰 운영을 할 때 반복적으로 하는 업무들은 자동화시켰다. 우선 업무 자동화를 위해 나스 시스템(NAS, Network-Attached Storage 클라우드 시스템 하나)을 활용해 회사에서도 집에서도 외부에서도 언제 어디서나 동일한 환경으로 업무를 볼 수 있게 세팅을 했다. 업무를 자동화하기 위해서 쇼핑몰 업무에 어떠한 것이 있는지를 살펴보았다. 상품 촬영, 이미지 편집, 상품 등록, 주문 관리, 상품 발주, 포장 발송, 그게 6단계다. 긱긱의 영역에서 반복되는 영역을 자동화할 수 있는 방안을 찾았다. 상품 촬영 전에 아이템 발굴이라는 영역이 있는 데 그 부분은 자동화가 어렵다고 결론을 내렸다. 하나씩 효율화한 방법을 보면 이렇다. 상품 촬영에서는 비싼 조명을 사용했다. 그래야 사진이 잘 나오기 때문이다. 그리고 카메라를 여러 대 마련해서 제품 사진이 잘 나오는 위치에 미리 세팅을 했다. 카메라 하나로 옮겨다니면서 찍는 것보다 훨씬 많은 시간을 절약할 수 있었다.

상품 상세컷을 찍어야 할 때는 LED 조명을 놓고 찍으면 잘 나온다는 걸 파악하고 그 조명을 놓고 상품 상세컷을 찍을 수 있게 세팅해놨다. 또한 카메라와 컴퓨터를 연결해서, 상품을 찍는 동시에 컴퓨터로 바로 들어갈 수 있도록 했다. 이미지 편집은 같은 구도에서 촬영한 것은 포토샵의 'Automate' 기능을 활용하여, 같은 편집을 할 수 있게 했더니 상품 촬영하고 편집하는 데 걸리는 시간을 일주일에서 하루로 단축할 수 있었다.

상품 등록이나 주문 관리를 할 때도 엑셀 매크로 기능 등을 활용해 반복적으로 하는 작업은 자동으로 돌아갈 수 있게 해놨다. 또 다양한 쇼핑몰의 주문서 파일을 한 가지 포맷의 주문서 양식으로 변환하여 더 효율적으로 상품 발송이 이뤄질 수 있도록 했다. 엑셀을 자동화하기 위해 어떤 엑셀 양식이든 일주일 정도 반복 작업을 해본다. 하다 보면 자동화하는 방법을 찾게 된다고 한다.

포장할 때도 자동 테이프 컷팅기를 사용하고, 0.5킬로그램 단위별로 각 포장 박스 준비, 빠른 포장이 가능한 에어캡 포장재를 사용하는 등 포장 발송 시간을 단축하는 데 최적의 시스템을 구축했다. 외국에 상품을 보낼 때는 인보이스를 보내야 하는데, 인보이스

뒷면에는 월비 광고를 넣어서 마케팅 효과도 볼 수 있도록 했다.

"단순하고 일상적인 업무 시간을 최대한 줄이는 창의적인 방법은 많으며 현재도 새로운 해결책이 생겨나고 있다. 100만 달러의 1인 기업에 정석은 없다. 다른 사람에게는 최적의 대안이더라도 나에겐 그렇지 않을 수 있기 때문에 자신에게 맞는 수단이 무엇인지 리서치를 통해 찾아야 한다."

《나는 직원 없이도 10억 번다》의 저자 일레인 포펠트Elaine Pofeldt의 이야기다. 정진한 대표 또한 수많은 리서치와 공부를 통해 업무 시스템을 자동화하는 방법을 찾았다. 반복 업무를 자동화하기 위해 다음과 같은 질문을 해보자.

- 내 업무의 주요 프로세스는 어떻게 되는가?
- 그중에서 자동화 구조를 만들면 효과적일 단계가 있는가?
- 내가 하는 업무 중 아웃소싱으로 처리하면 더 효과적인 것은 무엇일까?
- 내 업무를 수월하게 해주는 솔루션(프로그램, 기록노+능)은 없을까?
- 반복되는 업무를 가성비 좋게 대신해줄 전문가가 있는가?

이런 질문을 던지고 효율적으로 일할 수 있는 방법을 찾고 구조를 만들다 보면 훨씬 더 많은 여유 시간을 확보할 수 있을 것이다. 정진한 대표는 상품 촬영 자동화 구축 시스템만으로 일주일이 걸릴 일을 하루로 줄였다고 했다. 그렇게 해서 남은 시간에 좀 더 창의적으로 해야 하는 상품 소싱, 앞으로의 사업에 대한 구상 등을 한다면 훨씬 더 발전적으로 사업을 운영할 수 있을 것이다.

반복되는 업무를 더 잘하기 위해 일의 배분이나 시간 활용을 새롭게 해보는 방식도 있다. 무자본 창업 전문가인 신태순 대표는 7년 넘게 한 주도 빠지지 않고 사업 문서를 제작하고 칼럼을 썼다. 유튜브와 팟캐스트에도 정기적으로 콘텐츠를 업로드하며, 주기적으로 책도 낸다. 그렇게 하면서 콘텐츠 수익으로 10억 원 이상을 벌었다고 말한다. 그렇게 할 수 있었던 자기만의 노하우를 《게으르지만 콘텐츠로 돈은 잘 법니다》에서 밝히고 있다.

신 대표는 동시에 여러 카테고리에 있는 창업자들이 한꺼번에 컨설팅을 요청하는 경우가 많고, 각각에 맞춰 콘텐츠를 기획하는 일도 많다. 혼자서 기획, 자료 찾기, 글쓰기, 영상 찍기 등 여러 범주의 일을 한꺼번에 해야 할 때가 많다. 최대한 에너지를 아끼면서 일을 효율적으로 하기 위해 세 가지 방법을 사용한다.

첫째, 아주 잘게 업무를 쪼개서 처리한다. 10년간 매일 글을 써 왔고, 그 힘으로 2015년부터 꾸준히 출판을 하고 있다. 처음에는 책을 써야지 하면 쓸 수 있을 줄 알았는데 쉽지 않았다. 그 후 다양한 업무 가운데서도 책을 잘 쓰기 위해서 단계를 쪼갰다. 책에 들어갈 목차 브레인스토밍하기, 각 목차에 사용될 수 있는 사례 찾기, 각 목차의 개요를 짜고, 기승전결로 간략한 메모하기, 키워드를 개요에 따라 배치하며 가이드라인 짜기, 가이드라인을 따라서 가볍게 초안 작성하기 등이다. 쪼개진 업무를 한다고 생각하다 보니 훨씬 부담이 줄어들었다.

둘째, 반복 작업+트리거를 통해 의식에 드는 에너지를 줄인다. 반복 작업을 할 때 듣는 음악을 달리함으로써 트리거 역할을 하도록 만든다는 것이다. 신 대표는 사업 문서를 만들 때 듣는 음악, 강의 전에 듣는 음악, 운동할 때 듣는 음악, 명상할 때 듣는 음악이 다르다. 그때에만 듣는 음악을 반복해서 들으면, 파블로프의 개처럼 몸이 그 일에 익숙한 상태가 되고 더 효율적으로 일을 처리할 수 있다고 한다.

셋째, 성격이 다른 업무 간의 시간 간격 넓힌다. 복잡한 하나의 업무를 성격이 다른 것들로 쪼개고, 되도록 비슷한 업무들끼리 하루에 처리할 수 있게 만드는 것이다. 예를 들어 책 쓰기에 필요한 사례와 정보 수집을 하는 날에는 유튜브 제작에 필요한 정보를 수집하는 식으로 일정을 정한다. 그러면 다른 성격의 일로 전환할 때 발생하는 에너지 낭비를 줄일 수 있다.

효과적인 고객 확보를 위한 시스템

고객을 확보하는 것 또한 시스템을 만들어서 효과적으로 할 수 있다. 한국 세일즈 성공학 협회 안규호 대표는 자신의 유튜브 채널 〈안대장TV〉에서 자신이 어떤 식으로 '고객을 만드는 시스템을 만들었는지' 노하우를 이야기한다. 가장 효과가 좋은 영업은 소개 영업. 누군가에게 소개를 받아서 자신을 찾은 사람과는 대개 계약 성사율이 높을 수밖에 없다. 이미 자신이 신뢰하는 누군가에게 좋은 이야기를 들었기 때문이다. 영업뿐만 아니라 모든 비즈니스에서도 통용되는 이야기다.

안규호 대표는 소개 영업을 늘리는 것이 답이라고 생각하고, '기존 고객 관리를 통해 소개를 많이 만들어내는 시스템'을 만들려고 노력했다. 탈무드에 나온 '1명의 고객 뒤에 250명이 숨어 있다'는 이야기를 믿었다. 연인을 대하듯 기존 고객을 관리하는 시스템을 만들었다. 엑셀 프로그램으로 관리 시스템을 만들었는데, 기존 고객과 처음 만난 날 아니면 계약 성사된 날을 적는다. 한 달째, 100일, 200일, 그리고 생일 등 기념일마다 알람이 뜨게 만든다. 이때 작은 선물과 함께 전화를 드리거나 방문을 한다. 소개를 요청하는 건 신뢰가 어느 정도 쌓인 30일째와 1년째이다.

이것도 그냥 소개해달라고 한 것이 아니라 가벼운 서비스 만족도에 대한 설문조사를 하면서, 자연스럽게 소개하고 싶은 지인을 떠올리게 했다. 1번부터 6번까지는 서비스에 대한 만족도 조사. 7번부터 10번까지는 소개를 요청하는 내용으로 구성한다. '주변에 같은 어려움을 겪는 사람은?' '도움을 주고 싶은 분야는?' '도와주고 싶은 고객을 적어주세요'라는 식이다. 이런 시스템을 갖추면서 많은 소개 고객들을 만들 수 있었고, 영업 실적을 두세 배 높일 수 있었다고 한다.

여유 시간을 확보하라

오픈마켓으로 월 1억 원 이상의 순수익을 내고 있는 노르웨이숲의 강태균 대표도 시스템을 갖춰 일하는 시간을 효율적으로 줄였다. 2018년 혼자 오픈마켓을 시작하면서 그가 반복적인 업무를 위해 쓴 시간은 하루 2시간이었다. 회사에 다닐 때는 워커홀릭으로 일만 할 때도 있었다. 하지만 결혼하고 아이가 생기면서 가족에게 쓰는 시간을 늘려야겠다고 생각했다. 언젠가부터 꿈꾸던 미니멀라이프의 삶을 살아봐야겠다고 생각했던 것이다. 그런 삶을 살기 위해 선택한 것이 오픈마켓이었기에, 최대한 일을 효율적으로 할 수 있게 구조를 만든다.

첫째, 사업자로 낸 노르웨이숲은 10시에 발주 마감을 해놓고,

두 번째 사업자로 낸 완소간소 브랜드는 11시에 발주 마감을 해놨다. 주문서를 수집해서 엑셀로 정리해서 발송처에 보내고, 그 업체에서 보내준 운송장을 발송하면 하루 업무가 끝난다. "일을 계속하는 게 아니라 일을 압축해서 하는 게 포인트"였다고 말한다. 학창시절에 수업시간을 정해놓으면 그 시간에 맞춰서 끝나듯이 일도 그 시간에 그것만 할 것이라고 정해놓고 그 시간 안에 끝낼 수 있게 노력했더니 어떻게든 그 기준 안에 맞추게 됐다는 것이다.

둘째, 제휴 협력을 통해 위임할 수 있는 일들은 다 위임을 시켰다. 되도록 무재고 방식으로 공장에서 바로 출고가 가능한 곳에서 소싱을 했다. 그게 어려울 경우에는 3PL 물류 방식(생산을 제외한 물류 전반을 특정 물류 전문 업체에 위탁하는 방식)으로 배송 관리는 외주로 돌렸다.

셋째, 고객 CS에 들어가는 시간을 줄였다. 우선 미니멀한 상품을 취급했다. 미니멀한 제품일수록 CS 문의가 적기 때문이다. 또 제품을 생산할 때부터 불량이 생기지 않도록 신경을 썼다. 가구는 보통 느리게 배송된다는 인식이 있지만, 빠른 배송을 할 수 있는 방법을 연구해 "언제 배송되냐"는 고객의 문의를 대폭 줄였다.

2년이 흐른 지금은 발주나 CS를 담당하는 직원을 두고, 그 직원들에게 권한을 많이 넘겨줘서 처음보다 더 일하는 시간이 줄었다고 말한다. 남는 시간에는 신상품 개발, 더 경쟁력을 갖출 수 있는 방법 등을 연구하고 시도한다. 아이, 아내와 시간을 많이 보내는 것은 기본이다. 많은 사람이 돈과 시간에서 자유로운 삶을 살기를 꿈꾼다. 강태균 대표는 그에 앞서 '왜 돈과 시간에서 자유로운 삶을 살고 싶은지, 내가 하고 싶은 건 뭔지, 내가 살고 싶은 라이프스타일은 무엇인지'를 스스로에게 묻는 시간을 가져보라고 한다.

돈이 아닌 자신이 이루고 싶은 라이프스타일에 초점을 맞추고, 그 목표를 이루기 위해 하나씩 찾아가다 보면 자신의 목표를 이룰 수 있게 된다는 것이다. 자신도 미니멀을 라이프스타일로 결정하고 그 삶을 어떻게 살 수 있을까를 연구하며 실천하다 보니 거기에 맞춰 삶이 바뀌었다고 말한다.

그런 방향을 찾아가기 위해서는 아무것도 하지 않는 잉여 시간을 꼭 확보해야 한다는 이야기도 해주었다. 톱니바퀴 같은 일상 속에서 하루하루를 보내다 보면 자신을 돌아보고 생각할 시간을 갖기 어렵다. 일상 중에 잉여 시간이 있어야 그 시간에 생각을 하고, 그것을 토대로 더 발전적인 결과를 만들어낼 수 있다는 것이다.

《빌 게이츠는 왜 생각주간을 만들었을까》의 저자 대니얼 패트릭 포레스터Daniel Patrick Forrester는 "일과 삶의 전체적 흐름을 통찰할 수 있는 '생각의 시간'을 확보할 때, 더 크고 더 놀라운 성공을 거둘 수 있다."라고 말한다.

실제 인터뷰를 하며 만났던 빠르게 부를 쌓았던 사람들은 생각의 프로세스가 남달랐다. 일만 한다고 시간을 다 보내지 않고 일의 구조를 파악했다. 자신이 핵심적으로 해야 하는 일만 남기고, 제휴

나 협업으로 위임할 수 있는 일은 위임하며 더 발전적으로 사업을 만들기 위해 생각할 시간을 확보했다. 시간이 부족하고 할 일이 많다는 이유로 꼭 필요한 여유를 가지지 못하는 경우가 많다. 그러다 보면 늘 눈앞에 급한 일만 처리한다고, 급하지는 않지만 중요한, 중장기적인 투자는 할 수 없다. 일주일에 몇 시간이라도 '생각 시간'을 마련해보자.

적은 시간으로 더 많은 수익을 내는 방법

마지막으로 자신의 비즈니스를 돌아보는 시간을 가짐으로써, 더 적은 시간으로도 더 많은 수익을 창출한 비즈니스 리모델링 사례를 이야기해보려고 한다. 《절반만 일하고 두 배로 벌기》(박종문, 최규철 저)에서 저자가 컨설팅한 사례가 나온다. 초등학생 대상의 프랜차이즈 영어학원을 운영하는 학원장은 본인 인건비도 건지기 어려운 상황에 직면해 있었다. 학원 수강생은 영어과목 34명, 보습과목 17명으로 총 51명. 강사 인건비 및 운영비를 제하면 순수입은 평균 280만 원이었다.

이때 저자가 컨설팅을 통해 제시하고 실천한 방법은 다음과 같았다. 우선 서비스를 줄였다. 가르치는 것 이외에 효과도 없으면서 시간과 노력을 잡아먹고 있는 일들을 파악했다. 학원장은 학생 간식을 위해 이틀에 한 번꼴로 대형마트에서 한 시간 동안 장을 봤다.

　이것이 과연 아이들에게 도움이 되는지 알 수 없었다. 오히려 그 시간에 교육의 질을 높이기 위해 더 고민하는 게 나을지도 몰랐다. 하지만 당장 간식을 끊을 수는 없으니, 간식 상품을 한두 가지로 통일하고 배달 가능한 곳에서 전화 주문으로 해결하기로 했다.

　또한 학원이라면 당연히 하던 차량운행 서비스도 본질적으로 학생들을 가르치는 데 더 충실하는 데 투자하기 위해 중단을 권유했다. 그다음 가격을 올렸다. 갑자기 올리기는 어렵기 때문에 두 가지 방식으로 접근했다. 레벨별 가격 차등화다. 기본 학원비는 17만 원. 영어 실력이 향상되어 레벨을 올릴 때마다 학원비를 2만 원씩 올리는 것이었다. 레벨이 올라갈수록 선생님이 추가적인 노력을 하는 부분에 대해 설명하자 학부모들도 무리 없이 받아들였다.

　또 하나는 차별화된 고품격 영어 상품을 기획했다. 영어학원의 본질은 자유자재로 영어로 말하고 쓸 수 있게 만들어주는 것이다. 그래서 발굴한 상품은 '영어동화책 만들기'였다. 원하는 학생에 한해서 영어 동화책을 선정하여 통으로 암기한 후 외운 필수적인 문장을 활용해서 동화책을 쓰게 한 것이다.

　그리고 품질을 올렸다. 영어 전문학원으로서 정체성을 확립하려면 학원장이 스스로 최고의 초등 영어 전문가가 되어야 한다고 이야기를 해줬다. 이를 위해 블로그에 매일 영어에 관한 전문적인 글을 게시하도록 했다. 학원장은 초등영어교습 방법에 대해 연구하고 블로그에 기록한다. 학원장은 5일 근무에서 4일 근무로 줄이고, 휴식하는 하루 동안에는 전문가로서 자기계발에 힘쓰도록 했다.

그 결과, 일하는 시간은 줄었지만 수입은 늘었다. 학생들의 레벨이 올라가는 것에 따른 추가 수입이 매월 50만 원 정도, 차량 운행을 하지 않아서 절약하는 인건비가 월 100만 원이었다. 결과적으로 430만 원으로 기존에 비해 30퍼센트의 수입 향상이 이루어진 것이다. 새로운 '영어동화작가' 프로그램을 본격적으로 진행하고, 학원 원장이 '초등영어교습 전문가' '영어동화작가 데뷔 전문가'로서 개인 브랜딩을 하게 되면 더 수익은 증가할 것이다.

나의 비즈니스는 어떠한지 되돌아보자. 내 비즈니스도, 나의 시간 운영 방식도 리셋이 필요하다는 생각이 드는가? 업종마다 일을 효율적으로 만들 수 있는 방법은 다 다를 것이다. 하지만 분명히 조금 더 고민하고 연구하다 보면 훨씬 더 효율적으로 일하는 구조를 만들어낼 수 있다. 뭔가 리셋이 필요하다는 생각이 든다면, 조용히 생각할 시간을 갖고 나의 사업 구조 리셋을 시도해보자.

돈이 흘러들어오는
파이프라인 구축하기

　"잠자는 동안에도 돈이 들어오는 방법을 찾아내지 못한다면 당신은 죽을 때까지 일을 해야만 할 것이다." 워런 버핏이 했던 이 말은 이미 많은 이들이 알고 있을 것이다. 내가 인터뷰를 진행했던 많은 분들 또한 '내가 일하지 않아도 돈이 들어올 수 있는 수익 구조'를 만드는 것의 중요성에 대해서 이야기했다. 플랫폼 비즈니스, 콘텐츠 자동화 수익 시스템 등과 같은 수익 구조를 어떤 식으로 만들수 있는지 살펴보자.

돈이 저절로 들어오는 파이프라인

부모님의 사업이 어려워지면서 가정불화를 경험했던 박세범 대표가 23살에 목표로 삼았던 것은 경제적 자유를 이루는 것이었다. 그러기 위해 선택한 방법이 좋은 대학을 나와 많은 연봉을 주는 회사에 들어가는 것이라고 생각했다.

그러나 현실은 달랐다. 연봉을 1억 가까이 받았지만 경제적 자유를 이루는 것과는 거리가 멀었다. 더 많은 연봉을 받기 위해서는 그만큼 더 많은 일을 해야 했다. 새벽부터 밤늦게까지 회사의 기대치에 부응하기 위해 일을 했다. 그렇게 열심히 일했지만 막상 자신보다 높은 직급에 가 있는 상사들을 보면 미래가 있어 보이지 않았다. 월급을 많이 받아도 마음은 계속 불안했다.

급기야 몸이 안 좋아지고 퇴사를 하고 나서야 열심히 일하는 것만으로는 경제적 자유를 이룰 수 없음을 알게 됐다. 돈이 돈을 벌어주는 자본주의에서 경제적 자유를 얻으려면, 나 없이도 돌아갈 수 있는 사업 구조를 만들 수 있어야 하고, 그렇게 번 돈을 레버리지할 수 있는 투자를 공부해야 한다는 것을 깨달은 것이다. 그는 현재 자신이 일하지 않아도 돈이 들어오는 파이프라인을 많이 구축하려고 노력하고 있다.

그는 버크 헤지스Burke Hedges의 《파이프라인 우화》를 읽어보라고 권했다. 그 책에는 파이프라인 우화가 나오는데, 내용은 이렇다.

이탈리아 중부에 파블로와 브루노라는 젊은이가 살고 있었다. 이들은 마을에서 제일가는 부자가 되겠다는 꿈을 갖는다. 그러다 정말 기회가 찾아왔다. 마을 사람들이 강에서 물을 길어다 광장에 있는 물탱크 채울 사람을 구했고, 그 둘은 지원해서 그 일을 맡게 됐다.

물통을 들고 강으로 가서 마을까지 열심히 물을 날랐다. 매일매일 품삯을 받으며 돈을 받을 수 있었지만 몸은 성한 곳이 없었다. 파블로는 아이디어를 낸다. '강에서부터 마을까지 자동으로 물이 갈 수 있는 파이프라인을 설치하자'는 것이다. 하지만 브루노는 이렇게 좋은 일거리가 어디 있냐며, 그 계획에 반대한다.

결국 파블로는 혼자 주말마다 강에서부터 마을로 이어지는 길의 바위투성이 길을 파며 파이프라인 설치 작업을 시작했다. 파이프라인을 설치해 수익을 얻기까지는 1~2년, 그보다 더 걸릴 수도 있지만 반드시 될 거라는 확신이 있었다. 몇 개월 후 파이프라인의 반을 완성하자 가속도가 붙었다. 결국 파이프라인을 완성하자 더 이상 힘들게 물을 나를 필요가 없어졌고, 파블로는 그 파이프라인으로 엄청난 돈을 벌어들인다.

반면 브루노는 하루하루 일하느라 몸이 다 망가지고 실직자 신세가 되었다. 파블로는 브루노에게 찾아가 '파이프라인을 구축하며 알게 된 여러 개의 파이프라인을 쉽게 만드는 시스템을 같이 알려보자. 그리고 그 시스템을 배운 사람들이 그 지식을 다른 사람들에게 전수할 수 있게 하자'고 제안한다. 그렇게 파이프라인이 늘어날수록 둘의 자산도 늘어나게 될 것이라고 말한다.

파이프라인 우화는 간단한 것 같지만 많은 시사점을 전한다. 일해서만 들어오는 수익에 의존하면 1인 기업이나 소규모 기업은 위험해진다. 갑자기 몸이 안 좋아진다거나 일할 수 없는 상황이 될 때는 수익이 0이 되기 때문이다. 일하지 않아도 돈을 벌 수 있는 구조를 설계할 수 있어야 한다.

박세범 대표는 파이프라인의 하나로 콘텐츠 플랫폼을 생각했다. 2017년 7월에 〈자영업의 모든것〉이라는 네이버 카페를 만들고, 그해 말에는 유튜브도 개설한다. 지금은 카페 회원이 15만 명, 유튜브 구독자가 25만 명에 달하는 자영업자 커뮤니티를 만드는 데 성공한다. 그 플랫폼을 바탕으로 광고 사업, 교육 사업을 하고 있다. 뒤에서 더 이야기하겠지만 어떤 특정한 그룹의 플랫폼을 잘 만들어놓는 것은 큰 파이프라인이 된다.

또 한편으로는 주식에 대해서 공부하면서 투자도 조금씩 하고 있다. 그렇게 파이프라인을 하나둘씩 늘리다 보니 억대 연봉을 주는 회사에 다닐 때보다 훨씬 마음이 편하다고 한다. 우화 속의 파블로와 같은 방식을 선택한 것이다.

콘텐츠 자동화 수익 시스템이란?

흔하게 장사와 사업의 차이를 대표의 시간이 지속적으로 투입되어야 한다면 장사, 대표가 없어도, 거의 시간을 투자하지 않아도 운영된다면 사업이라고 말한다. 예를 들어 내가 맛있고 예쁜 건강빵 굽는 법을 알고 있다고 해보자. 그래서 SNS에서 팬을 만들고 가게를 열어 성공시킨다. 하지만 거기에만 머무르면 아직 장사다. 아직은 내가 빵을 직접 다 만들어야 하기 때문이다.

그런데 내가 맛있고 예쁜 건강 빵 굽는 레시피를 알려주는 강의를 하고, 더 나아가 가게를 열어 수익을 내는 방법까지 전수한다면 어떨까? 그리고 나에게 배운 사람들이 다시 그 노하우를 다른 사람들에게 전하게 만들고 거기에 수수료를 받는 구조를 만든다면? 거기서 더 나아가서 예쁘고 건강한 빵을 간편하게 구울 수 있는 기계까지 개발한다면 파블로가 한 것처럼 파이프라인을 구축한 사업이 된다.

파이프라인을 만들 수 있는 방법은 여러 가지가 있다. 콘텐츠 시스템을 만드는 것도 그중 하나다. 앞서 소개한 이은주 대표도 콘텐츠 파이프라인을 만든 사람이다. 블로그, 유튜브, 네이버TV 등 여러 플랫폼들에 콘텐츠를 올려서 조회가 되면 될수록 수익이 들어올 수 있는 구조를 만들었다.

이런 식으로 자신만의 사업 노하우를 글, 영상, 책 등의 콘텐츠로 만들어서 다양한 플랫폼들에 올리면 거기에서 자동으로 수익이 들어오게 된다. 사람들이 궁금해할 이야기를 콘텐츠로 만들수록 콘텐츠 수익은 증가한다. 무자본 창업으로 월 천만 원 버는 방법, 1인 지식기업가를 시작하는 다섯 가지 방법, 아마존셀러로 월 1,000만 원 매출 만드는 방법 등 자신의 경험이나 지식을 사람들이 읽고 싶어 하도록 만들면 된다. 콘텐츠 자동 수입의 또 다른 대표적인 예는 책을 출판해서 받는 인세다.《따라쓰기의 기적》의 저자이자 송숙희 글쓰기센터의 송숙희 대표는 "독자에게 어필하는 책을 한 권 쓰면 월 최저 생계비 130만 원은 벌 수 있다."라고 말한다. 지금 같은 저금리 시대에 10억 원을 은행에 예치했을 때 받을 수 있는 월 이자와 맞먹는 돈이다.

물론 이 정도의 인세는 저자가 유명하거나, 말 그대로 독자에게 어필할 수 있는 책을 냈을 때만 가능하다. 하지만 주기적으로 자신의 경험이나 노하우를 담은 책을 발행하면 작더라도 꾸준히 인세를 받을 수 있다. 요즘엔 전자책을 활용해 콘텐츠 파이프라인을 만드는 이들도 많다. 종이책은 인쇄하기까지 많은 시간이 걸리지만 전자책은 정보만 있으면 비교적 빨리 책을 만들 수 있다. 정보만 알차다면 페이지 수에 크게 구애받지 않아도 된다는 것도 장점이다. 전자책을 판매하는 방식은 출판사를 만들어 유통하는 방법과 크몽이나 탈잉 같은 재능거래플랫폼에 올리는 방식이 있다.

고객이 모이는 온라인 플랫폼을 만들어라

파이프라인을 구축할 수 있는 또 다른 방법은 내 고객이 모일 수 있는 온라인 플랫폼을 만드는 것이다. 예를 들어 네이버 카페, 밴드, 오픈채팅방도 플랫폼의 하나라고 할 수 있다. 그곳에 고객을 모아두면 그 고객들을 대상으로 강연, 상담, 컨설팅, 강좌 등 다양한 방식으로 수익 창출을 해나갈 수 있다. 또한 제휴, 공구, 광고 등의 형태로 다양한 수익 모델을 만들 수 있다.

예를 들어 경기도에 사는 엄마들을 대상으로 하는 네이버 카페를 만들어서 1만 명 이상의 회원을 모집했다고 해보자. 입점비를 받고 경기도 엄마들을 대상으로 물건을 판매하고 싶어 하는 공동구매 판매자들을 모을 수 있다. 카페 입점비를 10만 원으로 잡고, 한 달에 100명의 공동구매 판매자를 모집한다고 할 경우 천만 원의 소득을 낼 수 있다. 실제로 이런 방식으로 수익을 내고 있는 카페가 많다.

미래를 준비하는 1인 사업가들의 모임 '미사모'의 신승철 대표는 일찍부터 온라인 플랫폼의 수익성을 발견하고 카페를 만들어 운영해왔다. 2007년경부터 중고차 카테고리로 다음 카페 2곳을 만들어 운영했다. 그 이후에도 유망하다고 생각하는 업종에서 카페를 만들어 운영하고 있다. 그 카페들을 통해 강연, 컨설팅 등을 하며 하루 1시간 일하고 월 천만 원을 버는 수익 시스템을 만들고 있다고 말한다. 그런 카페는 어떻게 만들 수 있을까? 《온라인 플랫폼 마케팅》에서 신승철 대표가 말하는 내용을 참조로 이야기해보면 이렇다.

우선 카페 아이템을 잡을 때는 사람들이 갖고 있는 불편함이나 문제점을 해소해주는 식으로, 사람들에게 만족을 줄 수 있는 아이템이어야 한다. 사람들이 카페에 오는 이유는 욕망 때문이다. 욕망은 크게 '친해지고 싶은 욕망' '정보를 공유하고 알고 싶은 욕망' '돈을 벌고 싶은 욕망' '성장하고 싶은 욕망'으로 분류할 수 있다. 초기에는 이 욕망 중 하나를 채워줄 수 있는 주제여야 한다. 어떤 비즈니스에도 통하는 원리다.

카페를 키우는 데는 오랜 시간 공을 들여야 하기 때문에, 자신이 관심 있고 좋아하는 분야로 만드는 것이 좋다. 주제를 선택할 때는 다음을 고려해서 만들면 좋다.

- 당신이 관심과 흥미를 갖고 있는(혹은 가질 수 있는) 분야인가?
- 당신이 전문가가 될 수 있는(혹은 앞으로 공부하면) 분야인가?
- 당신이 지치더라도 포기하지 않을 만한 분야인가?
- 당신이 수익 창출이 가능한 분야인가?
- 당신이 생각만 해도 가슴이 뜨거워지는 주제나 분야인가?

주제를 정할 때는 되도록이면 세분화를 하는 게 유리하다. 예를 들어 일본 여행 카페를 만들고 싶다면, '후쿠오카 여행 카페' '도쿄 여행 카페' '오키나와 여행 카페' '일본 신혼여행 카페' '일본 데이트 카페' '일본 1박 2일 여행 카페' '일본 쇼핑 카페' 등으로 지역이나 테마를 세분화해 만드는 것이다.

30대 대상의 카페를 만들고 싶다면, '서울 강남구에 사는 30대 직장인 카페' '경기도 동탄에 사는 30대 싱글 여성 카페' 등으로 세분화할 수 있을 것이다. 카페 기획의 기본은 일단 주제를 세분화하여 작은 시장을 잠식하고 점차 넓은 주제로 나아가는 것이다. 전략 1에서도 말했던 타깃을 좁히고 세분화하라는 이야기와 같은 개념이다.

주제와 고객 대상을 정하면, 고객들이 관심 있어 할 만한 내용의 콘텐츠를 올린다. 주의할 점은 해당 카페의 주제에 맞게 올려야 한다는 것이다. 앞서 말한 박세범 대표는 자영업자를 대상으로 정하고, 그들을 위한 세무, 노무, 마케팅에 대한 정보를 꾸준히 올렸다.

예를 들어 독서모임 카페라면, 책에 관한 이야기, 책을 잘 읽는 방법, 절대 잊어버리지 않는 독서 방법, 하루에 두 권 읽는 방법, 분야별 베스트셀러, 베스트셀러 소개 등을 할 수 있다. 내가 만들고 싶은 관련 주제의 카페에서 어떤 게시판의 어떤 게시 글이 인기가 있는지 파악해서 벤치마킹을 할 수도 있다. 그 다음으로는 회원 수를 늘려야 한다. 회원 수를 늘리는 방법은 여러 가지가 있다. 박세범 대표가 했던 방식 중 하나는 온라인마케팅의 원리를 활용한 방법이었다. 자영업자들이 많이 검색할 주제로, 카페에 대한 소개가 담긴 블로그 글을 노출하는 방식이다.

직접 발로 뛰어서 늘리는 방법도 있다. 신승철 대표는 2007년과 2008년에 중고차 카페를 개설했을 때, 퇴근 후 하루에 100통 이상씩 중고차 딜러들에게 전화를 걸어서 자신의 카페에 매물을 올려달라고 요청했다고 한다. 초기에는 카페 회원 수가 몇 명도 되지 않았기 때문에 카페에 글을 올려주는 딜러는 없었다. 여기에 굴하지 않고 끊임없이 연락하며 키운 결과 한 곳은 1만 명, 다른 한 곳은 1만 5,000명가량의 회원을 모을 수 있었다. 자신의 SNS 등에 카페를 홍보할 수도 있다. 자신이 키우려고 하는 주제의 커뮤니티에 정보 글을 올리면서, 자신의 카페를 홍보하는 방법도 있다.

돈이 돈을 버는 시스템 구축하기

마지막으로 소개할 것은 주식이나 부동산 투자를 통한 돈이 돈을 버는 시스템을 만드는 방식이다. 여기서는 부동산 투자를 통해 수익을 얻고 그 방법을 체계화하여 알려주는 것을 사업화한 사례를 이야기해보려고 한다.

계측기를 판매하는 뉴튼스포스코리아의 도정국 대표는 사업으로 번 돈을 아파트형공장(현 지식산업센터)에 투자했다(뉴튼스포스는 영국 회사로 우리나라 판매권을 따와 8년 이상 계측기를 판매, 교육하는 일을 하고 있다. 연 매출은 2020년 초 인터뷰했을 때 18억 정도라고 했다). 아파트형공장은 동일 건축물에 제조업, 지식산업 및 정보통신산업 기업과 지원 시설이 입주할 수 있는 다층형(3층 이상) 집합 건축물이다. 외부는 아파트처럼 생겼지만 내부는 사무실과 공장이 들어섰다고 생각하면 된다. 정부에서는 중소기업과 지역 경제를 활성화시키려고 아파트형공장에 대해 다양한 지원을 해주고 있다. 지원 중의 하나가 분양가의 70~80퍼센트까지 저금리 대출을 받게 해주는 것이다.

친구의 소개로 아파트형공장을 알게 됐다. 친구의 이야기를 듣고 조사를 해보니 괜찮은 투자처라는 판단이 섰다. 정부가 저금리 대출을 지원해주고 있을뿐더러, 기업들이 장기계약 후 입주하기 때문에 임대료가 밀리거나 갑자기 공실이 발생할 위험도 적을 것이라는 생각이 들었다. 그 이후 80퍼센트의 대출을 받아 아파트형공장에 투자한다. 현재 10개 정도의 사무실을 가지고 있는데, 거기서 들어오는 월세가 2,000만 원 정도라고 한다.

도정국 대표는 혼자 투자하는 데서 머무르지 않았다. 2018년 국내에서는 처음으로 《나는 아파트형공장 투자로 100억대 자산가가 되었다》라는 아파트형공장 투자에 관한 책을 출간한다. 1년 후 또 아파트형공장에 대한 정보를 담은 책을 출간한다. '아파트형공장 투자연구소'라는 네이버 카페도 만들었다. 2020년 8월에 이미 1만 명 가까이 되는 회원을 보유했다. 그렇게 자신을 아파트형공장 전문가로 브랜딩을 하면서 강연, 컨설팅, 칼럼 기고 등으로 추가 수익을 내고 있다. 앞으로는 지식산업센터뿐 아니라 빌딩 매매를 도와주는 중개법인을 만드는 것이 목표다.

"무엇을 하든 빈 공간을 만들고, 거기서 1등이라고 브랜딩할 수 있어야 합니다. 부동산 투자 분야가 넓은데 그중에서 아파트형공장이라는 빈 공간을 만들어 제가 먼저 선점을 하니 많은 기회들을 만들 수 있었다."라고 도정국 대표는 이야기한다.

　파이프라인을 잘 구축하고 있는 사업가들의 공통점은 파이프라인을 구축할 때까지는 엄청난 시간과 노력을 투자했다는 점이다. 전략 2에서 소개했던 알리바바로 10년간 40억을 번 서이랑 대표는 지금은 대부분의 시간을 아이들과 보내고 회사 일에는 한두 시간을 투자한다. 직원들이 생기면서 직원들이 거의 다 일을 해주기 때문이다. 그렇게 말하면 다들 부러워하지만, 이런 삶을 얻기까지 몇 년 동안 고군분투하는 시간이 있었다고 말한다.

　"사람이 반짝 성공할 수 있지만 반짝하는 성공은 금방 없어져요. 오랫동안 내가 잘하는 것에 내공을 다지고 실력이 쌓여야 시간이 흘러 성과가 났을 때 오래 가게 됩니다."라고 했던 말이 인상적이었다. 분야에 따라서 파이프라인을 구축하는 시간은 다를 것이다. 하지만 일단은 파이프라인을 구축하자고 결심을 해야 그것을 만드는 공사를 시작할 수 있다는 점만은 분명하다.

이전에는 같은 업종에 있는 사람은 무조건 경쟁자로만 여겼다. 하지만 무조건 혼자서 일하면 어느 순간을 기점으로 정체되고 만다. 1인 기업 또는 스타트업의 한계를 벗어나기 위해서는 타 업체 또는 개인과의 제휴 및 협업을 이루어야 한다. 나의 지식을 공유하고 협력해야 한다.

부를 이뤄낸 사람들은 하나같이 말한다. "내가 가진 것을 먼저 나누어라!" 사업을 하면서 자신의 핵심 노하우는 감추기 마련이다. 하지만 지인들에게 아낌없이 자신의 모든 노하우를 공개한 사람이 있다. 그는 손해를 봤을까? 아니다. 자신과 유기적인 협업을 할 수 있는 이들이 늘어남으로써 이전보다 수익이 늘어났다.

유기적인 협업을 위해서는 서로 도움이 되는 분야의 사람들과 주기적으로 만나며 인적 네트워크를 만드는 노력이 필요하다. 협업을 통해 1인 기업이더라도 이전에는 할 수 없었던 큰 규모의 사업을 할 수도 있고 또 다른 수익 루트를 만들 수도 있다.

영업 비밀이란
없다

Key Point

**인적 네트워크로
사업을 확장하기 위한
키포인트**

1. 베푸는 사람이 더 많은 것을 얻는다.

2. 눈앞의 이익만 바라보면 사람을 잃는다.

3. 오랫동안 함께하고 싶은 사람이 되어라.

4. 혼자서 할 수 없는 일도 함께하면 할 수 있다.

5. 협업의 기회를 놓치지 마라.

6. 제휴 마케팅으로 서로의 사업을 성장시켜라.

7. 끈끈한 인적 네트워크를 만들어라.

경쟁자조차
내 편이 되게 하라

성공을 하려면 어떻게 해야 할까? 여러 가지 답이 있을 것이다. 밥 버그Bob Burg와 존 데이비드 만John David Mann은 《기버 1》을 통해 큰 성공을 하고 싶다면 주고, 또 주라고 말한다. 세상의 모든 위대한 부는 타인에게서 무언가를 얻는 것보다 자기가 가진 것을 베푸는 데 더 큰 열정을 가진 이들이 이룩한 것이라고 말한다. 이 책은 실존 인물을 바탕으로 성공에 이르는 다섯 가지 법칙을 우화처럼 이야기하고 있는데, 왜 주는 것이 성공의 법칙인지를 느끼게 만든다. 기버는 '대가를 바라지 않고 주고, 또 주는 사람'을 의미한다.

"'이 일이 돈이 되는가?'라는 질문은 나쁜 게 아니지. 훌륭한 질문이야. 다만 첫 번째 질문이어선 안 돼. 잘못된 방향으로 출발하게 만들기 때문일세. 첫 번째 질문은 이걸세. '다른 사람을 만족시키는가? 그들에게 가치를 더해주는가?' 대답이 긍정이라면 계속 전진하게. 돈이 되느냐는 그 다음에 묻는 걸세. (중략) 핵심은 그들이 더 많이 돌려주게 만드는 게 아니야. 자네가 더 많이 주는 게 중요하지. 주고, 주고, 또 주는 거야. 왜 그래야 하냐고? 그러고 싶으니까. 그건 전략 따위가 아니야. 살아가는 방식이지. 그리고 그렇게 하면 아주 유익한 돈벌이가 되는 것들이 생기기 시작한다네."

— 밥 버그·존 데이비드 만, 《기버 1》

내가 가진 것을 먼저 나눠라

실제로 성공한 1인 기업가들을 인터뷰했을 때 '나눔'을 중요한 성장의 원동력으로 이야기하는 분들이 많았다. 오픈마켓을 본격적으로 시작한 지 2년여 만에 월 매출 6억, 순수익만 1억을 번다는 강대균 대표도 그렇다. 처음 상태균 대표를 알았을 때 신기했던 점이 있었다.

보통 자기 핵심 사업 노하우는 감추려 하기 마련이다. 그런데 지인 중심으로 스터디 모임을 만들어 사람들에게 스마트스토어 운영 노하우를 전수해주고 있었다. 아예 자기의 아이템과 인프라를 주고, 최적화 스킬을 공유해 성장할 수 있도록 끌어주고 있었다. 스터디모임에 참석한 사람 중에는 연 매출 40억 원이라는 성과를 올린 분도 있었다.

사업을 시작하고 월 매출 1억을 달성하면서 '이제는 나눠도 되는 때다 싶었다'고 한다. 비단 이것뿐만 아니었다. 사업을 하며 연결된 관계들, 제조공장, 매입처, 택배사 등과의 관계에서도 상생할 수 있는 시스템을 만들고 유지하고 있었다. 그때 그가 이렇게 단시간 안에 성장할 수 있는 비결은 나눔이 아닐까 하는 생각을 했다.

상품 제조부터 고객 배송까지, 오픈마켓에 성공하기 위해서는 그 모든 단계가 원활히 돌아가야 한다. 각 단계를 맡은 사람들이 내 일처럼 성의를 내서 해준다면 어떨까? 매입처에서는 하자 없는 좀 더 좋은 제품을 만들어주려고 노력하고, 유통처에서는 좀 더 빠르게 문제없이 배송될 수 있도록 신경을 써준다면? 그런 네트워크를 가진 사업자라면 성공할 확률도 높아질 것이다.

인터뷰를 해보니 강태균 대표는 이미 그러한 인프라를 구축하고 있었다. 좀 더 구체적으로 이야기하면 이렇다. 우선 매입처에서 무조건 싼 가격으로만 납품받으려 하지 않았다. 자신이 많이 판다고 해서 갑의 입장으로 싼 가격에 매입하려고 하기보다는, 매입처에서 합리적인 가격을 제시하면 그 가격을 받아들였다.

또 매입처를 많이 늘리기보다 소수 매입처와 깊이 있는 관계를 유지하며, 그곳이 같이 커갈 수 있도록 노력했다. 보통 대기업들이 하청업체에 소위 갑질을 많이 하는데, 이렇게 매입처도 함께 클 수 있도록 배려해주는 것이 매입처와의 관계를 더욱 돈독하게 만들어 주었다. 매입처에도 수많은 사업자들이 연락을 한다. 하지만 좋은 물건이 들어오면 강태균 대표에게 먼저 주려고 하고, 그에게 납품하는 물건은 좀 더 하자가 없도록 신경을 써주었다.

택배사와 계약을 할 때도 많이 파는 사업자일수록 배송 단가를 낮추는 경우가 많은데, 강태균 대표는 기존 물류에서 책정하는 비용보다 훨씬 높게 책정했다. 배송을 할 때도 기사들을 압박하기보다는 자유롭게 배송할 수 있게끔 권한을 주었다. 당연히 배송 기사들이 조금 더 신경 써서 배달을 해줄 수밖에 없다. '좋은 기사님 덕에 기분 좋게 물건을 받았다.' 이런 고객 후기들이 저절로 달렸다.

보통 물건을 구매할 때 마지막 배송 경험이 중요하다. 강태균 대표가 팔고 있는 가구류는 특히 더 그렇다. 아무리 좋은 물건이라도 성의 없는 상태로 배송을 받았다는 생각이 들면 구매 만족도가 떨어진다. 하지만 평범한 물건이라도, 설령 조금 하자가 있는 물건이라 할지라도 마지막 배송 서비스가 좋으면 구매 만족도는 올라간다. 그런 후기들이 쌓이며 브랜드 신뢰도도 저절로 올라갔다.

"단가를 싸게 받으면 그때는 좋은 거 같지만 결국 오래 가기는 어렵다. 이렇게 상생할 수 있는 관계를 만드는 게 오래 사업을 유지할 수 있는 방법이기도 하다."라고 그는 말한다.

인간 플랫폼이 되어 사람들을 도와라

《인간 플랫폼의 시대》의 배명숙 작가 또한 "내 사업이 잘되고 싶다면, 내가 먼저 인간 플랫폼이 되어 사람들을 도와줘라."라고 말한다. 그가 말하는 인간 플랫폼이란 무엇일까? 먼저 플랫폼 비즈니스부터 살펴보면, 서로의 필요를 연결시켜주는 걸 비즈니스 모델로 삼은 것이다. 이러한 플랫폼에는 사람들이 필요로 하는 것을 제공하는 사람들이 있고, 그것을 사는 사람들이 있다. 에어비앤비, 우버 등을 예로 들 수 있다. 인간 플랫폼도 그것처럼 내 자체가 플랫폼이 되는 것이다. 내가 아는 사람들을 그들의 필요에 맞게 적재적소에 연결시켜주는 것이 인간 플랫폼이다.

배명숙 작가는 기업 리스크를 관리하는 회사 머니쉐프의 대표다. 개인에게 보험을 파는 것이 아니라 기업에게 보험을 판다. 또한 간편식 온라인 기획, 유통업체 푸드앱의 최대 주주, 스타트업이나 1인 기업가들을 코칭하는 비즈니스 코치로 활동하고 있다. 또 사업주들에게 국가별 트렌드와 사업 아이템 트립 등을 전문적으로 코칭하는 '액티비티 비즈니스' 대표로 활동 중이다. 평범한 보험설계사였던 작가가 몇 년 만에 이렇게 성장할 수 있었던 데는 스스로 인간 플랫폼이 됐던 것에 있었다.

자신이 먼저 자신이 아는 사람들이 서로 잘될 수 있게 연결하고 도와주다 보니, 사람들도 배명숙 대표가 성공할 수 있도록 길을 열어주었다는 것이다. 인간 플랫폼이 되기 위해서는 많은 인맥을 만들어야 한다. 그 방법으로 SNS를 적극 활용하라고 말하는데 배명숙 대표는 어떤 식으로 활용하는지 살펴보자. 플랫폼 역할을 하고 싶다면 늘 자신을 오픈하는 게 중요하다. 사람들이 나를 둘러보고 무엇을 가지고 있고 누구와 연결되어 있는지 볼 수 있게 만들어야 하기 때문이다.

자신을 오픈하기 위한 방법으로 자신의 일상을 마치 SNS에 일기 쓰듯 올리라고 말한다. 글을 올릴 때 주의할 점은 나만 돋보이게 하는 게 아니라, 함께 있었던 사람들에게도 추억이 될만한 콘텐츠로 만들어야 한다는 점이다. 예를 들어 식당에 친구와 갔다면 음식 사진과 함께, 맛있는 곳을 알려줘서 고맙다는 인사를 친구에게 건네는 식으로 콘텐츠를 올리는 식이다. 그러면 나와 친구, 식당 주인까지도 기분이 좋아지는 글이 된다. 그리고 글을 올릴 때는 자연스럽게 내가 하는 일과 판매하는 제품 혹은 서비스가 드러나게 해야 한다. 일상 글을 올리더라도 나의 일과 연관된 글을 쓰면 된다. 그렇게 꾸준히 블로그, 페이스북, 인스타그램 등에 올리다 보면 사람들은 나에 대해서 알게 된다. 내가 어떤 비즈니스를 하는지, 어떤 마음으로 하는지, 누구와 언계되어 있는지 알게 되고, 그것이 자신에게도 도움이 될 것이라는 판단이 들면 나를 찾아오게 된다.

머니쉐프 회사 창립 초기에는 정말 열심히 일했음에도 불구하고 아무도 알아주지 않았다고 한다. 기업에 가서 신입사원들을 교육

하고 기업의 리스크 관리에 대해 강의를 해도 듣는 사람들만 알 뿐 시너지 효과는 없었다. 그럼에도 SNS에 강연한 내용을 올렸고, 점점 노출 빈도가 올라가면서 강의 요청도 많아지고 더 많은 성공한 기업가들을 만날 수 있는 기회도 열렸다. 자신이 알고 있는 분들이 서로에게 도움이 되겠다 싶으면 연결을 시켜주었다. 그걸 통해 배명숙 대표의 비즈니스도 점점 확장되었다.

"좋은 것이 있으면 베풀고 공유하는 작은 습관 덕분에 내 주변에 좋은 사람들이 늘어나면서 내 삶은 갈수록 더욱 즐겁고 행복해지고 있다. 또한 내가 지켜본 진정으로 성공한 사람들은 주위 사람들이 잘되길 바라며 타인에 대한 배려와 존중이 몸에 익어 있었다."

— 배명숙, 《인간 플랫폼의 시대》

먼저 주는 걸 망설이는 이유는 이것이 나에게 다시 돌아올까? 하는 손익을 계산하기 때문이다. 당장에는 손해 보는 것 같아도 시야를 확대해서 보면 결국 '손해를 감수하고서라도 같이 성장하려고 하는 마음' 때문에 나는 더 크게 성장할 수밖에 없다. 그러한 사람들은 주변 사람들에게 '저 사람과 오랫동안 함께하고 싶다' '저 사람을 돕고 싶다'는 마음을 심어주기 때문이다. 내가 먼저 사람들에게 주고, 또 줘보자. 내가 먼저 사람들에게 도움이 돼보자. 그 후 과연 어떤 결과가 펼쳐질지 직접 경험해보자.

협업은
새로운 가치를 불러온다

여러 번 이야기했지만 혼자 일한다고 해서 혼자 다 할 수는 없다. 필요한 능력을 가진 사람들과 적재적소에 협업과 제휴를 할 수 있는 능력, 꾸준히 성장하며 안정적으로 기업 운영을 해나가는 1인 기업가들이 공통적으로 갖고 있는 능력이었다. 많은 이들이 혼자 일하려면 한계가 있지만, 협업을 하면 수익도 가치도 커진다고 이야기한다. 어떻게 협업과 제휴를 효과적으로 만들어나갈 수 있는지, 협업 비즈니스를 할 때 주의해야 할 점은 무엇인지 등에 대해서 알아보자.

획기적인 상품은 협업을 통해 나온다

제품에 대한 아이디어는 있는데, 이 제품을 만들 방법이 없어 고민하고 있다면? '남치니 마스크팩'을 제조 판매하는 화장품 스타트업 비케이로웰 김보경 대표의 이야기에서 아이디어를 얻어보자. 전략 1에서 소개했듯이 김보경 대표가 만들고 싶은 화장품은 웃음을 담은 화장품이었다. '웃음이야말로 인간이 장착할 수 있는 최고의 아름다움'이라고 오래전부터 생각했기 때문이다. '애인도 안 챙기는 내 미모, 이젠 남치니가 챙겨준다'는 콘셉트로 만든 남치니마스크팩에는 위트 있는 문구가 가득하다.

지금은 직원을 두고 일하고 있지만, 2015년 시작할 때는 1인 기업이었다. 제조부터 홍보, 판매까지 혼자서 하기는 무리였다. 1인 기업의 한계를 넘기 위해 선택한 것은 협업이었다. 화장품의 메인 캐릭터인 남치니 캐릭터는 반팔이라는 디자인회사에서 만든 캐릭터였다. 그 캐릭터가 갖고 있는 위트와 유머러스함을 화장품에 담으면 좋겠다 싶어서 반팔과 함께 화장품 기획에 들어갔다.

국내 화장품 시장이 활발해서 OEM 제조공장도 많다. 제조공장은 단가가 높더라도 네임 밸류가 있는 제조 공장을 선택해야겠다고 생각했다. 명성이 있는 제조원을 통해서 제품 자체가 최고 등급이라는 인식을 주기 위해서였다. 앞서 설명했듯이 여기에 분명한 콘셉트와 디자인이 있으면 제품의 경쟁력을 가질 수 있을 것이라고 여긴 것이다.

김보경 대표가 선택한 곳은 화장품 OEM(주문자상표부착생산) 분야에서 우리나라 상위 3위 안에 드는 코스맥스. 그런데 작은 규모의 회사가 코스맥스 같은 큰 제조업체와 거래를 성사시키기는 쉽지 않다. 그래서 정동산업이라는 제조공장과의 협업을 통해 가능하게 만들었다. 정동산업은 제조판매사로서 공장도 있고, 제조능력도 있지만 디자인 능력은 다소 떨어졌다. 그 부분에서 반팔이 보완을 해주었다.

그는 전체적인 브랜딩과 마케팅에 힘을 쓰고, 나머지 제품 디자인, 제조, 판매 유통 채널 확보는 각각의 전문 업체가 맡아주었다. 그렇게 제품 기획부터 제조까지 약 6개월 정도의 시간이 걸렸다. 제품 제조 이후에는 1인 기업가들의 모임 등에 참가해 그곳에서 만난 사람들과 홍보 등 많은 부분을 협업하며 사업을 키웠다.

김보경 대표는 협업의 장점으로 다음과 같은 점들을 뽑는다. 우선 각각 업체의 전문성이 확보되니까 제품 퀄리티를 최고로 만들 수 있다는 점이다. 두 번째는 각각의 업체가 갖고 있는 유통망을 확보해 초기에 유통에 대한 위험 부담을 감소시킬 수 있다. 세 번째는 비용을 줄일 수 있다는 점이다. 디자인, 제조, 유통 이 모든 것을 내가 다 직원을 고용해서 진행한다고 하면 비용이 어마어마하게 들 것이다. 그런데 각 과정에서 협업으로 진행했기에 불필요하게 빠져나갈 비용을 아낄 수 있다. 또한 제품 개발과 제작에 참여한 사람들이 홍보까지 해줄 수 있어 홍보 비용도 절약할 수 있다.

물론 장점도 있지만, 협업 비즈니스의 어려운 점도 있다. 가장 큰 단점을 꼽자면 각 업체의 이해관계가 다르다 보니 최종 의사 결정이 어렵고, 언제나 분열 가능성이 상존한다는 점이다. 그래서 제대로 협업을 하려면 수익분배 조건, 각자가 해야 할 역할 등 계약 조건을 명확히 해야 한다. 아는 사람이니까 알아서 해주겠지 라는 식으로 명확히 하지 않다 보면 오해가 생기는 상황이 발생할 수 있다. 원활하게 의사소통이 될 수 있도록 노력해야 한다. 그래야 오래 함께할 수 있는 파트너가 될 수 있다.

사람 만나는 것을 두려워 마라

1인 창업을 준비하는 사람들에게 꼭 해주고 싶은 말을 물었을 때 커뮤니티 활동을 추천했다. 사람 만나는 것을 두려워 말고, 적극적으로 모임에 나가보라는 것이다. 김보경 대표도 한 번도 커뮤니티 활동을 해본 적이 없지만, 마스크팩을 출시한 후 처음으로 1인 기업가 포럼에 참석했다. 마흔이 넘어서 한 첫 커뮤니티 활동이었다. 처음이라 두려움도 있었지만, 다른 1인 기업가들이 어떻게 살아가는지 보다 보면 자신도 힘을 받을 수 있을 거 같아 찾아갔다.

포럼에서 다양한 분들을 만났다. 사진작가, 웹사이트 제작자,

유통하시는 분 등 그분들을 통해 많은 에너지를 받을 수 있었다. 포럼에서 만난 분들과 협업도 진행하게 되고, 그분들의 응원에 용기도 얻고 앞으로 나갈 수 있었다.

김보경 대표는 자신이 그 커뮤니티에 발을 내딛었기 때문에 사람들이 가진 에너지를 어떻게 모을 수 있는지 고민할 수 있었고, 그 다음 스텝은 자동으로 따라왔다고 말한다. 그 후에는 남치니서포터즈를 만들어서 자문단처럼 모시고 의견을 구했다. 점점 혼자서는 절대 해낼 수 없다는 걸 많이 느낀다.

《나는 1인 기업가다》의 저자이자 10년 이상 1인 기업을 성공적으로 운영해온 홍순성 대표는 1인 기업가들에게 네트워킹 또는 협업 비즈니스는 필수라고 말한다. 작가나 강사처럼 혼자 일해도 괜찮을 거 같은 일도, 공동 집필을 하거나 팀을 조직해 워크숍 등을 기획하면 조금 큰 단위로 기업에 제안할 수 있게 되는 등 사업의 크기를 확장할 수 있다.

그가 2016년부터 해온 1인 기업가들을 위한 팟캐스트도 둘이서 제작하는데, 혼자서 했다면 오래 지속하지 못했을 거라고 말한다. 《나는 1인 기업가다》라는 책도 팟캐스트가 근간이 되어 나올 수 있었다. 홍순성 대표는 10년 넘게 1인 기업을 유지하는 사람들을 보면 실력만큼 뛰어난 네트워킹 노하우를 가지고 있다고 이야기한다. 그도 이런 네트워크를 만들어오고 있다. 네트워크를 만들기 위한 필수 조건은 필요하기 전에 관계를 만드는 것이다. 소셜 네트워크 서비스를 잘 이용하면 가능하다.

그는 블로그, 유튜브, 팟캐스트로 유용한 정보를 공유한다. 이 것을 트위터와 페이스북에 올려 해당 콘텐츠의 바이럴 역할을 하게 하면서 소통한다. 정기적으로 오프라인 세미나를 열고 강의 자료도 공개한다. 이렇게 쌓인 모든 정보를 정리해서 책으로 출간한다. 이 렇게 책을 출간하면 홍대표의 청중들이 가장 먼저 구매한다. 그들은 또한 강의나 컨설팅을 의뢰하면서 대부분의 비즈니스가 풀리도록 도와준다. 모두가 미리 만들어놓은 관계 속에서 일어나는 일이다.

또 좋은 네트워킹은 어떻게 만들 수 있을까? 홍대표가 말하는 첫 번째 방법은 책 출간이다. 책 출간을 하면 독자를 만나면서 예비 고객을 확보할 수 있다. 해당 주제에 관심 있는 사람들과 온라인과 오프라인으로 다 만나며 네트워킹을 할 수 있다. 자연스럽게 퍼스널 브랜드를 만드는 데도 도움이 된다.

두 번째 방법은 정기적인 행사 참여다. 홍대표는 행사가 없으 면 직접 주최를 한다. 에버노트 등 자신의 관련 분야와 관련해서는 20개월 동안 디너파티를 진행했다고 한다. 1인 기업가를 위한 팟캐 스트를 운영하면서부터는 '1인 기업가 포럼'도 만들어 매달 진행했 다. 이런 자리에서 사람들과 관계를 만들고, 든든한 파트너를 만들 수 있다.

관계를 만들 때 주의해야 할 점이 있다. 장기간에 서로 도움을 주고받으며 상생할 수 있는 관계는 단시간에 되는 일이 아니라는 점이다. 더 깊은 관계를 만들고 싶다면 상대를 이해하는 데 시간을 투자해야 하고, 내가 좀 더 손해 본다는 생각으로 일하며 상대를 감동시킬 수 있어야 한다. 7-1에서 이야기했던 것과 같은 맥락이다. 나의 이익만을 따지는 사람과 그 누구도 오랫동안 함께 일하고 싶지 않을 것이다.

전문가와 홍보 파트너가 되어라

세계적인 자기계발 트레이너인 브렌든 버처드Brendon Burchard는 자신의 저서 《백만장자 메신저》에서 주변 사람과의 제휴를 통해 나를 더 효과적으로 홍보할 수 있는 제휴마케팅 방법에 대해서 안내한다. 여기서 말하는 메신저란 나의 경험과 지식을 전하는 일을 하며 보람도 느끼고 돈도 버는 사람을 말한다. 우리나라로 치면 1인 지식기업가나 1인 미디어라고 할 수 있다. 메신저로서 나를 알리는 방법으로 다른 메신저들과의 제휴를 이야기하는데, 꼭 1인 지식기업가가 아니어도 활용해볼 수 있는 방법이기에 소개해본다.

우선 내가 다루는 주제에 관심이 있을 만한 고객층을 가진 다른 메신저들을 찾아라. 핵심은 그들이 그들의 고객에게 나를 홍보할 수 있도록 만드는 것이다. 더 많은 사람에게 나의 메시지를 전달하려면 다른 사람들이 나의 메시지를 전달하도록 만들어야 한다. 그러면 수입을 금방 늘릴 수 있다. 여기서 중요한 것은 내가 먼저 그들을 돕는다는 마음으로 임해야 한다는 것이다. 내가 먼저 그들의 메시지에 가치를 돕고 홍보해주면, 그들도 나를 위해 같은 일을 해줄 것이다.

어떻게 홍보 파트너를 찾을 수 있을까? 우선 온라인 조사부터 시작하면 된다. 네이버, 구글, 유튜브, 페이스북, 인스타그램 등에서 내가 다루는 주제에 관련된 키워드로 검색하면 여러 메신저들이 나온다. 누가 그 주제에 대해서 책을 썼는지도 검색해볼 수도 있다. 나와 같은 주제에 대해 가르치는 사람들을 파악하고 난 뒤엔 이들이 고객에게 어떤 정보를 제공하는지, 고객이 얼마나 많은지, 어떤 상품을 판매하고 있는지, 이들의 가치와 우선순위는 무엇인지 등을 해당 메신저의 웹사이트에 가서 확인한다. 그 후 홍보 파트너로 적합하겠다고 하면 이들과 연락을 시도한다.

이때 첫 번째 목표는 내가 가진 정보를 파트너들의 고객과 나눌 기회를 만드는 것이다. 다른 메신저들이 원격 세미나에서 나를 인터뷰하거나, 나와 함께 세미나를 진행하거나, 나의 온라인 채널을 알리는 등으로 말이다. 두 번째 목표는 노출 기회를 통해 고객들에게 내 상품을 제안하여 소득으로 전환시키는 것이다. 이것을 하려면 내가 받고자 하는 것을 먼저 해줘야 한다. 만약 다른 메신저들이 내 웹사이트를 홍보해주기 바란다면 먼저 그들의 웹사이트를 홍보해주자. 추천받고 싶으면, 먼저 추천해주자.

그래서 처음 메일을 보낼 때는 '나를 알려주세요'가 아닌 '귀하의 프로그램을 홍보해드리고 싶습니다'가 되어야 한다. 내가 추구하는 바와 당신이 추구하는 가치가 비슷하기 때문에 당신을 돕고 싶고, 당신이 원하는 홍보 문안이나 프로그램을 보내주면 나의 회원들에게 알려주겠다는 식으로 보내는 것이다. 내가 지금 보유한 회원이 별로 없고, 상대가 훨씬 잘나가는 메신저라 할지라도 홍보해주겠다는 제안을 굳이 거부하지는 않을 것이다. 그 후 실제로 홍보를 해준다. 그리고 홍보했다는 자료를 보내 내 일을 완수했음을 알려라. 이제 진짜 협력 관계가 시작되는 단계다.

제휴 마케팅으로 서로의 사업을 성장시켜라

그 메신저는 고마워하면서 당신이 하고 있는 일에 관해 더 알고 싶어할 것이다. 이제 대화다운 대화가 시작된다. 그 후 적절한 시점이 되면 제휴 파트너로서 서로 홍보를 해주자고 제안을 한다. '제휴 파트너'란 서로 홍보해주고, 결과를 축적하고, 홍보를 통해 발생한 매출을 나눈다는 뜻이다. 예를 들어 이런 식으로 메일을 보낼 수 있다.

"당신과 저의 사업은 여러 부문에서 겹치기 때문에, 서로의 아이디어와 상품 중에 공유할 것이 많을 것으로 보입니다. 제 상품 중에 당신의 고객에게 유용하게 쓰일 상품이 있는데, 이 상품을 귀하의 고객들이 무료로 사용할 수 있도록 드리겠습니다. 이게 유용하다고 느낀 고객들이 나의 새 상품을 구매한다면 매출의 50퍼센트를 드리겠습니다."

또한 그 홍보 파트너가 원한다면 그의 상품을 내가 홍보해주고 똑같이 수익을 나누는 방식도 제안할 수 있다. 여기서 잊지 말아야 할 것은 이런 방식이 효과적이려면 잠재적인 홍보 파트너와 밀접한 관계를 형성해야 한다는 것이다. 또한 내가 제공하는 무료 콘텐츠가 고객들에게 정말 유용해야 한다.

이렇게 서로 홍보해주는 홍보 파트너를 확보하면, 내 사업은 훨씬 크게 성장할 수 있다. 이런 홍보 파트너는 다른 메신저들뿐 아니라, 기업 및 비영리재단으로도 확장할 수 있다. 기본적인 개념은 내 브랜드와 콘텐츠에 바탕을 두고, 기업이나 비영리재단과 협력하여 그들의 고객에 적합한 콘텐츠를 만들고 홍보하는 것이다.

그에 대한 보답으로 기업과 비영리재단은 나에게 돈을 지불하거나, 수백만 명에게 내 메시지를 알려주거나, 인력 및 기술 등을 제공해줄 수 있다. 누구나 홍보 파트너가 필요하기에 이 제휴 마케팅이 효과적이다. 버처드 또한 홍보 파트너들 덕분에 전 세계 수백만 명에게 알려졌고 이를 통해 수백만 달러를 벌었다고 말한다.

마지막으로 버처드가 효율적인 제휴 마케팅을 하기 위한 점검 사항으로 말한 네 가지를 소개한다. 이것을 점검하고 하나씩 해나가 보자.

① 내가 이미 알고 있는 메신저들 중 접촉하고 싶은 홍보 파트너는 누구인가?
② 이들에게 내가 제공할 수 있는 가치는 무엇인가?
③ 이들에게 지원받고 싶은 나의 캠페인은 무엇인가?
④ 제휴 마케팅을 위해 지금 당장 해야 할 일들은 무엇인가?

단기간에 잠깐 성공하는 것은 혼자서도 가능할지 모른다. 하지만 5년, 10년… 그 이상 장기적으로 꾸준히 안정적으로 사업을 운영하기 위해서는 사람들의 힘이 필요하다. 나와 함께 사업의 파트너가 될 사람이 누가 있을까? 주위를 둘러보자. 적극적으로 찾고 그들에게 다가가자.

인적 네트워크라는
보험

'내가 먼저 도움이 되는 사람이 되자.' 이것이 앞에서 사업을 할 때, 협업이나 제휴 비즈니스를 할 때 기본적으로 갖춰야 할 마음이라고 이야기했다. 그렇게 하다 보면 서로 도울 수 있는 네트워크가 만들어진다. 그렇게 서로 진심으로 도와주고자 하는 '진심 네트워크'를 많이 만들수록 사업도 더 크게 성장할 것이다.

이제 좀 더 적극적으로, 서로를 도울 수 있는 네트워크를 만들고 확장할 수 있는 방법을 이야기하겠다. 혼자서 계속 일하다 보면 자신만의 세계에 갇혀 사업에 어려움을 겪는 경우가 많다. 여기서 말하는 방법을 토대로, 서로를 돕는 네트워크를 만들어보자.

다양한 분야의 모임에 참석하라

네트워크를 만드는 가장 쉬운 방법은 다양한 분야의 모임에 참석하는 것이다. 네트워크를 만들어야 하는 이유는 여러 가지가 있다. 행정사사무실을 개업한 후 3개월 만에 월 천만 원의 수임료를 달성한 홍현 행정사는 다양한 사람들을 만나다 보면 사업에 대한 시야도 넓어진다고 말한다. 홍현 대표는 대기업 인사팀에서 일하며 퇴사 준비만 5년을 했다. 원래 퇴사 후 하려고 했던 일은 행정사 일이 아니었다. 인사팀에서 일했던 경험을 살려서 경영 컨설팅 및 강의를 하려고 했었다.

시장에서 자신의 경영 컨설팅 및 강의에 대한 수요가 있을지를 면밀히 조사했고, 지인 대상으로 컨설팅도 진행하며 좋은 결과를 낼 수 있는지도 테스트했다. 자신을 시장에서 많이 찾을 정도로 경쟁력이 있다고 느꼈을 즈음에 퇴사를 했다. 그런데 퇴사 후 홍현 대표에게 돈을 가져다 준 것은 전혀 다른 분야였다. 실제로 지금도 강의를 다니지만 그것은 전체 매출의 5퍼센트 정도라고 한다. 오히려 퇴사 후에 스타트업과 작은 기업의 사람들을 만나면서 향후 유망한 업종이라고 생각해서 시작한 행정사 사무실이 대부분의 수익을 만들어 주고 있다.

퇴사 준비를 열심히 했던 게 퇴사를 위한 용기는 줬지만, 실제적으로는 크게 도움이 안 됐다는 것이다. 그 이유는 무엇이었을까?

"회사 안에 있을 때 보는 것은 지나치게 한계가 있더라고요. 내부에서 봤을 때는 제 강의가 훌륭하다고 생각했지만 시장에는 차별화가 안 됐던 거죠." 홍현 대표는 회사에서 나와서야 돈을 어떻게 벌지가 더 잘 보였다고 말한다.

홍현 대표는 스타트업 대표들의 모임, 비영리 단체들 모임 등에도 정기적으로 참가하고, 홍대표가 좋아하는 보이차 관련한 모임을 직접 만들어 열기도 한다. 이때 사업가의 마인드로 이야기를 나누다보면 누구를 만나도 서로 도움이 될 수 있는 사업에 대한 아이디어가 나온다. 군인을 만난다고 하더라도 이야기를 나누다가, 억울하게 군 징계를 받은 사람을 도와줄 수 있는 사업에 대한 아이디어가 나오기도 한다.

다양한 분야의 사람들은 어떻게 만날까? 모임 플랫폼을 이용할 수도 있고, 취미 생활을 공유하는 카페에 가입할 수도 있고, 내가 직접 모임을 만들 수도 있다. 그냥 수동적으로 모임에 참가하는 게 아니라 사업가의 입장에서 사업가의 마인드로 이야기하다 보면 사람들의 불편함이나 니즈, 요즘 이슈가 되는 트렌드를 알게 되고, 거기서 사업 기회들을 만들 수 있다.

또 중요한 것은 모임에 참석할 때는 내가 뭔가 받기를 기대하기보다 내가 먼저 주려고 해야 한다는 점이다. 내가 먼저 유용한 정보를 제공하고, 내가 먼저 들어주고, 내가 먼저 상대를 위해서 일을 해주라는 것이다. 원래도 돕는 사람이 삶의 모토라 조건 없이 줄 때가 많은데, 그러다 보면 어떻게든 나중에 좋게 돌아온다고 말한다.

"수준 높은 모임에 최대한 참석하라. 원치 않는 모임들은 지우고, 자신이 진짜 참석해야 할 모임을 찾아야 한다." 구글의 전 임원이자 트위터, 우버, 인스타그램 등 수십 개 기업에 초기에 투자하여 엄청난 부를 만든 크리스 사카Chris Sacca는 이렇게 말했다. 성공하려면 다른 사람들의 눈에 비친 세상이 어떤 것인지 알아야 한다. 그래야 그들을 위해 뭔가를 만들 수 있는데, 질 높은 모임에 참가했을 때 배울 수 있다는 것이다. 크리스 사카 또한 모임에 참석하면 항상 경청하고 자신이 먼저 수준 높은 피드백을 주려고 했다.

인적 네트워크를 강화해야 하는 이유

"생각을 바꿔서 내 행동을 바꾸려 하지 마라. 행동을 먼저 바꾸면 생각이 바뀐다." 《아웃사이트》의 저자 허미니아 아이바라 교수가 그의 책에서 말하는 핵심 내용이다. 네트워크를 강화하는 것 역시 마찬가지다. '좋은 네트워크를 가지는 것이 나의 목표를 달성하는 데 있어서 얼마나 중요한가?'라고 묻는다면 아마 대부분의 사람들이 매우 중요하다고 이야기할 것이다. 하지만 매우 중요하다고 말한 사람들에게 '그러면 좋은 네트워크를 만드는 데는 많은 노력을 들이느냐?'라고 묻는다면 그렇다고 대답하는 사람은 많지 않을 것이다.

유용하고 강력한 네트워크를 만드는 데는 시간과 에너지가 많이 들어가기 때문이다. 또한 네트워크를 의도적으로 만든다는 것이 왠지 진실하지 못하다고 생각하는 사고방식도 그것을 방해한다. 그러다 보니 늘 한정된 인간관계 속에서 있게 되고, 과거의 사고방식 속에서 머물게 되고, 새로운 기회를 만날 기회를 놓치게 된다. 아이바라 교수는 실제로 많은 유능한 리더들은 네트워크를 사용해서, 트렌드를 감지하며, 집단사고를 피하고, 획기적인 아이디어를 만들어낸다고 말한다.

그래서 네트워크를 강화하기 위해서는 일단 행동해야 한다. 서로를 도울 수 있는 네트워크가 만들어내는 가치를 경험하면 네트워킹을 하는 것에 대해 갖고 있던 부정적 편견도 깨진다. 네트워크가 주는 유용성을 경험하고 나면, 네트워크가 정말 중요하구나 라고 깨닫게 되고 계속 네트워크를 만들어갈 동력을 얻는다. 행동하지 않고 상황을 우연이나 자연스러운 친근감에만 맡긴다면 계속해서 같은 인간관계 안에만 있게 될 것이다.

《탁월한 아이디어는 어디에서 오는가》의 저자 스티븐 존슨 Steven Johnson은 기회는 연고가 있는 사람에게만 온다.”라고 했다. 벤자민 프랭클린이나 찰스 다윈 등 혁신가들의 창조 프로세스를 검토하며 존슨은 모든 위대한 사상가 뒤에는 다양하고, 결합력이 좋고, 역동적인 네트워크가 있었다는 것을 발견했다. 즉 개인이 네트워크에 연결되어 있기 때문에 더 현명해진다고 결론을 낸다.

인적 네트워크를 구축하는 방법

혼자서 일하는 게 익숙해지다 보면 더 사람을 만날 필요성을 못 느낄 수도 있다. 자칫 혼자만의 세계에 갇히다 보면, 자기만의 생각에 갇히게 되고, 변화하는 시장 환경을 파악하지 못해 어려움을 겪을 수 있다. 어떻게 네트워크를 구축하기 위한 행동을 할 수 있을까?《아웃사이트》에서 말하는 방법을 따라해보자.

첫째, 모임에 자주 모습을 나타내라. 앞서도 말했지만 여러 모임에 모습을 나타내는 것이 첫 번째 순서다. "성공의 80퍼센트는 모임에 나타나는 것이다."라고 우디 앨런은 말한다. 같은 사업 분야의 협회, 업계 모임, 동창 모임, 독서 모임, 언어 배우기 모임, 취미 모임 등 다양한 모임에 우선 참석한다. 관련 분야의 세미나나 교육에 참석하는 것도 좋다.

K-스타트업, 창업진흥원, 서울창업허브, 각 지역 창업지원센터 등만 방문해도 다양한 세미나 및 네트워크 프로그램을 찾을 수 있다. 온오프믹스, 소모임, 밋업 등의 모임 플랫폼에서도 관심 있는 분야의 모임을 찾을 수 있다. 혹은 페이스북 그룹 등에 참가할 수도 있고, 내가 직접 나의 SNS 등을 이용해 모임을 만들 수 있다.

둘째, 모임에 주도적으로 참가하라. 모임에 나타나는 데 익숙해지면, 이제는 주도적으로 참가할 필요가 있다. 단순히 많은 모임이나 세미나 등에 참석한다고 해서 많은 것을 얻을 수 있는 것은 아니다. 모임의 진행자나 임원, 발표를 맡는 것도 좋은 방법이다. 세미나 등에서는 좀 더 준비된 질문을 던질 수 있다. 그렇게 함으로써 모임에 참가한 사람들과 더 깊은 네트워크를 맺을 수 있고, 사람들에게 나를 더 인상적으로 알릴 수 있다.

셋째, 기존 인맥을 활용해 네트워크를 확장하라. "6단계만 걸치면 세상 거의 모든 사람과 연결된다." 밀그램의 6단계 분리실험에서 밝힌 법칙이다. 최근의 많은 연구에서는 현대의 과잉 연결된 세상에서는 단 4단계만 거치면 거의 모두와 연결될 수 있다는 것을 보여준다. 링크드인의 설립자 리드 호프만Reid Hoffman은 3단계의 분리만 거치면 직업적으로 도움이 될 사람을 만날 수 있다는 사실을 발견했다. 하지만 우리 대부분은 우리의 네트워크가 실제 얼마나 강력한지 인식하지 못하기 때문에 이러한 연결성을 잘 활용하지 못한다.

기존 인맥에게 나에게 도움이 될 만한 사람에 대해 소개를 부탁해보자. 나도 다른 사람에게 소개를 해준다. 소셜미디어에서 내 친구의 친구를 팔로워하는 식으로 확장할 수도 있다. 이 단계에서는 나의 접점에서 시작해서 네트워크의 폭을 넓힌다.

넷째, 네트워크를 유지하기 위해 노력하라. 여러 모임에 참가해서 네트워크를 넓혔다면 이제 그 네트워크를 유지하기 위해 노력해야 한다. 바쁘게 살다 보면 특정한 사람과 주기적으로 만나야 하는 것의 중요성을 잊어버리기 쉽다. 그렇게 하지 못하면 유대를 잃게 되고, 유대를 잃으면 관계를 잃게 된다. 우선 내가 꼭 만나야 하고 관계를 유지해야 할 사람들의 리스트를 작성하자. 어떤 사람은 매달, 일 년에 몇 번, 이런 식으로 주기를 정하고 주기적으로 연락하거나 만난다. 이런 만남이 상대에게 받기 위함이 아닌 내가 먼저 상대에게 주기 위한 것임도 기억하자.

성공의 지름길로 가라

주는 것이 성공의 기본 법칙이라고 이야기하는 《기버 1》에서는 인맥을 만든다는 의미에 대해서도 다른 시각을 제시한다. 그 부분을 좀 살펴보자. 인맥은 거래처나 고객만을 의미하지 않는다. 나를 알고, 좋아하고, 신뢰하는 사람들로 이뤄진 네트워크를 말한다. 나에게서 무언가를 사지는 않지만 항상 마음 깊은 곳에서 나를 품고 있는 사람들을 말한다. 그런 네트워크를 갖추면 내가 무엇을 하지 않더라도 여기저기서 의뢰가 들어올 것이다.

그런 인맥은 어떻게 만들까? 우선 점수를 기록하는 걸 그만두라고 말한다. 윈윈 전략이라는 것도 위장된 점수 기록이다. 내가 네 등을 긁어주었으니 이제 내 등도 긁어줘 하는 식의 접근은 어떻게 보면 공평하지만, 어느 쪽도 이익을 얻지 못하는 방법이다. 사업이나 삶이나 다른 모든 영역에서 인간관계의 기본을 '누가 누구에게 빚을 지고 있었는가'에 두면 절대로 친구를 만들지 못한다.

100퍼센트 승리를 거두는 유일한 전략은 바로 100퍼센트를 상대방에게 주는 것이다. 상대방이 이기도록 하는 게 바로 내가 이기는 길이라는 것이다. 상대가 원하는 바를 이룰 수 있게 해주는 것. 다른 사람의 승리에 집중하는 것. 타인의 이익을 얼마나 우선시하느냐에 따라 나의 영향력이 결정된다.

성공하고 싶은가? 내 목표를 좀 더 행복하고 좀 더 지혜롭게 만들어가고 싶은가? 그렇다면 먼저 그 길을 간 사람들의 이야기에 귀를 기울여보자. 내 마음에 다가온 부분부터 행동으로 옮겨보자. 그 행동들이 하나씩 쌓이면 나의 삶도 나의 사업도 성장해갈 것이다.

참고 문헌

전략 1 킬러 아이템 하나면 충분하다

1) 박종필, 〈거래액 10조… 진격의 네이버, e커머스 강자로〉, 한국경제, 2019.9.10.

2) 김시소, 〈네이버 '스마트스토어' 창업 열풍… 두 달간 6만 5000개 점포 개설〉, 전자신문, 2020.6.7.

3) 서재영, 박미현, 《한국의 SNS 부자들》, 더블북, 2019.10.

4) 최민준, 〈실패하지 않는 사업의 본질 3〉, 중소벤처기업부(유튜브), 2020.3.27.

5) 류동연, 〈미술학원에서 소외당하던 남자아이들이 마음껏 꿈을 펼칠 공간을 만들다〉, 탑클래스, 2014.3.

전략 2 고객과의 '밀당'은 위험하다

6) 김상훈, 〈진정성·마케팅: 가짜 많은 세상을 뚫는 힘〉, DBR 79호, 2011.4.

7) 김진우, 〈'뎅기열 모기잡는 에어컨?' LG "현지화 제품 승부"〉, 아시아경제 2010.11.25.

8) 조상현, 〈탈모 극복! 결핍을 기회로〉, 중소벤처기업부(유튜브), 2020.4.27.

9) 심성미, 〈늘어나는 2030 탈모… 젊은 층 공략 나선 가발업계〉, 한국

경제, 2019.7.4.

10) 현안나, 〈자라다 남아미술연구소〉, 서울잡스, 2015.12.17.

11) 윤여진, 신사임당, 〈인스타그램으로 어떻게 돈을 버는 걸까?(윤여진)〉, 신사임당(유튜브), 2020.3.12.

전략 3 대중은 너무 새로운 것을 싫어한다

12) 전보교, 〈예능 포맷 新들의 전쟁 – 나영석PD vs 윤현준PD〉, 한국콘텐츠진흥원 상상발전소 KOCCA, 2018.1.26.

13) 정새롬, 〈미술 생태계를 바꾸는 스타트업 '오픈갤러리'〉, 플래텀, 2015.12.1.

14) 박선주, 〈프로 축구선수 은퇴 후 제2의 삶, 고알레 '호 형'이 슈팅 알려준다〉, 잡화점, 2020.4.4.

15) 임근호, 〈낚시앱 '물반고기반' 만든 박종언 대표 "낚시계 네이버 될 것"〉, 한국경제, 2017.9.12

16) 김보성, 〈시장 선점으로 성공하는 비법, 김보성 대표〉, 중소벤처기업부(유튜브), 2020.5.11.

17) 진민준, 〈성공하는 3가지 방법, 바버샵 진민준 대표〉, 중소벤처기업부(유튜브), 2020.3.30

18) 최선희, 〈상품이 아닌 가치를 팔아라, 웨딩 크리에이터 최선희 대표〉, 중소벤처기업부(유튜브), 2020.7.1.

19) 신용성, 〈패션 트렌드 정보: '김소희트렌드랩' 대표〉, 아이보스,

2018.12.6.

20) 임헌진, 〈3일 만에 5000만 원… 결국 '세종대왕'으로 5억 달성했죠〉, 조선닷컴, 2019.10.17.

21) 서재영, 박미현, 《한국의 SNS 부자들》, 더블북, 2019.10.

22) 고명환, 〈연 매출 10억! 매출의 신 고명환〉, 중소벤처기업부(유튜브), 2020.3.30.

전략 4 마케팅은 온라인에서 시작해 온라인으로 끝난다

23) 서재영, 박미현, 《한국의 SNS 부자들》, 더블북, 2019.10.

전략 5 브랜딩은 대기업만의 것이 아니다

24) 조연심, 《나를 증명하라》, 프레너미, 2017.7.

25) 엄지용, 〈카카오벤처스가 투자한 '남의집' 이야기〉, 바이라인네트워크, 2019.8.6.

26) 신용성, 〈유튜브로 길을 찾은 : 오종현 인터뷰〉, 아이보스, 2018.11.26

나는 직원 없이 혼자 일하면서 연봉 10억 번다

초판 1쇄 발행   2024년 1월 31일

지은이   최창희
펴낸이   김동하
펴낸곳   책들의정원
출판신고   2015년 1월 14일 제2016-000120호
주소   (10881) 경기도 파주시 산남로 5-86
문의   (070) 7853-8600
팩스   (02) 6020-8601
이메일   books-garden1@naver.com
ISBN 979-11-6416-195-9 (03320)